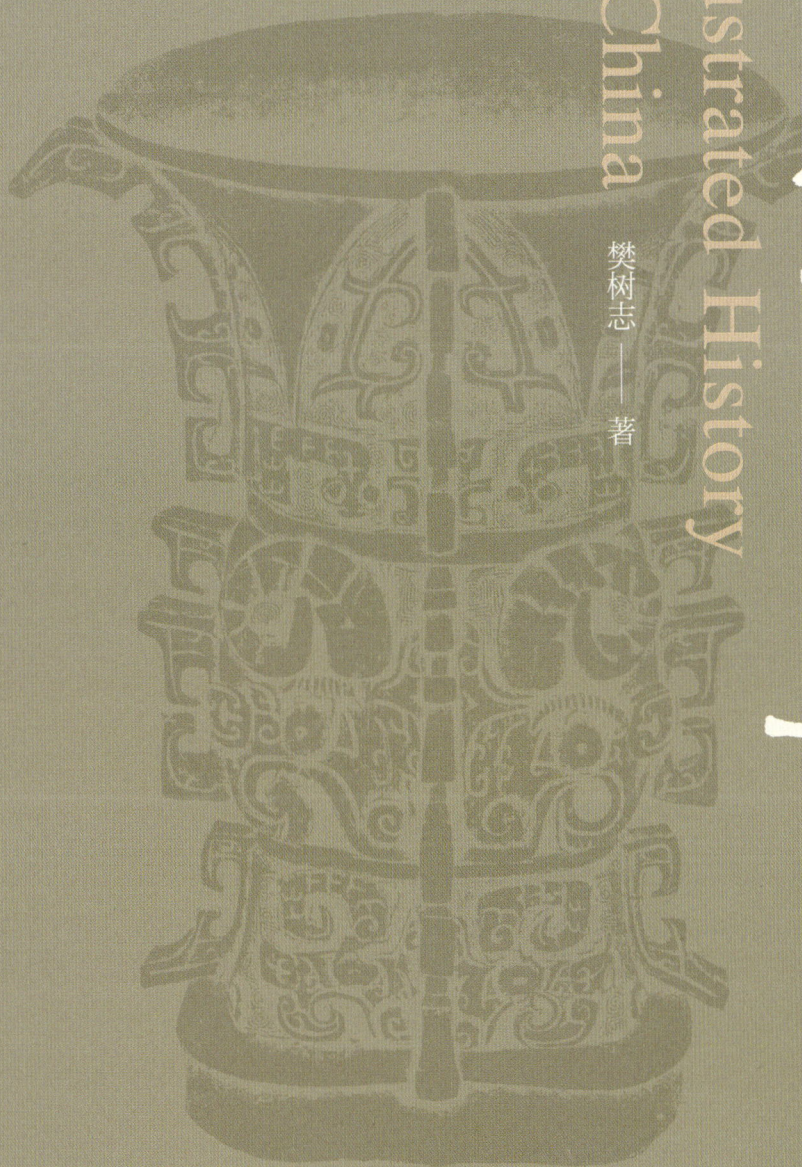

图文中国史

Illustrated History of China

樊树志 —— 著

中华书局

图书在版编目（CIP）数据

图文中国史/樊树志著. —北京：中华书局，2020.10
（2021.4重印）
ISBN 978 - 7 - 101 - 14675 - 2

Ⅰ.图…　Ⅱ.樊…　Ⅲ.中国历史－通俗读物
Ⅳ.K209

中国版本图书馆 CIP 数据核字（2020）第 131879 号

书　　名　图文中国史
著　　者　樊树志
责任编辑　李洪超　李　静
出版发行　中华书局
　　　　　（北京市丰台区太平桥西里38号　100073）
　　　　　http：//www.zhbc.com.cn
　　　　　E-mail：zhbc@zhbc.com.cn
印　　刷　北京市白帆印务有限公司
版　　次　2020 年 10 月北京第 1 版
　　　　　2021 年 4 月北京第 2 次印刷
规　　格　开本/787×1092 毫米　1/16
　　　　　印张 20¾　字数 346 千字
印　　数　10001–20000 册
国际书号　ISBN 978 - 7 - 101 - 14675 - 2
定　　价　99.00 元

目录

史方

文明曙光

古人类的起源

【一】

人们通常所说的历史，是指人类的历史，而不是自然界的历史。既然是人类的历史，那么开宗明义要说的第一件事——人类自身的起源，当然是题中应有之义。由于时间久远，可以凭借的考古发掘资料极为珍稀，人类起源这个话题，至今依然聚讼纷纭，很多事情我们还不知道。正如西方学者常说的话："我们知道的，就是我们不知道！"（We know that we don't know!）

1939 年古人类学家魏敦瑞（Franz Weidenreich）撰写的《东亚发掘的最早现代人类》指出，山顶洞人的三具头骨，代表了三种不同的种族因素——原始的蒙古人种、美拉尼西亚人种及爱斯基摩人种。对此，中国考古学奠基人李济发问：中国本土人种的主干——智人中的蒙古人种又是从何起源的呢？

经过几十年的探索，我们大致可以知道，由猿到人，经历了直立人、早期智人、晚期智人的过程。就中国而言，已知的直立人有元谋人、蓝田人、北京人、和县人等，已知的早期智人有大荔人、金牛山人、丁村人、许家窑人、马坝人等，已知的晚期智人（现代人类）有柳江人、资阳人、山顶洞人等。

对于一个完整的中国古人类进化链，有些学者提出挑战，他们认为，地球上的人类统统起源于非洲，中国也不例外。这样一来，我们原先知道的，又变得不知道了。

近二三十年来，国际学术界有些人使

失踪的山顶洞人头骨（模型）

用分子生物学方法，提出一种假设：现代人类起源于非洲。随着时间的推移，这种假设愈来愈言之凿凿：目前地球上的各个人种，都是二十万年前某一个非洲女性的后代，他们离开非洲，扩散到欧洲、亚洲等地，取代了当地原有的早期智人，成为现代人类的祖先。2001年，中国的分子生物学家也发表论文，宣称在东亚人身上发现了七万九千年前非洲人特有的遗传标记，并且推论：东亚人的祖先大约是在六万年前从非洲到达东南亚，然后来到中国。这些学者认为，从北京人到山顶洞人，早已灭绝，他们并非中国现代人类的祖先。

于是，中国人起源于非洲就成了一个引人注目的话题。

这种"单一起源论"（即非洲起源论）虽然甚嚣尘上，却遭到了"多区起源论"的质疑。"多区起源论"认为，人类的起源是多元的，地球上各地区的现代人类是从各地区的早期智人进化而来的。中国的古人类学家指出：在中国大地上，已经出土的直立人、早期智人、晚期智人（即现代人类）的化石表明，其间存在明显的连续进化，东亚的蒙古人种并非来自非洲；与这些古人类相当的旧石器时代文化遗存，前后连续，并没有出现过由于人类灭绝而导致的文化中断，因此非洲人取代中国大地上的早期智人，成为中国人的祖先的推论是不能成立的。更何况，根据化石年代测定，华南的柳江人生活在距今七万年至十三万年之间，说东亚人的祖先是在六万年前从非洲迁移而来的，岂不成了无稽之谈！一位古人类学家说得好：用基因研究结果推测人类进化过程，无论如何是间接的，而来自化石的证据是直接的。

2008 年 1 月，国家文物局和河南省文物局在北京宣布，河南许昌灵井遗址发现古人类化石，距今八万年至十万年，考古学家已正式将其命名为"许昌人"。中国科学院院士吴新智等专家认为，此次出土的人类头盖骨化石层位明确可靠，处于第四纪晚更新世早期地层，距今八万年至十万年。

　　中国古人类学家主张中国古人类连续进化学说，主要依据是发现了二百万年前的巫山人、一百一十五万年前的蓝田人、五十万年前的北京人、十万年至二十万年前的金牛山人、一万年至四万年前的山顶洞人等，但是缺失五万年至十万年间人类化石。而这一时期正是"非洲起源论"推断非洲智人走向也界各地取代早期智人的关键阶段。"许昌人"的发现，正处在这个关键时间段，填补中国人类起源的空白环节，有望挑战"非洲起源论"。《东方早报》在报道这一消息时，用了一个通栏标题《"许昌人"早于山顶洞人，破"非洲起源说"》，反映了新闻界关注的焦点。

　　最近，英国《自然》杂志网络版（2018 年 7 月 12 日），发表了中国科学院广州地球化学研究所黄土高原旧石器时代考古成果：约二百一十二万年前已有古人类出现并生活在陕西蓝田一带。"非洲起源论"者认为，人类最早离开非洲的时间，大概在一百八十五万年前。而上述考古成果表明，人类在二百一十二万年前就已经出现在亚洲东部。由此，人们有必要重新审视人类的起源、迁移和扩散的经典模式。

　　2008 年，俄罗斯西伯利亚南部阿尔泰山的丹尼索瓦洞穴，发现了丹尼索瓦人化石。专家的研究表明，丹尼索瓦人基因组中有一部分与亚洲、大洋洲的美拉尼西亚土著居民相似。丹尼索瓦人的发现，改变了学术界对古人类起源的认知。2019 年春，中国甘肃夏河发现的古人类下颌骨化石，专家证明属于丹尼索瓦人。2019 年 5 月 1 日深夜，《自然》杂志在线刊登《出于青藏高原的晚中更新世丹尼索瓦人下颌骨》，震惊世界。《纽约时报》《华盛顿邮报》《国家地理》等都作了报道。古人类的起源本是冷门的小众学科，如此吸引新闻界关注，足见人类追问自身从哪里来，将永无止境，且魅力无穷。

　　目前看来，试图推翻中国人的主体是东亚大陆的土著居民这一结论，倡言中国人起源于非洲，似乎仍嫌证据不足。

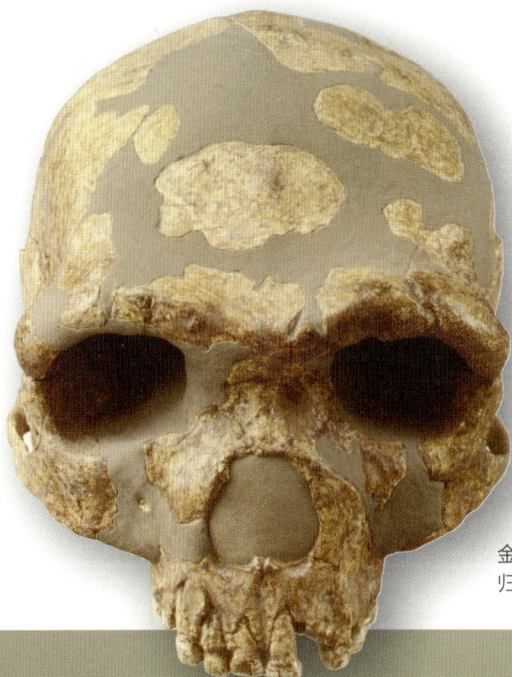

元谋人上门齿。元谋人具有从纤细型南方古猿向直立人过渡的特点。

金牛山人头骨。这位三十多岁的中年男子，应该归入早期智人的范畴。

许昌人头盖骨

河姆渡遗址发现的水稻。代表了南方的水稻文化。

农业革命

〔一〕

距今一万年左右，远古先民进入新石器时代。它与旧石器时代的最大区别在于，磨制石器取代打制石器，随之而来的，农耕、畜牧和陶器相继出现。这些现今看来极其普通的事物，在当时却是了不起的发明。在此以前，远古先民以采集、狩猎来维持生活；在此以后，人们不再是食物的采集者，而是食物的生产者。把野生植物驯化为人工栽培作物，把野生动物驯化为人工饲养的家禽家畜，为人类提供了可持续的食物来源。这是意义深远的变革，有的学者把它称为农业革命，是毫不为过的。它所带来的直接影响是，人类的生活方式开始变化，由逐水草而居进入到定居的状态，半穴居式房屋的构建，陶器的烧制满足了生活的需要，野生蚕驯化为家蚕，出现了原始的丝织业。在这种经济基础上，草创的社会制度得以形成，人类离文明的门槛愈来愈近了。

根据西方学者的研究，大约在距今一万年到一万二千年，农业出现在西亚的两河流域。他们推论，中国的某些农作物是由两河流域传入的。真的如此吗？

1960年代末，美国芝加哥大学的华裔学者何炳棣，在他的著作《黄土与中国农业的起源》中，以大量无可辩驳的事实证明，中国农业的起源，具有自己的区域性和独立性，并不是从两河流域传入的。这一结论，一再为考古发现及新的研究成果所证实。后来他在回忆录《读史阅世六十年》中提及此事，写道："我曾严肃地问布瑞德武德，从他丰富的考古经验和个人直觉，回答我究竟史前中国文化和两河流域文化有无关系。他非常坦诚地回答：'每次参观一个富于中国文物的博物馆，我个人就感觉到好像走进了一个〔与古代近东文化〕完全不同的精神世界。'这就部分地解释了何以他早在1960年《科学的美国人》农业革命的论文里，强调指出新大陆农业无疑是独立起源的，而旧大陆史前中国的农业很可能也是独立起源的。我对他的直觉非常重视。"

河北徐水的南庄头遗址，出土了谷物加工的工具——石磨盘、石磨棒，据测定，它们的年代大约距今一万年左右，表明当地在此之前已经栽种粮食作物了。河南新郑裴李岗遗址表明，距今七八千年前，中原地区已经有了比较稳定的农业定居生活，有房基、灰坑、陶窑，还有农具——石斧、石铲、石镰，粮食加工工具——石磨盘、石磨棒。

1976年至2011年，考古工作者在河北武安磁山新石器文化遗址，发掘灰坑468个，其中88个长方形窖穴底部有粮食堆积，层厚为0.1米至2米，数量之多，堆积之厚，极为罕见。中国科学院地质与地球物理研究所进行科学鉴定后认为，磁山遗址不仅是世界粟的发祥地，也是黍的起源地，中国黄河流域黍的栽培历史有可能追溯至一万年前。

南方稻作农业的历史也很悠久。1992年，中国和美国科学家联合研究江西的稻作起源。他们的研究报告证实，长江中游是世界稻作农业的发源地。江西万年仙人洞遗址的先民，在距今一万六千年前已经采集野生稻为主要食物，至晚在距今九千年前，人工栽培的稻作农业已经出现。

湖南道县玉蟾岩遗址出土了一万二千年前的五粒炭化稻谷，被誉为世界上目前发现的最早稻谷。浙江余姚河姆渡遗址发现的稻作遗存，令人震惊。它是一个稻谷、

磁山文化遗址粮食堆积层。代表了北
方旱作农业的谷子文化。

稻秆、稻叶、谷壳的堆积，一般厚度 20—30 厘米，最厚处超过 100 厘米。出土时稻谷色泽金黄，谷芒挺直，隆脉清晰可辨。经鉴定，它们是七千年前人工栽培的晚稻。

2000 年出版的《稻作、陶器和都市的起源》（严文明、安田喜宪主编）一书指出：新石器时代早期，先民对稻谷种子反复选择，改变了野生稻的生存条件和遗传习性，初步驯化成功，基本形成原始栽培稻。中国是亚洲栽培稻起源地之一，它与另一个亚洲栽培稻起源地——以印度为中心的南亚，是两个各自独立起源和演化的系统。

新石器时代裴李岗文化石磨盘、石磨棒。显示中原地区的先民已有娴熟的石器加工技巧和发达的农业文明。

中国远古时代，有三皇五帝的传说。三皇有六种说法，其中之一是：伏羲（太昊）、女娲、神农（炎帝）。五帝有三种说法，其中之一是：黄帝、颛顼、帝喾、唐尧、虞舜。所谓"皇"和"帝"，其实是后人对他们的尊称，当时不过是部落或部落联盟的首领而已。

神农氏就是炎帝，他所领导的部落发明了农耕、医药、陶器。中国古代典籍《易经》和《白虎通》说，神农氏用树木制造耕具——耒耜，教导民众农耕。《史记》和《淮南子》说，神农尝百草，用草药治病救人。《太平御览》引用《周书》说，神农在发明农耕的同时，发明了陶器。

《周易》说："神农氏没，黄帝、尧、舜氏作。"可见黄帝稍晚于炎帝。黄帝从北方到达黄河流域时，已经是拥有六个部落的巨大部落联盟了。黄帝部落的发明，涉及衣食住行各个方面。后人的传说是这样的：

从黄帝到尧舜

[3]

大禹治水画像砖

——冶炼铜矿石，铸造铜鼎、铜钟。十二个铜编钟，和以五音，可以演奏音乐；

——四处观察天象，编制历法，确定春夏秋冬四季，按照季节变化播种百谷草木；

——利用树木，制造车船，便于交通运输；

——栽桑养蚕，用蚕丝编织衣料，制作衣裳。衣裳不仅有御寒的功用，而且带有社会政治意义，这就是文献所说的"垂衣裳而天下治""以衣裳别尊卑"。

黄帝领导的部落联盟有姬、酉、祁、己、滕、葴、任、荀、僖等十二姓。祁姓有传说中的陶唐氏，就是唐尧所属的部落；黄帝的后裔夏后氏，是夏朝建立者；姬姓是黄帝的嫡系，是周朝的建立者。人们把黄帝尊奉为华夏民族的始祖，是名副其实的。

从黄帝到尧、舜、禹，持续了几百年，他们以黄河流域为中心，吸收周边的夷人和羌人部落，结成新的部落联盟。这种部落联盟已经超越了血缘关系，成为地缘关系的共同体。在这个共同体中，地域、财产和权力都是公有的，并非某一个领袖私有，这就是所谓"天下为公"，或者叫做"大同之世"。

共同体内部，由各部落首领组成议事会，协商重大事务，推举联盟的领袖。尧、舜、禹就是由联盟议事会民主推举，而成为领袖的。由于他们出于公心，治理有方，被后世赞誉为圣贤。

根据《史记·五帝本纪》的描述，尧是一位圣明领袖，他发现舜精通农耕，善于制作陶器，有领导才能，确认舜可以托付重任，便培养他参与摄政。尧年老时，在联盟议事会上提出继承人选问题，让各部落首领讨论，大家一致推举舜。尧便把权力移交给舜，而没有传给自己的儿子。这就是所谓"传贤不传子"。舜觉得自己的德才大大逊色于尧，谦辞不就，避居别地。由于各个部落首领一致拥戴，舜才返回，担任共同体的领袖。舜继位后，征得联盟议事会的同意，任命"八元"管土地，"八恺"管教化，契管人民，伯益管山林川泽，伯夷管祭祀，皋陶管刑法。舜到了晚年，鉴于禹治理洪水有功，联盟议事会一致推举禹继任领袖。禹也谦辞不就，避居别地，在各部落首领一致拥戴下，才继承了舜的权位。

这就是古人津津乐道的"禅让"。关于"禅让"的传说，至迟在春秋时代已经见诸记载，不独儒家，墨家、道家、法家都有涉及，可见它绝非某一学派的伪托。用历史的眼光来看，远古时代权力的移交，是"禅让"，而不是世袭，是有历史依据的事实，并不是虚构的。

涡纹四系彩陶罐

陶罐。陶器是人类第一次按照自己的意志创造出来的非天然物质的物品,是人类定居生活的产物。

从「大同」
到「小康」，
从「公天下」
到「家天下」

（四）

这种"选贤举能"的"禅让"时代，孔子把它称为"天下为公"的"大同之世"。至于他推崇备至的"大同之世"是个什么样子，没有明言。依据《春秋公羊传何氏解诂》等古籍的描述，大概是一个共同生产、共同消费的社会，在一个叫做"里"的基层社会，有八十户人家，选举年高德劭的人担任"父老"，能说会道、身体强健的人担任"里正"。春、夏、秋三季，百姓外出耕种，"父老"和"里正"负责监督，出去晚了，或者收工回来没有随手带点薪柴，都要受到批评。到了冬天，父老在"校室"里，教育儿童；里正则催促妇女从事纺织。日常生活中，长期保持"出入相友，守望相助，疾病相扶助"的友好互助风尚。《韩诗外传》说：一个里巷的人家不分彼此，互相保护，出入轮流看守，疾病相互照顾，患难相互救助，青黄不接可以互通有无，宴会相互招呼，婚姻大事共同商量，捕获的猎物共同享受，大家都受到仁爱和恩惠。因此，民众之间和睦、亲爱、友好。

在儒家典籍中，把夏朝建立之前称为"大同之世"，是一个"天下为公"的时代。《礼记·礼运》引用孔子的话，这样描述"大同"：

> 大道之行也，天下为公，选贤与能，讲信修睦。故人不独亲其亲，不独子其子，使老有所终，壮有所用，幼有所长，矜、寡、孤、独、废疾者皆有所养。男有分，女有归。

货恶其弃于地也，不必藏于己；力恶其不出于身也，不必为己。是故，谋闭而不兴，盗窃乱贼而不作，故外户而不闭。是谓大同。

意思是说，从前大道盛行的时候，天下是公共的，选举贤能的人来掌权，讲信用，修和睦。所以，人们不仅仅亲爱自己的亲人，不仅仅把自己的子女当作子女，使老人得以善终，壮年人发挥作用，幼年人得以成长，鳏寡孤独和残疾人都得到扶养。男人各有职责，女人适时婚嫁。反对糟蹋财物，也不必据为己有；厌恶不尽力而为，也不必把能力作为牟取私利的手段。因此，不会有阴谋，不会有盗贼，大门可以不关。这就是大同。

禹年老时，在联盟议事会上讨论继承人选，众人推举皋陶、伯益。禹却想把权力传给自己的儿子启，于是暗中培植启的势力。禹死后，启杀死伯益，继承父亲的权位，于是出现了"家天下"的夏王朝，开启了以后历代王朝由一家一姓世袭统治的先例。孔子把它称为"天下为家"的"小康之世"，他这样说：

利青铜簋。铭文中有"武王征商，唯甲子朝"，而牧野之战就发生在甲子日清晨。

今大道既隐，天下为家，各亲其亲，各子其子，货力为己。大人世及以为礼，城郭沟池以为固，礼义以为纪。以正君臣，以笃父子，以睦兄弟，以和夫妇，以设制度，以立田里，以贤勇知，以功为己。故谋用是作，而兵由此起。禹、汤、文、武、成王、周公，由此其选也。此六君子者，未有不谨于礼者也。以著其义，以考其信，著有过，刑仁讲让，示民有常。如有不由此者，在执者去，众以为殃。是谓小康。

意思是说，如今大道已经消失，天下被一家一姓据为己有，人们只亲爱自己的亲人，只把自己的子女当作子女，财产权力为自己所用。统治者世袭已成为常规，用城墙沟池巩固统治，把礼义作为纲纪，端正君臣关系、父子关系，使兄弟和睦、夫妇和谐。在此基础上，设立制度，划分田里，表扬勇智，功劳归于自己。阴谋大行其道，战争开始发端。夏禹、成汤、文王、武王、成王、周公因此成为统治者。这六位君子，都谨慎恪守礼义，表彰道义，考察信用，彰显过失，倡导仁爱与谦让，

镂雕旋纹象牙梳。造型美观，工艺精致，是迄今为止远古时期保存最为完好的梳子。

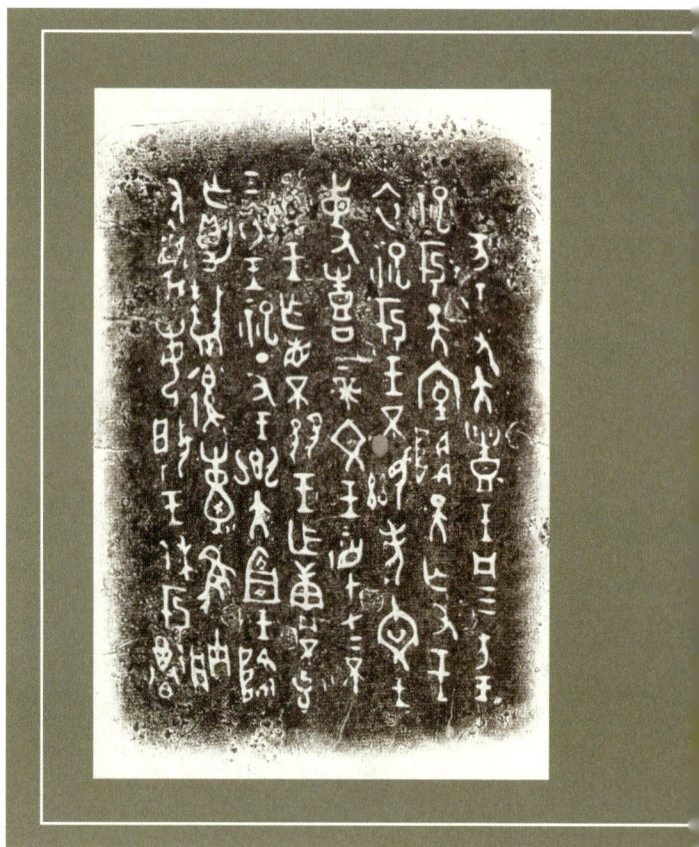

使人民视为常规。如果不照此执行，则统治不稳，民众遭殃。这就是小康。

春秋战国的诸子百家，在追忆远古时反映出来的历史观，似乎是一代不如一代的悲观主义。他们所处的春秋战国时代，最为糟糕，称为"乱世"。稍往前推移的夏商周，则是"小康之世"，虽不甚理想，但比"乱世"要好多了，所以是"小康"。"小康"之前是一个理想社会，称为"大同"。历史学家吕思勉说得好："在大同之世，物质上的享受，或者远不如后来，然而人类最亲切的苦乐，其实不在于物质，而在于人与人之间的关系，所以大同时代的境界，永存于人类记忆之中。不但孔子，即先秦诸子，亦无不如此。"

无怪乎，康有为要写《大同书》，孙中山要把"天下为公""大同"作为毕生追求的理想。

天亡青铜簋。记载了天亡助武王祭祀，武王赏赐天亡之事。

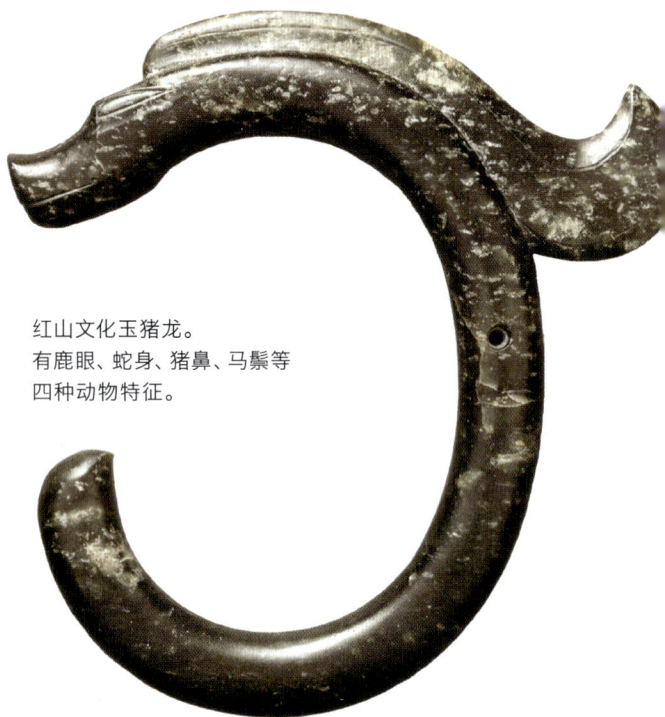

红山文化玉猪龙。
有鹿眼、蛇身、猪鼻、马鬃等
四种动物特征。

良渚
陶寺
二里头

[五]

良渚古城遗址。列入世界遗产名录，是中华五千年文明
史的实证。其分布的中心地区在钱塘江和太湖流域，其
最大特色是出土的玉器。

近些年来，中华文明探源工程取得了可喜的成绩，中华五千年文明史在考古学中得到了实证，良渚文化遗址、陶寺文化遗址、二里头文化遗址最为引人注目。

良渚文化大约距今四千五百年至五千年，主要分布在长江下游环太湖流域。考古发掘的良渚文化遗址，位于今浙江杭州，考古学家清理出来的良渚古城，是目前已知的最大最早的城址，由宫殿区、王陵区、作坊区、仓储区以及水路系统构成了早期的城市。

良渚古城的中心是 40 万平方米的宫殿区，内城和外城总面积 630 万平方米。古城北部、西北部，分布着规模宏大的水利系统，以及天文观象设施、祭坛、墓地，如果把外围郊区包括在内，总面积可达 100 平方千米。考古研究表明，这时的农业已经发展到成熟的犁耕稻作农业阶段，手工业门类众多，有制作陶器、石器的手工业，也有纺织、油漆手工业，其中玉器雕琢手工业堪称一绝。考古学家指出，良渚出土的玉器，数量之多、品种之丰富、雕琢之精美，当时无出其右，代表着史前玉文化的高峰，由玉琮、玉璧、玉钺为代表的玉礼器，在中华文明史上具有独特的价值。反山 14 号墓棺椁内，铺满了大小 260 件随葬品，玉器有 242 件，玉琮、玉璧、玉钺制作精美，色泽柔和，令人叹为观止。反山 12 号墓出土的大玉琮上浮雕的良渚神徽，使人浮想联翩。

良渚博物院总策展人、复旦大学文物与博物馆学系教授高蒙河认为，五千年前的良渚已经进入了文明时代。良渚博物院院长马东峰说，良渚文化、良渚遗址、良渚古城，证实了中华五千年文明，因而把良渚遗址叫做"圣地"。

英国皇家科学院院士、剑桥大学考古学教授科林伦·福儒对良渚遗址实地考察后，郑重宣称："良渚遗址是中国大遗址保护的样板"，"良渚水坝遗址极可能是世界最早的水坝"，"中国新石器时代是被远远低估的时代，良渚遗址的复杂程度和阶级制度，已经达到了'国家'的标准，这就是文明的起源"。

2019 年 7 月 6 日，在第 43 届世界遗产大会上，良渚古城遗址获准列入世界遗产名录。高蒙河教授表示："国际学术界曾长期认为中华文明始于距今三千五百年前后的殷商时期，良渚古城被列入世界遗产，意味着中华文明起源和国家形成于距今五千年前，终于得到了国际承认。"2019 年 7 月 7 日《文汇报》第一版报道此事，大标题赫然写道："良渚古城遗址实证中华五千年文明史。"

陶寺遗址位于今山西临汾襄汾县城东北，经过几十年的考古发掘，面貌日益清晰，与良渚遗址南北遥相呼应，彰显中华五千年文明史的辉煌。陶寺遗址距今四千三百年至三千九百年，考古学家认为，这是迄今发现的中国史前时期都城要素最完备的大型城址，宫城城墙和城门的发现，证明了它具有完备的城郭之制，可能是中国古代都城的最初形态。

陶寺宫城面积 13 万平方米，位于遗址东北部，呈长方形，东西长 470 米，南北宽 270 米，与大城方向基本一致，大体是宫城在里、城郭在外的"回"字形布局。学术界普遍认为，陶寺宫城是目前考古发现的最早宫城。陶寺大城面积 280 万平方米，是迄今国内发现的史前时期规模最大、等级最高的都邑遗址。

最令人惊艳的是观象台遗址的发现。考古学家对遗迹复原，反复模拟观测，最终发现观象台十三个柱子之间的缝隙，是先民根据阳光透过缝隙照射到圆心点来观测天象，确定春分、秋分与夏至、冬至。证实了《尚书·尧典》所说"历象日月星辰，敬授人时"，是先民们对农时节气实践经验的总结。这个观象台形成于四千多年前，比英国巨石阵观测台早了将近五百年。

考古学家苏秉琦早就敏锐地意识到，陶寺文化汇聚了仰韶文化、红山文化和良渚文化的因素。陶寺的出土文物诸如玉琮、玉璧、玉钺、玉面兽等，均非产自本地，很可能来自良渚。至于石钺、双孔石刀，则带有大汶口文化、龙山文化的因素。

规模空前的城址，世界最早的观象台，气势恢宏的宫殿，独立的仓储区，集中管理的手工业区，与国家的起源密切相关。有的学者指出，陶寺遗址与尧帝的都城存在高度联系；有的学者进而推测，陶寺可能是最早的"中国"。其实早在 1991 年，苏秉琦就认为，尧舜时代万邦活动的中心——晋南一带，是"最初中国"的所在。他说："陶寺文化不仅达到了比红山文化后期社会更高一阶段的'方国'时代，而且确立了在当时诸方国中的中心地位，它相当于古史上的尧舜时代，亦即先秦史籍中出现的最早的'中国'，奠定了华夏的根基。"

1950 年代末，徐旭生根据《左传》《国语》以及古本《竹书纪年》有关夏后氏都邑的记载，对分布在豫西、晋南的"夏墟"进行实地考察，从而开启了以田野工作为重点的夏文化探索的序幕。不久，徐旭生发表《1959 年豫西调查"夏墟"的初步报告》，确定了此后夏文化考古的方向。

夏人活动的地区，西起今河南西部、山西南部，向东至黄河流域，今河南的河洛流域是夏人居住的中心，夏的重要都城斟𬩽，就在嵩山西北的洛阳平原东部。夏

玉琮。这件玉琮由墨玉制成,内圆外方,上大下小,中有穿孔,
共19节,是目前国内所见最高的玉琮。

良渚文化大玉琮及玉琮上的神徽

陶寺观象台遗址。是世界上最早的观象台。

人聚居的另一个地区,是今山西南部,特别是汾水以东今翼城附近,后世称为"夏墟"。

考古学家在今河南西部发现"二里头文化",分布于豫西黄河南岸的陕县、荥阳、郑州,以及洛河流域的洛宁、宜阳、洛阳、偃师、巩义等地。二里头文化介于龙山文化和商前期文化之间,学者们倾向于认为,二里头文化从分布地区和时间序列来看,同传说中的夏朝所在的中心地区大致相符。据测定,偃师二里头文化第一期为公元前 2080 年至公元前 1690 年,时间大体相当。有的学者认为,偃师二里头文化一、二期是夏文化,三、四期是夏末的都邑文化。

偃师二里头文化第三期最辉煌,至今已发现两座宫殿遗址,可能是夏桀的都城斟寻。古本《竹书纪年》说"桀居斟寻",学者们考证,斟寻在今偃师东北、巩义西南;或者判定二里头就是夏都斟寻。1983 年,考古学家发现偃师商城,一些学者由此推测,二里头是夏都,偃师商城才是商汤灭夏之后建立的西亳。美籍华裔考古学家张光直认为:"如果没有文字本身的证据,我们便只好用时间和空间上的对证。"他断定:"二里头文化为夏文化,而不是商朝早期文化。"2000 年前后,"二里头夏都说"几乎成为学界的共识。许宏说:"二里头是东亚历史上最早的核心文化最早的广域王权国家,其影响远远突破了它所处的地理单元,华夏文明由'多元的邦国'进入'一体的王朝'。"

相关阅读书目推荐

樊树志:《国史概要》(第四版),复旦大学出版社,2010

何炳棣:《黄土与中国农业的起源》,中华书局,2017

严文明、安田喜宪:《稻作、陶器和都市的起源》,文物出版社,2000

吕思勉:《中国通史》(彩图珍藏版),中华书局,2015

青銅
时代的文明

青铜爵。
二里头出土。
是目前所知中国历史上
出现最早的青铜器。

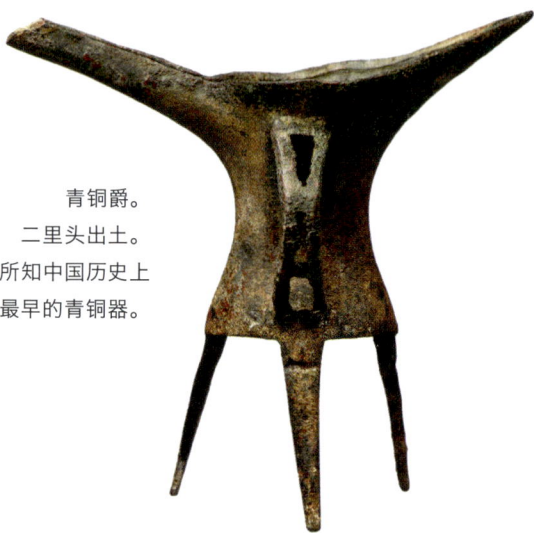

华夏——中国

〔一〕

传说中，黄帝的后裔夏后氏，是夏部落联盟的创始者。夏部落联盟发展为夏王朝，大约在公元前 21 世纪（约前 2070）。由于当时没有文字，后世文献追忆记录下来的，大抵是"太康失国""少康中兴"之类的传说。

所谓夏王朝，无法和秦以后的王朝等量齐观，它是以夏后氏为盟主的邦国联盟。《吕氏春秋》说："当禹之时，天下万国。"《左传》说："禹合诸侯于涂山，执玉帛者万国。"这里所谓"万国"并非实数，形容其多而已，它反映了夏朝不过是一个松散的邦国联合体。以后的商朝、周朝大体也是如此。

夏、商、周三代，既是三个互相衔接的朝代，又是三个同时并存的集团。传说中，夏的始祖禹，出于黄帝子孙颛顼这一支；而商的始祖契，出于黄帝子孙帝喾这一支。按照《史记》的记载，夏、商、周三代的祖先禹、契、后稷，都曾经在尧、舜的政权机构中服务。由此看来，夏、商、周是平行存在的三个集团，分布在黄河流域，自称"华夏"或"华""夏"。

"华夏"的事实早已出现，但见诸文献记载，却比较晚。《左传》襄公二十六年（前547）有这样一条记载："楚失华夏。"说的是，楚国由于失误，失去了中原的华夏大地。可见人们关于华夏的记忆由来已久。唐朝经学家孔颖达注疏《左传》，对"华夏"作这样的解释："华夏谓中国也。"看来，在古人心目中，"华夏"是"中国"的同义词。不过，此"中国"非彼"中国"，它和现在"中国"的含义不一样，是中央之国的意思。居住在黄河流域的古代先民，自称"华夏"，而把周边人民称为"蛮""夷""戎""狄"，"华夏"位居中央，称为"中国"。

最近几十年来的考古发掘，使得夏文化几近明朗，它的主体大体相当于二里头文化，也涵盖了龙山文化后期。河南偃师二里头发掘出一座宫殿遗址，面积约一万平方米，有厚约1—2米的夯土台基，高出地面约80厘米，上面是排列有序的柱子洞和完整的墙基。台基中部有一座八开间门面、进深三间的殿堂，堂前是平坦的庭院，四周有彼此相连的廊庑。如果复原的话，一座规模宏大、气势庄严的宫殿建筑巍然屹立，夏王朝的威仪便跃然而出了。

夏人在不断积累农业生产经验的同时，天文历法知识逐渐丰富。当时已有日、月、年的概念，把一年分为十二个月，以冬至后两个月的孟春之日作为一年的开始。《左传》引用《夏书》记录了发生在"房宿"位置的一次日食，民众击鼓奔走的情景，是世界上目前已知最早的日食记录。《竹书纪年》中，有夏人观测到流星雨的最早记录。

孔子、孟子认为，夏、商、周三代，制度有所损益，也有所继承。夏文明为商文明奠定了基础。

许倬云所著《华夏论述》，探讨什么是华夏，什么是中国。他认为，"华夏—中国"是一个复杂共同体，这个共同体犹如"飞鸟无形""轮不碾地"，不可能是定格的，是数千年血脉杂糅、族群相融、文化交错而形成的共同体。"中国"从上古时代起，就是由水稻、小米、牛羊多种生产方式与生活方式，由东北辽河红山文化、南方良渚文化、山东大汶口文化、长江中下游与汉水如石家河文化等不同类型文化共同构成的。尽管夏、商、周三代或许是一个较强文化的逐渐延伸和扩展，象征着农业文化之崛起，归根结底它仍然是由此族与彼族、国人与野人逐渐混融才形成的共同体。

葛兆光《宅兹中国》说：我不太赞成把"中国"看成一个后世建构的（或想象的）文明，更愿意把它看成一个由中心向四周扩散，经过不断叠加与凝固而形成的共同体。

刻干支表牛骨。这块商代末年的牛肩胛骨上，刻有干支表，这是当时使用干支纪日的物证。

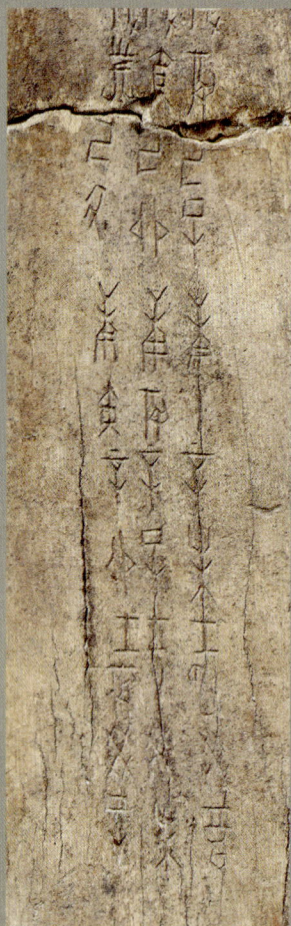

商在灭夏之前，即所谓先公先王时代，已经有过一段辉煌的历史。不过，一直臣服于夏。传说中，商的始祖契，曾经追随禹治理洪水；契的后人冥，还做过夏的水官。

早商时代的先王，从契到汤，传了十四世，与夏朝存在的时间大体相当。汤率领部众推翻夏朝，建立商朝，一共传了十七世、三十一王，将近六百年。

早商时代的农业生产，保持着到处流动的习俗，从契到汤，集体大规模迁移了八次。商朝建立后，延续了这种习俗，多次搬迁都城。直到第十九代商王盘庚，在公元前1300年，把都城迁到殷（今河南安阳），推行改革，"行汤之政"——实行商朝建立者汤制定的政策，走上中兴之路。第二十二代王武丁即位后，商朝达到了最为鼎盛的时期。这个转折点，就是历史上著名的"盘庚迁殷"。《竹书纪年》说，从盘

殷墟的考古发现

【二】

李济（前左）和董作宾（前右）
在殷墟发掘现场的压车道上

庚迁殷，到纣王灭亡，二百七十三年，再也没有迁都。

在殷这个地方构建的商朝都城，依傍洹水，便于水利和防卫。紧靠洹水南面是宫殿、宗庙区，它的东面、北面毗邻洹水，地势较高，占据水源有利地位，且无泛滥之虞。

时隔三千多年，深埋于地下的商朝古都殷，被发掘出来，人们把它叫做"殷墟"——殷的废墟。

1928年至1937年，在李济、董作宾、梁思永、郭宝钧、石璋如等学者主持下，对殷墟进行了十五次考古发掘。陆续发现大批青铜器、甲骨，以及宫殿、陵墓、宗庙遗址。这个位于洹水南岸安阳小屯村的殷墟，再现了商朝古都的昔日辉煌。

参加殷墟发掘的李济，1960年用英文撰写《古代中国文明》，指出：殷墟让人们看到，早在公元前第二千纪，商朝不仅完成了华北的统一，而且还有能力吸收来源于南方的许多重要种族成分。种植稻米，发展丝织，进口锡锭、贝壳和龟壳，在王家苑林中豢养象、孔雀、犀牛。楚国的祖先曾与这个王朝的宫廷有接触。四川和南方另一些地区的乐师可能在商朝宫廷乐队参加演奏。以上种种，再加上明显的西伯利亚和蒙古来的北方成分，以及更远地区的西方成分的存在，"使安阳成了一个国际性的文化中心，成了青铜时代中期东方一个极其独特的世界性城市"。殷墟考古发现的价值是无与伦比的。

1999年，中国社会科学院安阳考古队向新闻界披露，盘庚迁殷之"殷"有了新发现。他们在洹水北岸花园庄，发现了另一个商朝都城遗址，堪称第二个殷墟。这个遗址的时代，晚于商朝早期的二里岗商城，早于商朝后期的小屯殷墟。从夯土建筑基址、王室青铜礼器等方面推断，花园庄遗址有可能是盘庚迁殷之"殷"，至于小屯殷墟遗址，应当是商朝后期的都城。有鉴于此，"殷墟"的概念，应该有所扩大，除了原先知道的洹水南岸的安阳小屯村，还有洹水北岸的安阳花园庄。

安阳殷墟鸟瞰图

中国的青铜时代始于何时？这还真是一个不太好回答的问题。在黄帝时代，已经有铸造铜鼎、铜编钟的传说；夏禹时代，又有"以铜为兵"（用铜制造兵器）、"禹铸九鼎"的传说。然而，人们并没有发现那个时代青铜器的实物。迄今为止，考古发现最早的青铜器出土于河南西部的二里头遗址，它们是爵（酒器）、戈（兵器）。二里头文化相当于夏朝中晚期，如果说这个时期进入了青铜时代，是有事实根据的。

青铜文明的鼎盛时期是商朝。商朝第二十二代王武丁时代，最为强盛富庶。武丁的妃子妇好的墓葬中，有200多件青铜礼器、130多件青铜兵器、5件大青铜铎、16件小青铜铃、44件青铜器具（包括27件青铜刀）、4件青铜镜、4件青铜虎、1件青铜勺、20多件其他青铜器。品种之丰富、数量之众多、质地之精美，令人叹为观止。其中一件青铜鸮尊，外形犹如双足蹲地的猫头鹰，被中国国家博物馆誉为青铜器中的精品。另一件三联铜甗，在一个铜制的长凳上并排放着三个蒸煮食物的炊具，散发着浓郁的生活气息。

安阳武官村出土的后母戊鼎，是商朝后期的器物，形制粗壮结实、方正严谨，象征无可争议的权力。这是目前已发现的分量最重的青铜器。与它相映成趣的是西周晚期的青铜器——毛公鼎，有497个铭文，记录周宣王告诫和褒奖臣下毛公的原话。这是目前已发现的铭文最多的青铜器。

瑰丽而神奇的青铜器

[5]

青铜三联甗。是迄
今见到的惟一的这
种复合炊具。

青铜器的种类很多，主体是礼器和兵器，由此折射出它的政治意义大于经济意义。青铜器的铭文，表明器主的族氏和祭祀对象，记载统治者对器主的恩赐，它明显扮演政治权力的角色，强化国家政权的机能。

青铜礼器是王室与贵族权力的体现，因而制作讲究，上面有精美的浮雕纹饰。这种纹饰以动物图案为主，少数是自然界存在的动物，大多数是神话中的动物，例如：饕餮——有头无身、食人未咽的怪兽；肥遗——一个头两个身体的蛇；夔——头尾横列中有一足的龙形兽；虬——有角龙；此外还有龙这种古人最崇拜的神话动物。不过青铜器上的饕餮纹、肥遗纹、夔纹、虬纹、龙纹只是一种约定俗成的指称或描述。

对于动物图案的意义，考古学家张光直在《中国青铜时代》中有这样的分析：神话中的动物功能，是把人的世界与祖先、神灵的世界相互沟通。青铜礼器是用来崇拜和祭祀祖先和神灵的，在这种神圣仪式上，人们试图通过这些动物来沟通祖先、神灵，庇佑他们在人世间的权力与财产。

1980年代末，四川三星堆青铜器的出土，是考古界的重大发现。三星堆是商朝时期蜀国的都城遗址，大量精美绝伦而又怪异的青铜器，透露出神秘的色彩，令人惊诧莫名。其中一件青铜人像，有真人大小，面部造型逼真，浓眉阔目，高鼻大耳，头冠上有羽毛状饰物，身穿三层华衣，上面有巨龙纹、拳爪纹、人面纹以及云雷纹图案。如何解读，至今依然众说纷纭。

妇好青铜鸮尊。妇好，商王武丁的妃子，中国第一位女军事统帅。

四羊方尊。中国现存最大的商代青铜方尊，采用两次分铸技术，被史学界称为臻于极致的青铜典范，位列十大传世国宝。

后母戊鼎。是已知中国古代分量最重的青铜器。

毛公鼎。因做器者毛公而得
名。铭文有近五百字，是目前
所知青铜器铭文最长的。

三星堆出土的面
具和人像。透着
神秘的气息。

甲骨文
文明的标志

【四】

美国民族学家摩尔根（Lewis Henry Morgan）在《古代社会》中说："文字的使用是文明伊始的一个最准确的标志"，"没有文字记载，就没有历史也没有文明"。古代埃及的象形文字从公元前 3500 年形成，一直使用到公元前 2 世纪。两河流域的苏美尔人在公元前 3500 年到公元前 2600 年之间发明、使用象形文字。中国有文字可考的历史开始于公元前 16 世纪，当时有了成熟的足够数量的文字——甲骨文，它的意义是不言而喻的。

光绪二十五年（1899），在河南安阳小屯村（殷墟）发现了刻有文字的龟甲兽骨，人们见识了中国最古老的文字——甲骨文。1904 年，经学家孙诒让开始对它进行考释，撰写了《契文举例》。1928 年以后，随着殷墟考古的展开，先后出土甲骨 10 万多件，上面共有 4500 字，记载了从盘庚迁殷到商朝灭亡二百七十三年间的历史。

这一发现意义重大，它标志着汉字在商朝后期已经成熟，而且数以千计，人们终于摆脱了没有文字的史前时代，进入了有文字可考的文明时期。甲骨文是我们祖先的天才发明，具有不朽的品质和价值，至今仍是汉字文化圈的共同财富。

在甲骨学史上，有四位有重大贡献的前辈学者，被语言文字学家钱玄同推崇为"甲骨四堂"：罗振玉（号雪堂）、王国维（号观堂）、董作宾（号彦堂）、郭沫若（号鼎堂）。

商王武丁时期刻辞甲骨。正
反面刻满长篇卜辞，字口涂
朱，内容是商王武丁时期分
别于一个月之内的癸巳、癸
丑、癸亥三日占问本旬之内
是否会有灾祸发生。

甲骨文的结构，已经具备了汉字的六书规律，即象形、指事、假借、形声、会意、转注。

象形：⊙（日）、☽（月）、△（土）、田（田）、木（木）、禾（禾）、人（人）、虫（虫）、羊（羊）等。象形字是人类发明文字的最初阶段，日、月取天象，土、田取地理，木、禾象征植物枝干，人象征人体，虫象征其博首宛身，羊象征其角曲。所以许慎《说文解字》说："象形者，画成其物，随体诘诎，日、月是也。"

指事：文字不单表实，而且表意。《说文解字》说："指事者，视而可识，察而可见，上、下是也。"甲骨文的"上"，写作二、⌣，"下"写作二、⌢，指示一短划的位置以表示方位。"末"写作木，指明树梢在哪里；"本"写作木，指明树根在哪里。

假借：象形、指事的文字不够用时，便"依声托事"，即假借象形字之声，来表示同音的其他事物或动作的符号。如甲骨文之"来"（来），初为小麦名，后假借为往来之来。

形声：假借一多，同音字易混淆，于是添加偏旁，一半形符（意符），一半声符。如"盂"字写作盂，下为形，上为声；"祀"写作祀，左为意，右为声。

（会意：二字意会，合成一字。如"明"写作明，意为日月相照；也写作明，意为月光照在窗上。把上述方法扩大，或部分采用，近似变形，造就了后世两万个汉字，成为世界上使用人口最多的文字。）

会意：二字意会，合成一字。如"明"写作明，意为日月相照；也写作明，意为月光照在窗上。把上述方法扩大，或部分采用，近似变形，造就了后世两万个汉字，成为世界上使用人口最多的文字。

相关阅读书目推荐

葛兆光：《宅兹中国：重建有关"中国"的历史论述》，中华书局，2011

李济：《安阳》，商务印书馆，2011

张光直：《中国青铜时代》，生活·读书·新知三联书店，2013

西周与春秋战国

宜侯夨簋。记载了周康王册封夨为宜侯。

传说中，周是一个姬姓部落，它的始祖，名叫弃，担任过夏朝的农官，精通农业，后来被尊奉为农神后稷。后稷二字，赋有特别含义，"后"有君王之意，"稷"代表农作物，合在一起，便是农业神祇。

关中西部岐山南面的周原，土地肥沃，适宜农耕，古公亶父率领部族，从豳迁居周原，在此定居，自称为周人。古公亶父在周原建都设官，后来的周人尊称他为"太王"，把他看作周朝的奠基人。他的幼子季历即位时，周的国力日渐强大。商王杀死季历，遏制周的势力。季历之子昌（即后来的周文王）表面上继续臣服于商，暗地里扩充实力，准备取而代之。这个计划由他的儿子发（即后来的周武王）实现了。公元前1046年，周武王乘胜占领朝歌，标志着商朝灭亡，周朝建立。

武王克商后身患重病，逝世前留下遗嘱，由弟弟周公继位。周公向天祷告，请求代替武王去死。武王死后，各地纷纷叛乱。周公为了扭转危局，拥立武王幼子继承王位（即周成王），自己摄政辅佐；并且调动军队东征，平定武庚、管叔、蔡叔的叛乱。此后，周公在分治殷民的同时，封建诸侯，大抵姬姓、姜姓占据膏腴冲要之地。

这就是所谓"封建"，当时也叫做"封邦建国"。一共封建了七十一国，其中五十三国是同姓诸侯，目的是"封建亲戚，以藩屏周"，也就是说，用同姓诸侯构筑一道屏障，捍卫周王的中央权威。"封邦建国"显然是以姬姓贵族为主的，为了稳定大局，也封建一些异姓贵族，不过对他们有所控制。例如周公把商朝的早期国都商丘及周围地区封建给商朝贵族微子启，称为宋国。同时封建了许多诸侯对宋国形成内外两个包围圈，内层主要是异性诸侯：姒姓的杞国、嬴姓的葛国、姜姓的许国、妫姓的陈国等；外层主要是姬姓诸侯：曹国、郜国、茅国、蔡国等。值得注意的是，姬姓诸侯的封国沿着殷周交通线分布，大体与黄河流域主要农产区相吻合，带有明显的战略意义。

周公鉴于武庚和管蔡的叛乱，敏锐地感到，听任殷商遗民留在原地是危险的，于是决定营建成周（洛邑），把"殷顽民"迁到那里，派军队镇守威慑。从此，周朝有了两个都城：西部的镐京称为宗周，东部的洛邑称为成周。如果说，周公营建成周，是为了控制东方，对宗周（镐京）起到拱卫作用；那么，"封邦建国"就是把这种拱卫作用向外延伸，筑城扼守，彼此呼应。

"封建"既是巩固和扩大周朝统治的手段，也是贵族内部权力和财产再分配的方式。它的实质是分土分民，周王把土地和人民分给诸侯，叫做"建国"；诸侯把土地和人民分给卿、大夫，叫做"立家"。这样就形成了金字塔形的封建体制：塔尖是周天子（周王），第二层是诸侯，第三层是卿、大夫，第四层是士（底层贵族），第五层是庶民（百姓）。

这种等级森严的封建体制，与宗法密切相关。宗法是从氏族组织蜕变而来的

东汉　周公辅成王
画像石（拓片）

血缘宗族关系，把姬姓贵族区分为"大宗""小宗"。周王自称"天子"，既是政治上的共主（王），又是天下同姓的"大宗"。王位由嫡长子继承，世代保持"大宗"的地位。嫡长子的兄弟们受封为诸侯，相对于周王而言，处于小宗地位。但是，诸侯在自己的封国内，又是大宗；它的封君地位也由嫡长子继承，嫡长子的兄弟们分别封为卿、大夫，都是小宗。而卿大夫在本宗的各个分支中，又处于大宗的地位。

政治上的共主，与血缘上的大宗紧密结合，是封建体制的特色。说得通俗一点，周天子（周王）把封建制度与宗族关系结合起来，一身而二任。

西方学者认为，周朝建立以后的四五个世纪，与欧洲中世纪的 feudalism 时代十分相似。近代日本学者在翻译 feudalism 时，借用周朝的"封建"一词，译为"封建主义"。长期以来，"封建"一词已被用滥，演化为落后的代名词，例如"你这个人太封建""封建迷信"之类，确实有必要重新解读它的本意。

美籍华裔历史学家黄仁宇在《放宽历史的视界》中指出："很多现代中国的作者，称之为'封建社会'，并且以此将它与欧洲的 feudal system 相比拟，其结果总是尴尬。征之中国传统文献，'封建'也与'郡县'相对，所以将汉唐宋明清的大帝国、中央集权、文人执政、土地可以买卖、社会流动性大的郡县制度称为封建，更比拟为欧洲的 feudal system，就是把这些历史的大前提弄错了。"

其实，这并非黄仁宇的创见，1926 年，顾颉刚、傅斯年就有过讨论。顾氏向傅氏询问："用唯物史观来看孔子的学说，他的思想乃是封建社会的产物。秦汉以下不是封建社会了，何以他的学说竟会支配得这样长久？"傅氏同意顾氏的意见，说："封建一个名词之下，有甚多不同的含义。西周的封建，是开国殖民，所以封建是一种特殊的社会组织。西汉的封建是割裂郡县，所以这时所谓封建但是一个地理上之名词而已。"

因此，近年来关于"中国封建社会"的争议，也就不足为奇了。侯建新《"封建主义"概念辨析》、冯天瑜《"封建"考论》，先后对"中国封建社会"表示质疑。美国哥伦比亚大学教授李峰的专著《西周的政体》和《西周的灭亡》，从另一个角度对长期流行的观点发起挑战。他指出："如果说西方学术界长期以来所讲的 feudalism 是一个错误的建构（这一点已很清楚），那么由它发展出一种概括社会形态的模式（即所谓'封建社会'），再把这一模式套用在古代中国社会之上，这就成了一个错误的连锁反应。"

颂青铜壶。记载了周王册命颂之事，对典礼过程有详细记载。

周公「制礼作乐」与礼乐文明

〔二〕

武王是周朝的缔造者，可惜英年早逝，周公摄政，辅佐成王，制定了一系列典章制度，在历史上留下深远影响的，莫过于"封邦建国"与"制礼作乐"。上面讲了"封邦建国"，下面再讲"制礼作乐"。

周公，周文王之子，周武王之弟，名旦，因为采邑在周，被称为周公。他并不是迷恋于权位的人，武王逝世前遗命，由周公继位，周公顾全大局，拥立武王幼子诵为成王，自己屈居辅佐摄政的地位。在制度建设大体就绪、东都洛邑营建完成之后，他请成王到洛邑主持首次祭祀典礼，开始亲政。此后，周公把政权还给成王，自己留守宗周。

然而，周公的结局是悲凉的。周成王十一年（前1032），周公在失意中病逝。病危之际，他请求葬于周地，以表示对周的忠诚。成王却把他葬到周以外的地方，冠冕堂皇的理由是，不敢把周公视作臣子，实际是不承认周公是忠臣。悲剧的根源在于，他是辅佐成王的摄政者，在成王眼里，他功高盖主，威权震主。

确实，周公摄政的七年，成绩斐然，而他本人又高风亮节，被后世政治家引为治国的楷模。关于他的政绩，汉朝学者伏胜的《尚书大传》有最为简洁的概括："周公摄政，一年救乱，二年克殷，三年践奄，四年建侯卫，五年营成周，六年制礼作乐，七年致政成王。"

所谓"制礼作乐"，就是制定礼乐制度，构建礼乐文明。

"礼"的本质或确切含义是异，用来区分社会各等级的身份差异，贵与贱、尊与卑、长与幼、亲与疏之间，各有各的行为规范。也就是说，贵者有贵者之礼，贱者有贱者之礼；尊者有尊者之礼，卑者有卑者之礼；长者有长者之礼，幼者有幼者之礼；亲者有亲者之礼，疏者有疏者之礼。这种礼，规定了君臣、父子、兄弟、夫妇之间上下尊卑的关系，不得有所逾越。

《礼记》记载，周礼有五类：关于祭祀的是"吉礼"，关于丧葬的是"凶礼"，关于交际的是"宾礼"，关于征战的是"军礼"，关于吉庆的是"嘉礼"。每一个贵族从出生到死亡，从人事到祭祀，从日常生活到政治活动，都必须遵守与其身份相符的"礼"。即便是关于丧葬的凶礼，也是极为复杂的，参加丧礼的人，由于身份等级不同，以及与死者关系的亲疏远近，而有严格的区别。因此，丧礼往往是确认社会关系最为敏感的场合，凶礼所反映的社会关系意义，远远大于个人情感意义，它一方面表现纵向的社会等级，另一方面表现横向的宗族联系。

李伯谦《考古学视野下的西周史》指出："礼乐制度是按照天子、诸侯、卿、大夫、士不同职等制订的礼仪准则,体现在各个方面。考古学上最能反映这一点的是丧葬制度,例如天子才能用四条墓道,诸侯和卿只能用两条或一条墓道,士一般不设墓道。随葬器物也有严格差异,天子九鼎八簋、多套编钟,诸侯和卿七鼎六簋、五鼎四簋、一套编钟,士三鼎二簋或一鼎一簋、钟一枚。"东周时期出现的所谓礼制僭越现象,实际上是适应社会发展变化的结果。

一个社会只讲差异,不讲和同,就无法和谐。周公的高明就在于,在"制礼"的同时,又"作乐",使"礼"与"乐"相辅相成或相反相成。

"礼"强调差异,"乐"则强调和同。《礼记·乐记》说:"乐者,天地之和也;礼者,天地之序也。和,故百物皆化;序,故群物皆别。"意思是说,乐是天地的和谐,礼是天地的秩序,因为和谐,万物可以共处;因为秩序,万物都有区别。

所谓乐,当然是指音乐,不过是带有浓厚社会政治色彩的音乐。它的功能,按照古人的说法,可以概括为十五个字:通伦理,和天地,养万物,化异同,成天下。说得通俗一点,就是以音乐激起人们相同的共鸣情绪,人无分尊卑贵贱,产生同类感,仿佛四海之内皆兄弟。《礼记·乐记》谈到音乐演奏在不同场合的功能,这样说:

——"乐在宗庙之中,君臣上下同听之,则莫不和敬";

——"在族长乡里之中,长幼同听之,则莫不和顺";

——"在闺门之内,父子兄弟同听之,则莫不和亲"。

显然,乐的功能是维系社会的团结,求得人际关系的和谐。由此看来,礼和乐两者缺一不可,否则社会就会失衡。《礼记·乐记》对此的议论是最为精到的:

——"乐者为同,礼者为异。同则相亲,异则相敬。"(乐强调和同,礼强调差异。强调和同,人们就互相亲爱;强调差异,人们就互相尊敬。)

——"礼义立则贵贱等矣,乐文同则上下和矣。"(有了礼,贵贱的等级差别就显示出来了;有了乐,各色人等上下之间就和谐了。)

——"乐至则无怨,礼至则不争。"(有了乐,人们就不会埋怨;有了礼,人们就不会相争。)

周公的治国之道,是在强调等级差异的同时,也强调人与人的和同,在有差别的社会中,尽力营造无差别境界。这是孔子和儒家最为津津乐道的理想境界。

盠青铜方彝。记载了周王册命做器者盠的事情。

西周 铜编钟

孔子：「郁郁乎文哉，吾从周」

《论语》开篇（宋刻本）

学者杨向奎《宗周社会与礼乐文明》意味深长地说：没有周公就不会有武王灭殷后的一统天下，没有周公就不会有传世的礼乐文明，没有周公就没有儒家的历史渊源，没有儒家，中国传统的文明可能是另一种精神状态。此所以孔子要梦见周公，称赞说："郁郁乎文哉，吾从周。"

孔子对周公的"制礼作乐"崇拜得五体投地，对春秋时代的"礼崩乐坏"极为不满，他的名言"是可忍也，孰不可忍也"，就是对"礼崩乐坏"的怒吼。

周公的长子伯禽分封于奄（今山东曲阜），国号鲁。因此，周公制定的礼乐制度，在鲁国有着深厚的土壤。孔子沉醉于礼乐文明之中，十分不满当时的"礼崩乐坏"，对违反周礼的言行多持反对态度，提倡"非礼勿视，非礼勿听，非礼勿言，非礼勿动"，即不符合礼的行为不要看，不符合礼的言论不要听，不符合礼的话语不要讲，不符合礼的事情不要做。齐景公向他请教为政之道，他说得很干脆："君君，臣臣，父父，子子。"就是要遵循周礼，区分上下尊卑，君要像君，臣要像臣，父要像父，子要像子。晋国铸刑鼎，把法律条文镌刻在鼎上，试图依法治国。他反对说："晋其亡乎！失其度矣。"这个"度"，就是周礼的贵贱有序，推行法治，势必导致"贵贱无序"。

最令孔子不满的是，诸侯僭用天子之礼，卿大夫僭用诸侯之礼、天子之礼。以祭祀为例，按照周礼，只有天子可以举行郊祭（祭天），诸侯只能祭祀封国境内的名山大川。然而，鲁国从僖公开始，也举行郊祭，季氏则举行旅祭（祭泰山）。祭祀用的乐舞，即所谓雅乐，有严格的等级差别。天子的祭祀乐舞，悬挂的乐器四面排列，舞者八佾（八个行列），六十四人；诸侯的祭祀乐舞，悬挂的乐器三面排列，舞者六佾（六个行列），四十八人；卿大夫的祭祀乐舞，悬挂的乐器两面排列，舞者四佾（四个行列），三十二人；士的祭祀乐舞，悬挂的乐器一面排列，舞者二佾（两个行列），十六人。春秋时期的鲁国，不仅鲁公"八佾以舞《大武》"，连季氏也"八佾舞于庭"了。诸侯和卿大夫居然恬不知耻地僭用天子之礼，无怪乎孔子要高呼："是可忍也，孰不可忍也！"

孔子三十六岁在齐国听到"韶乐"，竟然三月不知肉味，感叹道，想不到音乐可以达到这样高的境界。究竟是兴奋还是感动，不得而知，总之是推崇备至，因为他看到了"制礼作乐"的真谛。这种乐，是与礼并行不悖的。在他看来，"韶乐"歌颂尧舜的禅让，可谓尽善尽美；"武乐"歌颂武王征战天下，尽美而未必尽善。

"武乐"就是周公制作的《大武》乐舞，在《诗经·周颂》中可以看到它的歌词。

乐舞的第一场是武王带兵出征，第二场是灭亡殷商，第三场是征伐南国，第四场是平服南国，第五场是统治东方，第六场是班师还朝。这种由编钟、编磬演奏的雅乐，伴随着舞蹈，出现在政治、宗教仪式中，显示等级森严的社会还有上下和谐的另一面。所以说："礼之用，和为贵。"

诗、礼、乐，是儒家教化的三元素，三者之间密切相关。诗可以抒发志趣，但是需要用礼来规范约束，用乐来达成和谐。孔子说"兴于诗，立于礼，成于乐"，大概就是这样的意思吧！

孔子死后，葬在曲阜城北泗水旁，弟子们在坟墓边的草棚里，服丧三年，追忆先师的谆谆教诲，把他的言论整理成《论语》。孔门弟子出于对先师道德学问的敬仰，以各种方式把它发扬光大。曾子的《大学》，子思的《中庸》，孟子的《孟子》，都致力于阐发《论语》的政治伦理。这就是后世学者奉为儒家经典的"四书"。

累累说圣图。仇英绘，文徵明书《孔子圣迹图》中的一幅。

公元前 770 年，周平王在一些贵族和诸侯的护卫下，从镐京（今陕西西安）东迁到洛邑（今河南洛阳）。周朝初年建立东都（即所谓成周），原是为了控御东方，周朝的真正基地仍在镐京（即所谓宗周）。东迁之初，宗周故地并未完全丧失，到后来周室衰微，号令不行，周王成了徒有其名的共主。历史学家把这一年之后的周朝叫做东周，以区别于此前的西周。从此周朝失去了控制四方诸侯的力量，进入了动乱时期，即春秋（前 770—前 476），这一时代共有一百四十多国，其中大的也有十几国。

春秋列国的国家功能与结构，远不如西周国家。西周时期的国家主权属于王室（周天子），列国都没有完整的主权，到春秋时代各自称王称霸时，各国不承认周王室的宗主权。春秋时代的列国争霸，从本质上讲，是诸侯争当周王的代替者，争当中央或中心。在这一过渡时期，霸主制度为中国维持了相当程度的秩序，避免了无中央（中心）的大混乱。所谓"春秋无义战"的观点是片面的，因为它没有摆脱周天子正统的立场。争霸的结果，一方面国家形态转化为完整的主权国家；另一方面国家形态摆脱了血缘组织的残余，转化为领土国家。

争霸的形式大抵是"挟天子以令诸侯"，打着周天子的旗号，积极扩展自己的势力，成为号令一方的霸主。周天子的天下共主地位早已名存实亡，先前的"礼乐征伐自天子出"，一变而为"礼乐征伐自诸侯出"，周天子不过是一个虚

列国争霸
百家争鸣

楚高青铜缶。器口沿
唇部有五字铭文："右
治尹，楚高。"

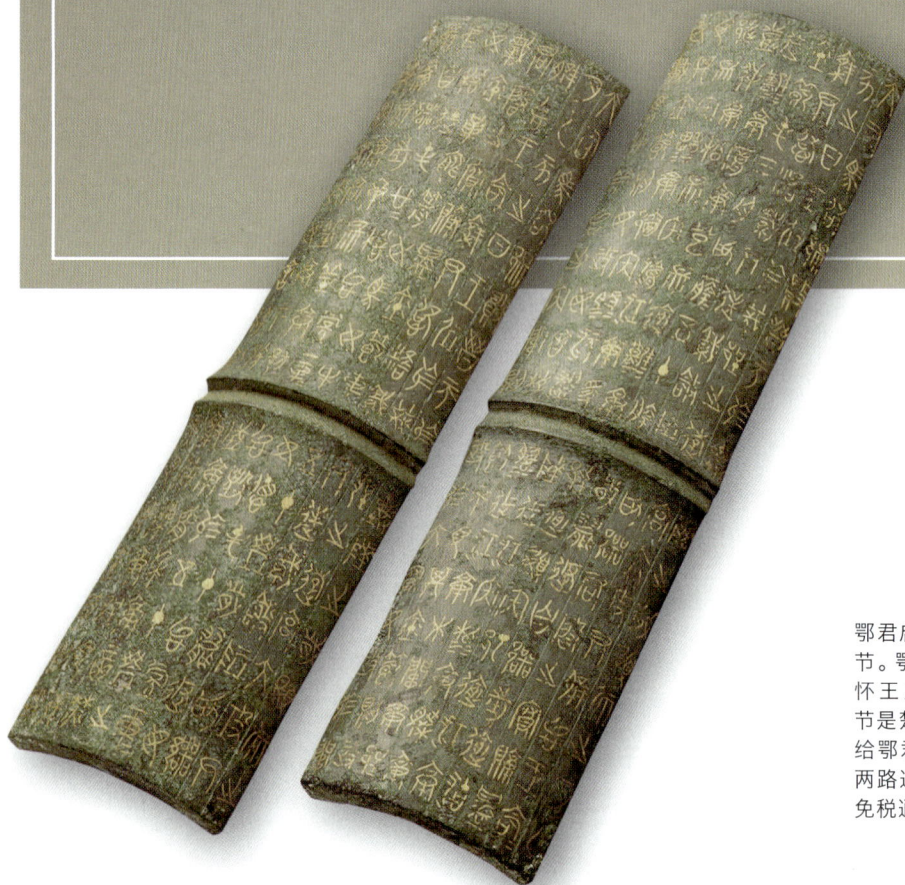

鄂君启错金青铜
节。鄂君启是楚
怀王之子，青铜
节是楚怀王颁发
给鄂君启于水陆
两路运输货物的
免税通行证。

君而已。

首先建立霸业的是齐桓公。正当齐国争霸中原时，晋国勃兴，晋文公成为中原霸主。在晋国称霸时，楚国向东扩展，灭了一些小国，转向北方，争霸中原，楚庄王成为中原霸主。秦国灭掉一些西方小国，逐渐强大，秦穆公向东争取霸业，遭到晋国遏制，转而向西发展，成为西方一霸。

争霸的结果，各种政治力量分化改组，最后剩下了燕、赵、韩、魏、齐、楚、秦七个大国，以及十几个小国，历史进入了战国时代。

东周的五百五十年间，战争性质发生了巨大的变化。春秋时代军队规模小，战斗每每一天就结束。交战双方都很讲究军礼，注意礼仪，战争成了艺术化的操练，显示出强烈的骑士风度。这样的美风，战国时代消失得无影无踪。

战国时代，伴随着政治经济方面激烈而深刻的变革，出现了各种思潮学派的交锋与激荡，出现了群星灿烂的百家争鸣局面。正如吕思勉所说："先秦时代的学术，是注重于矫正社会的病态的，所谓'拨乱世，反之正'，实不仅儒家，而为各家通有的思想。"诸子百家都致力于矫正社会病态，但所持论点各异，于是乎便有了争鸣与交锋，彰显出思想火花的无穷魅力。

百家争鸣，有两种形式。一种是各个学派阐述自己的学说思想，互相问难，进行辩论。另一种是文人学士游说诸侯，兜售自己的政治主张。这时的诸子百家都主张学以致用，为了救世，必须以其所学去游说诸侯，与诸侯及其官员发生争鸣。因而各个学派的巨子几乎都是伶牙俐齿、口若悬河的雄辩家，像韩非那样口吃，只是个别特例。孟子到处游说，能言善辩，一个叫公都子的人问他：别人都说您喜欢辩论，请问为什么？孟子回答：我是不得不辩论啊，世道衰微，荒谬的学说、残暴的行为都出现了，臣杀君，子杀父，我要端正人心，消灭邪说，不得已而辩论。

当时文人学士游说之风很盛，一个很平凡的知识分子（士），通过游说，一旦获得国君赏识，便可提拔为执政大臣。商鞅本是魏相国公叔痤的家臣，进入秦国游说，得到秦孝公赏识，被任命为秦国最高官职大良造。张仪本是魏国人，入秦游说，做到了秦惠王的相国。

游说与争鸣对于政治的走向有着积极作用。商鞅入秦后，与甘龙、杜挚关于"法古"与"反古"的辩论，便是最好的例子。商鞅针对甘龙、杜挚"法古无过，循礼无邪"的论调，驳斥道："前世不同教，何古之法？帝王不相复，何礼之循？"他认为"治世不一道，

吴王夫差青铜剑。吴王夫差时期，吴国曾短暂称霸中原。吴越地区不适合车战，剑的使用很多，其铸剑水平远超中原地区。

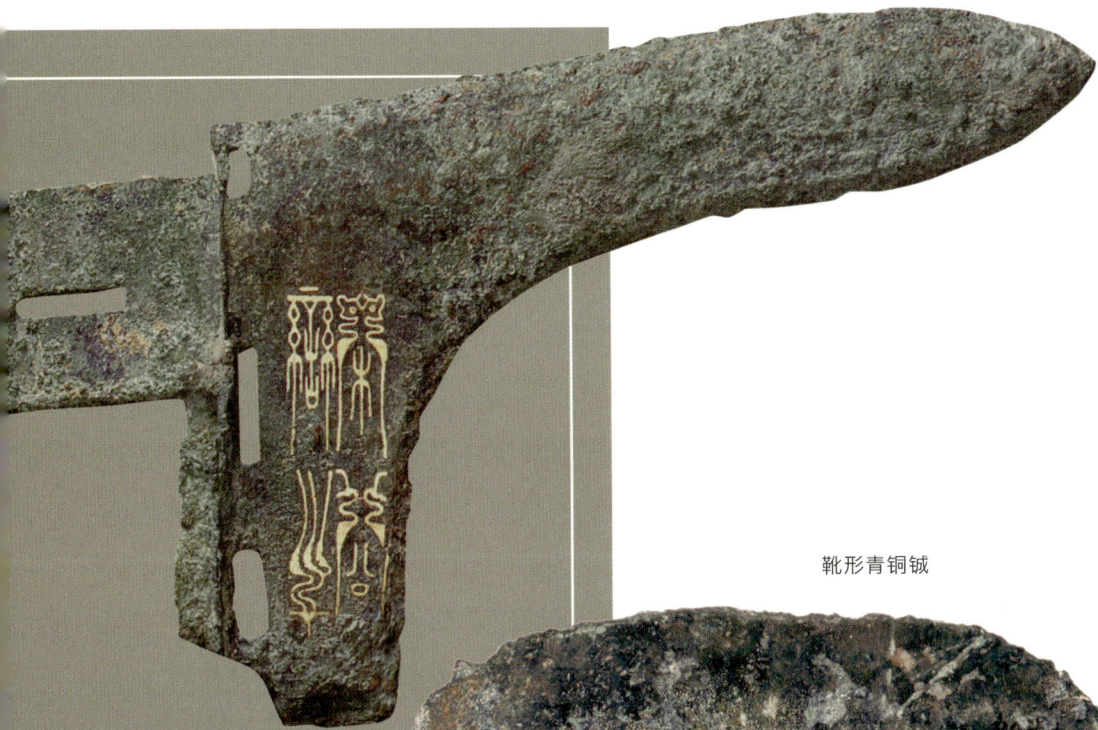

靴形青铜钺

宋公栾青铜戈。
宋公栾即宋景
公。君主专属兵
器上,多用错金
字署名。

便国不法古"，主张"当时而立法，因事而制礼"，这显然是以法家思想批判儒家思想。孟子游说于齐、魏、滕、薛、宋、邹、梁等国，慷慨陈词，阐述儒家的政治见解。他到魏国，魏惠王对他优礼有加，向他请教治国之道。魏惠王问他"何以利我国？"孟子回答："王何必曰利，亦有仁义而已矣！"实际是用儒家的义利观批判法家的义利观。孟子在齐国游说，齐宣王任命他为上卿，据说他有车数十乘，随从数百人。这些都是游说的结果，使得当政者能采用其学说与主张，故能显赫一时。

　　各国执政者的宽容政策，为百家争鸣提供了良好的氛围，这一点在齐国的稷下学宫表现得最为突出。齐国都城临淄是春秋战国首屈一指的大都市，城周五十里，有十三座城门，居民七万户，三教九流，各色人等，兼容并蓄。齐国在临淄西边稷门外的稷下，设立学宫，招徕各国学者著书立说，议论政治，尊称为"稷下先生"，也称为博士。到了齐威王、齐宣王时代，稷下学宫盛极一时，群贤毕至，有事迹可考者如淳于髡、慎到、邹衍、宋钘、尹文、接子、田骈、环渊、荀卿等。齐国虽然崇尚黄老之学，但并不排他，对各家各派兼容并蓄，采取"不治而议论"的方针，使得稷下学宫成为百家争鸣、思想交锋的中心。孟子与齐威王、齐宣王政见不同，还是受到礼遇，齐宣王多次向他问政，甚至像征伐燕国这样重大的军机，也征求孟子的意见。后来孟子想离开，齐宣王百般挽留，打算给他豪华的住宅和优厚的俸禄。这样礼贤下士风度，使百家争鸣蔚为大观，令后世文人学士艳羡不已。

相关阅读书目推荐

冯天瑜：《"封建"考论》，中国社会科学出版社，2010

〔美〕黄仁宇：《放宽历史的视界》，生活·读书·新知三联书店，2007

杨向奎：《宗周社会与礼乐文明》（修订本），人民出版社，1997

徐中舒：《先秦史十讲》，中华书局，2009

大一统的秦汉帝国

始皇帝

——中国第一个皇帝

[一]

秦始皇陵兵马俑。兵马俑其实就是用陶土制成战车、战马、士兵等形状的殉葬品。

秦坑儒谷。在今
陕西临潼洪庆堡
村西南。

秦 王嬴政在尉缭和李斯的辅佐下，从公元前 230 年到公元前 221 年，用战争手段灭亡了韩、赵、燕、魏、楚、齐六国，在华夏大地上建立统一的秦帝国。它以咸阳为首都，东至大海，西至青藏高原边缘，南至岭南，北至河套、阴山、辽东。从此，"海内为郡县，法令由一统"，中国历史由封建时代进入了帝国时代。

此前的夏商周三代的最高统治者，都是"王"，而不是"皇帝"。西周的封建体制下，作为政治"共主"的周王，无法对诸侯的封地实行直接统治。秦朝建立了中央集权的郡县体制，由皇帝直接统治全国所有的郡县，直至乡村。这种皇帝制度与帝国体制的缔造者，就是自称"始皇帝"的嬴政。他统一天下后，发布诏令说："朕为始皇帝，后世以计数，二世三世至于万世，传之无穷。"虽然秦朝二世而亡，是历史上少见的短命王朝，但是，以后不断的改朝换代，统治者都没有废弃皇帝制度，皇帝这个尊号绵延达两千多年。"至于万世，传之无穷"云云，虽不中，亦不远。

帝国的权力集中于皇帝，皇帝之下有三公九卿，组成管辖全国的中央政府。从形式上看，秦的三公九卿与西周的三公六卿，有些类似，但权限与职责截然不同。

帝国体制的根本性变革是废除地方分权的封建制度，建立中央集权的郡县制度，也就是说，以前各自为政的诸侯国林立的局面不复存在，代之以中央政府直属的郡县两级行政区划。全国划分为三十六郡（以后增加至四十余郡），郡的长官是郡守，其副职是郡尉（分管军事），另外还配备郡监（监郡御史）——直属于中央的御史大夫，代表中央监控地方。郡级行政区划下，设立若干县，长官是县令或县长。县级行政区划下有若干乡，长官有三老（主管教化）、啬夫（主管赋税、诉讼）、游徼（主管治安）。乡以下，还有亭、里的建制，亭设亭长，里设里正。皇帝的政令，通过三公九卿，直达于郡、县，乃至乡、亭、里，深入农村基层。

这种前所未有的中央集权体制，是始皇帝最具历史意义的创举。其起因当然与春秋战国时代列国纷争有关，为了避免再度出现那种状况，他断然决定废止封邦建国的封建体制，代之以中央集权的帝国体制。

这种变革的阻力是不言而喻的，六国贵族企图夺回权力与财产，复辟封建制度，在朝廷中也有他们的代言人。公元前 213 年，始皇帝在咸阳宫设宴招待官员，七十名博士应邀赴宴。宴会上，官员周青臣发言，赞扬始皇帝推行郡县制度的好处。博士淳于越讥讽他当面拍马屁，随后滔滔不绝地论述郡县制度不及封建制度优越。始皇帝叫大家议论。丞相李斯驳斥淳于越，用严厉的语气说，书生以古非今，扰乱视

秦始皇陵铜车马。其主体为青铜所铸，配以部分金银饰品，
约真人真马的一半大小。工艺精美，惟妙惟肖。

听，对于朝廷的政令，口是心非，造谣诽谤，必须予以禁止。为此，他草拟了严禁的办法：只有政府有关部门可以收藏诗书百家著作，民间收藏的此类著作一律焚毁；命令下达三十日后，不焚毁，处以黥刑（在脸上刺刻涂墨）；敢引用诗书，以古非今的人，处以极刑；官吏知情而不举报，处以同样的极刑。

这就是"焚书坑儒"的由来。由此可见，这场变革阻力之大，不得不动用极端手段，从而招致后人无尽的非议。

郡县制
与封建制的
折中主义

金缕玉柙。是汉代皇帝和高级贵族死后的殓服。玉、柙全部用玉片制成，玉片之间用金丝编缀。

秦的统一无疑是顺应历史潮流之举，被吞并的六国人心不服，始皇帝一死，便蠢蠢欲动。二世皇帝的倒行逆施，加速了秦朝的灭亡。

秦亡以后，群雄并起，谁主沉浮呢? 回到先前的封建体制，大家都做诸侯王吧! 这就是吕思勉所说的，"秦汉间封建政体的反动"。一手策划此事的，就是西楚霸王项羽。六国贵族的后人，灭亡秦朝的有功之人，都被项羽封建为王，包括刘邦这个汉王在内，一共是十八个诸侯王。这种举措，毫无疑问是倒退，说它是"反动"，毫不为过。

刘邦建立汉朝后是否改弦更张呢? 没有。如果说，项羽的封建是迎合六国贵族的复辟愿望，那么刘邦的封建异姓诸侯王，是出于无奈。这些异姓诸侯王如楚王韩信、淮南王英布、梁王彭越、赵王张敖、韩王韩信、燕王臧荼、衡山王（长沙王）吴芮，在楚汉战争中已经形成，汉朝建立后，汉高祖刘邦不过是承认既成事实而已。刘邦依靠他们建立大汉帝国，却埋下了潜在的分裂危险。这些异姓诸侯王的封地，几乎接近于战国时期六国的全部疆域。他们自恃开国功臣，凭借手中强大的兵力，与朝廷分庭抗礼。

汉高祖在处死韩信、彭越以后，把其他异姓诸侯王一一剪除。当时形势对于刚刚建立的汉朝而言，十分严峻，不消灭这些异姓诸侯王，后果不堪设想，正如他自己所说："成败未可知。"问题在于，消灭异姓诸侯王以后，由于缺乏自信，又封建了同姓诸侯王。他的儿子刘肥封为齐王、刘长封为淮南王、刘如意封为赵王、刘恢封为梁王、刘恒封为代王、刘友封为淮阳王，他的弟弟刘交封为楚王，侄子刘濞封为吴王。

旧史家说，"汉承秦制"，此话并不错。汉高祖继承了始皇帝开创的中央集权的帝国体制，以及皇帝尊号，皇帝之下的三公九卿，地方的郡、县、乡、亭、里行政系统，与秦制完全一样。郡有郡守（后更名为太守）、郡尉等官职，分别掌管政治、军事、监察之权。县分大小，万户以上设县令，万户以下设县长，下辖县丞、县尉，分别掌管文书、治安之职。基层组织是里，十里为亭，有亭长；十亭为乡，有三老、啬夫、游徼，分别掌管教化、税收、治安。

但是，汉承秦制是打折扣的，是在郡县制与封建制之间采取折中主义，推行一种"郡县"与"封国"兼而有之的郡国制。

琅琊刻石。是公元前219年秦始
皇东巡到琅琊郡（今山东胶南西
北）时所立，歌颂了自己统一中国
的丰功伟绩，强调了统一度量衡、
统一文字的重要性。

原因在于，错误地以为秦朝的短命，是由于废除封建制，"孤立而亡"。刘邦分封自己的子弟为诸侯王，希望仰仗刘氏宗室的血缘关系，构筑皇权的屏障。结果适得其反，不久就爆发了吴王、楚王为首的七国之乱，公然向朝廷挑战。汉景帝平定吴楚七国之乱，把诸侯王国的各种权力收归中央，取消其独立地位。汉武帝继续推行"削藩"政策，使得王国只能衣食租税，不能过问政事，诸侯王国名存实亡。所以傅斯年要说，西汉的封建不过是割裂郡县的地理名词而已。

铁秤锤。实测重31.5千克，为迄今出土最重的铁秤锤，是秦始皇在全国范围内统一度量衡制的重要物证。

汉武帝刘彻颇有雄才大略，使得大汉帝国尽显威仪，登上了世界的巅峰，与西方的罗马帝国遥相呼应。

他为了提高皇帝的威权，一方面削弱丞相的权力，另一方面建立皇帝直接掌控的宫内决策机构，称为"中朝"或"内朝"，而丞相领导的中央政府称为"外朝"，沦为执行机构。同时，为了加强中央对地方郡国的控制，把全国分为十三部，皇帝向每一部派遣一名刺史，代表中央监察郡国一级长官。当时有一百零八个郡国一级政区，由中央直接管理似乎鞭长莫及，刺史部的建立解决了这一难题。刺史部只是一个监察区，负责监察若干郡国。然而，刺史的地位并不高，不过是年俸六百石的小官，他监督的郡国守相是年俸二千石的大官。以小制大，可谓一举两得，既可以防止监察区成为变相的大行政区，导致尾大不掉，又可以加强中央对地方的控制。

汉武帝任命具有法家色彩的桑弘羊担任治粟都尉，主管财政经济，大力整顿。一是实行盐铁官营，打击地方豪强操纵盐铁经营，把生产与销售盐铁的权利收归国家垄断。二是实行平准均输。所谓平准，是由中央政府在首都长安设立平准官，对运来的货物按照长安市场价格，贵卖贱买，调节供需，控制市场波动。所谓均输，是由中央政府在各地设立均输官，主管货物的合理流动，既能补给军需供应，又能支

持都市消费，维持仓库积储，达到"流有余而调不足"的目的。桑弘羊是当时著名的理财家，继承并发扬李悝的法家主张，维护了农民的利益，也有利于国家财政收入的增加，这就是所谓"民不益赋而天下用饶"。

汉武帝在位的半个多世纪，帝国日益强大，不断向边陲及亚洲腹地发动军事远征。向西南远征的结果，是在那里设立了三个郡；向南方的远征，则把版图扩展到越南北部，在那里建立了九个郡；向东北远征的结果，是在朝鲜半岛建立了四个郡。北方与西北方的远征军，在李广、卫青、霍去病的指挥下，击败了骚扰中原的匈奴，在西北边陲设立了两个郡。

在这样的背景下，张骞受命两次出使西域。第一次出使，联合大月氏夹击匈奴；第二次出使，联合乌孙夹击匈奴，目的都是"断匈奴右臂"。张骞外交活动的影响是深远的。一方面，他归国后向汉武帝报告西域见闻以及关于中亚的第一手信息，甚至还有前往印度的路线与有关罗马帝国的消息。另一方面，他为丝绸之路的开通奠定了基础。

泱泱大汉当然需要统一的意识形态作为支撑，于是"罢黜百家，独尊儒术"提上议事日程，并成为国策。这一国策的表述者——春秋公羊学大师董仲舒，根据

敦煌壁画《张骞出使西域辞别汉武帝图》，持笏跪地辞行者是张骞。

"春秋大一统"思想，批评当时的状况：师门不同，议论各异，百家都有各自的治国方略，统治者无法保持一贯的方针，使得百姓无所凭借。因此，他主张运用政权力量，阻止其他学派与师从孔孟的儒家学派齐头并进。

其实，在此之前汉武帝已经采用丞相卫绾的建议，罢黜专治法家、纵横家学说的官员；把不研究儒家经典的"太常博士"一律罢黜，把黄老刑名等百家之学从官学中排除。汉武帝根据董仲舒、公孙弘的建议，设置五经博士，专门研究《诗》《书》《礼》《易》《春秋》等儒家经典，在首都长安建立太学，教授五经，从学习五经的太学生中选拔官员。这就是"罢黜百家，独尊儒术"。这种政策旨在确立儒家学说在官学中的"独尊"地位，不许其他学派分沾，而不是禁止诸子百家在社会上流传，读书人要研究，尽可自便。

在现实政治中，汉武帝的"独尊儒术"是有所保留的，拘泥迂腐的儒术，和他好大喜功的作风格格不入。所以他相当依赖法家，为帝国实施财政经济改革的桑弘羊，就出自法家。这种施政方针称为"儒表法里"——儒术掩盖下的法治，正如汉宣帝所说，"汉家自有制度，本以霸王道杂之"，透露出王道（儒）与霸道（法）并用的秘密。

错金银云纹青铜犀尊。这是一个酒器，腹中空，前部有盖，口中有导流管。通体饰细如游丝的错金银云纹，华丽无比。

王莽托古改制

【四】

汉武帝轰轰烈烈的一生，以悲剧告终，征伐匈奴惨败，到处呈现饥馑动乱迹象，他的晚年是在悔恨中度过的。公元前 87 年，他巡行到今周至这个现方，一病不起，七十岁的他永别了统治五十四年的帝国，躺在长安西北宏伟的茂陵地宫里。继位的是年仅八岁的昭帝刘弗陵，大司马大将军霍光按照遗诏辅政，一切政务全由霍光裁决。十三年之后，昭帝去世，霍光拥立汉武帝曾孙刘询为帝，即汉宣帝。霍光死后，宣帝亲政，奉行王道与霸道并用的治术，强调"信赏必罚，综核名实"，用文法吏和刑名术来监督各级官吏。他敏锐地预感到汉家天下将要败在笃信儒术优柔寡断的儿子手里。事实确实如此，昭帝、宣帝时代尚能维持武帝时代的鼎盛局面，以后相继即位的元帝、成帝、哀帝、平帝，一代不如一代，终于导致外戚在宫廷政治中权势膨胀，王莽的崛起决非偶然。

王莽从步入政坛到当上皇帝，用了三十一年时间。这一段历史，在东汉钦定的《汉书》里，被故意扭曲了，把王莽描绘成乱臣贼子，他的所作所为，一概是虚伪做作。其实王莽摄政，可圈可点之处不少。当时政界贪污成风，王莽不但不贪，还一次次把自家的财产分给下属和贫民，自奉节俭，生活清苦，夫人的穿着打扮像个仆人。他的儿子杀死一个奴婢，为了表示法不阿贵，王莽竟勒令儿子自尽。葛剑雄在《泱泱汉风》中

青铜方斗。铸造于王莽始建国元年（9）。根据铭文可知，自秦统一中国后，度量衡制曾长期处于稳定状态。

"始建国二年"青铜镜。铭文表达了王莽代汉称帝后希冀天下安宁的愿望。是中国现存最早的一面纪年镜。

说：如果政治家都愿意付出如此大的代价来作假，政治一定会清明得多。所以当时把王莽当成圣人、周公、救世主，有些人不乏拍马奉承之意，多数人还是真心流露，否则的话，只靠刘歆等舆论高手是造不出那么大声势的。

面对严重的社会问题，王莽进行一系列改革。改革的本意是革故鼎新，奇怪的是，王莽的改革不是向前看而是向后看，改革的一切理论根据就是一部儒家经典《周礼》，历史学家称为"托古改制"。王莽言必称三代，事必据《周礼》，为他提供经学依据的是西汉末年经学大师刘向的儿子、后来成为新朝"国师公"的刘歆。

为了解决"富者田连阡陌，贫者无立锥之地"的社会问题，王莽主张恢复西周的井田制。他在始建国元年（9）宣布"更名天下田曰王田"，取消土地私有制，一律收归国有，按照《周礼》所描绘的井田制度，平均分配土地，人均不得超过一百亩，禁止买卖。这种倒退的主张注定是没有出路的，如果按照井田制重新分配土地，全国的耕地远远达不到人均一百亩；何况土地私有和买卖是小农经济的基础，符合历史前进的趋势。用行政命令的手段倒退回西周去，得不到任何阶层的支持，王莽不得不在第三年宣布取消"王田令"，承认恢复井田制的改革失败。

王莽根据刘歆的建议，进行工商业改革，根据依然是《周礼》，具体措施是五均六管。所谓五均，是在长安、洛阳、邯郸、临淄、成都等大城市设立五均官，对工商业经营和物价严格控制。所谓六管，是把盐、铁、酒等六种产业改为国家经营，实行专卖。这种官商行为违背市场规律，滋生舞弊，搞得一团糟，迫使王莽在垮台前一年宣布废除这项改革。

按照《周礼》改革货币制度，更加匪夷所思。把早已失去货币功能的原始货币重新推向市场，把货币分成五物、六名、二十八品，一方面行不通，另一方面换算比值不合理，搞得混乱不堪。

按照《周礼》改革官制、官名，甚至分封了两千多个公、侯、伯、子、男，连政府官员都搞不清楚那么复杂的名称，使得政府机构难以运转。

总之，所有的改革都一塌糊涂。

王莽企图依据儒家经典重建一个"大同"世界，一劳永逸地解决社会问题。要解决社会问题，倒退是没有出路的。倒行逆施的结果，加深了社会危机，引来了绿林、赤眉起义。王莽建立的"新"朝，只存在了短短的十几年，如同流星般迅即消逝。光武中兴后，在东汉史臣的笔下，王莽成了西汉腐败政治的替罪羊。

美国历史学家费正清（John King Fairbank）、赖肖尔（Edwin Oldfather Reischauer）在《中国：传统与变革》中指出：王莽的土地国有和赦免奴婢的努力，使他得到"中国第一个社会主义者"这一错置时代的称号。另一位美国历史学家毕汉斯（Hans Bielenstein）批评这种"浪漫主义的非历史性的解释"，他认为，王莽不是班固《汉书》所说的那个无能、狡猾、伪善和妄自尊大的蠢人，从积极方面衡量，王莽是机智而能干的；从消极方面衡量，王莽不过是一个过分依赖古文经学的有点迂腐的儒生。

王莽时期的货币。王莽搞复古改制，连货币也恢复了先秦时期的刀、布形状。

党锢之祸

清议与

[三]

刘秀开创东汉王朝，史家称为光武中兴。明帝、章帝时代，中兴气象继续发展，和帝以后，中兴气象消失，由盛转衰，外戚、宦官专权是一个根本原因。

一部分官僚士大夫独立不羁，不随波逐流，他们品评人物，抨击时弊，号称"清议"。在腐败成风的当时，起到了激浊扬清的作用。

太学生群体数量众多，他们熟读经书，关心时政，在舆论上支持清议派，因而太学自然成为一个清议中心。冀州刺史朱穆弹劾贪官和宦官党羽，遭致贬官，太学生刘陶等数千人游行到皇宫，上书请愿，迫使桓帝赦免朱穆。两年后，刘陶上书批评皇帝，生活在闭塞状态中，完全不了解国情。后来他出任谏议大夫，依然保持太学生时代的锋芒，慷慨直言"天下大乱皆由宦官"，遭到宦官诋毁，下狱致死。

在标榜名教的太学生看来，国家命运系于阉宦之手，是奇耻大辱。由于宦官专权，贿赂公行，原先的察举征辟制度遭到破坏，所谓贤良、孝廉，异化为猎取功名利禄的幌子。太学生与郡县生徒的升官途径受阻，愤愤不平，讽刺道："举秀才，不知书；察孝廉，父别居。寒素清白浊如泥，高第良将怯如鸡。"

太学生最为推崇的官员，是敢于反对宦官的李膺、陈蕃、王畅等人，他们品评道："天下楷模李元礼（膺）"，"不畏强御陈仲举（蕃）"，"天下俊秀王叔茂（畅）"。事实确实如此。李膺作为清议派首领，抨击弊政不避怨嫌，故而"自公卿以下莫不畏其贬议"。李膺与太学生领袖郭泰等结交，反对宦官专权，被人诬告"养太学游士，交结诸郡生徒，更相驱驰，共为部党，诽讪朝廷，疑乱风俗"。汉桓帝按照宦官要求，下令逮捕李膺及其"党人"二百多名，幸亏外戚窦武出面援救，才于次年赦免回乡，但是终身禁锢，不得为官。这就是所谓"党锢之祸"。

当时社会舆论都同情"党人"，把那些遭到迫害的仁人志士称为三君、八俊、八顾、八及、八厨，引为社会楷模——"海内希风之流遂共相摽榜"。"党人"范滂出狱还乡，南阳士大夫都出城迎接，车多达几千辆，显然把他看作衣锦荣归的英雄。度辽将军皇甫规以不在党籍为耻，竟上表自请依"党人"治罪。可见在昏天黑地的年代，社会良知并未泯灭。

"党锢之祸"毫无疑问是镇压不同政见者的冤案，被诬为"党人"者，其实并没有结成什么"党"，所谓"共为部党"云云，全是诬陷不实之词。诚然，那些"党人"或许不无瑕疵，但是他们反映了社会舆论主流，敢于向腐朽势力挑战，精神可嘉。他们获得后人好评，绝非偶然，正如《后汉书》所说："咸能树立风声，抗论昏俗，而驱驰险厄之中，与刑人腐夫同朝争衡。"明末清初的思想家顾炎武对遭到"党锢之祸"的志士仁人赞颂备至：依仁蹈义，舍命不渝，夏商周三代以来，风俗之美，没有超过这一时期的。

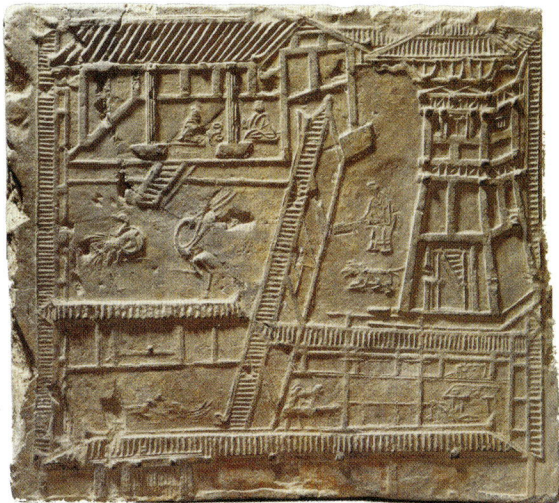

东汉宅院画像砖。这种住宅是士绅豪强的住宅样式，具有军事防御功能。

丝绸之路

【六】

"丝绸之路"这一名称是德国地理学家李希霍芬在 1877 年出版的《中国》一书中首先提出的。1910 年德国历史学家赫尔曼在《中国和叙利亚之间的古丝路》中，把丝绸之路延伸到地中海西岸。

从汉朝开始的丝绸之路，用中国的丝绸把长安与罗马连接起来，成为东西方经济文化交流的纽带，不仅在中国历史上，而且在世界历史上，都意义非凡。

汉武帝时代，张骞两次出使西域，完成了探索沟通西域的史诗般功业。张骞回国后向汉武帝报告西域各国的情况，今人仍可从《史记·大宛列传》看到当时的盛况。此后汉朝的使臣到达奄蔡（今里海东岸）、安息（波斯，即今伊朗）、条支（今地中海东岸）。汉朝为了发展同这些国家的往来贸易，修筑道路，设置驿站。中国出口的生丝与丝织品成为对外贸易的重要组成部分，由中亚、西亚运到罗马帝国，成为罗马元老院议员和贵族夫人的珍贵衣料；罗马的铁制品、玻璃制品以及金银，由西向东流入中国。汉朝用丝绸向中亚各国换回马匹、玉器，引进新的作物，如苜蓿、石榴、葡萄等。

西方学者赫德逊（G.F.Hudson）在《欧洲与中国》第三章"丝绸贸易"中说，纪元后最初几个世纪，在罗马的塔斯丘斯街上有个中国丝绸市场，这里的丝绸交易乃是古代最具深远影响的大规模商业。罗马上流社会需求丝绸的风尚，也流行于西班牙、高卢和

马王堆出土印花敷彩纱

马王堆出土乘云绣

东汉碧琉璃
杯。这种杯为
钠钙玻璃，其
成分与罗马玻
璃相符。

不列颠。所以这一丝绸贸易就曳着其精美料子的线头，从太平洋到大西洋，横越整个旧大陆，形成一个共同经济联盟。沿着丝绸之路源源不断西去的丝绸，在历史上留下了明显的影响。对于中亚诸国首领们而言，拥有丝绸是高级地位的一种标志；对于罗马帝国而言，丝绸是一种奢侈衣料，为了进口这些物品，给罗马经济造成了相当大的负担。

19世纪至20世纪，探险家与学者在丝绸之路沿线的考古发现，不仅证实了当时存在的一些古国，还证实了丝绸之路经久不衰的状况，大量精美的丝织品、刺绣服饰的出土，依稀可以看见丝绸之路当年的繁忙景象。在鄯善、车师、龟兹、乌孙、于阗以及尼雅河流域当地人的墓葬中，发现许多汉锦、丝绸、铁器、装饰品，表明当时中原与西域交往的密切程度。

丝绸之路的举世闻名虽然是由于丝绸贸易，但是它的贡献远远超越了经济层面，而成为东西方文化交流的渠道。中国发明的造纸术、印刷术和火药，就是由这条丝绸之路传入近东，再传至欧洲的。佛教、伊斯兰教、基督教，也由此路传入中国。因此可以说，丝绸之路是大航海时代之前，改变世界历史与文明的大通道。它不但沟通了东西方文明，而且促成了东西方文明的互相交融，共筑辉煌。

由于这样的缘故，关于丝绸之路的探险与研究，也就具有无可比拟的价值。西方学者斯文·赫定（Sven Hedin）、斯坦因（Marc Aurel Stein）等，先后在楼兰、婼羌、尼雅、和田等地，发现丝绸之路的遗迹、遗物，如毛笔、竹简、木牍、纸张、残绢、古钱、汉镜、陶器，以及《战国策》残卷，还有梵文贝叶、佉卢文、婆罗米文、窣利文的文书。经过专家的长期研究，佉卢文书之谜得以揭开，它用阿拉米字母拼写自己的文字，是印欧语系中古印度雅利安语的一种方言，最早流行于古犍陀罗地区 今巴基斯坦白沙瓦一带），公元2世纪传入大夏，以后传入塔里木盆地一带，成为那里的通行文字。1940年英国学者贝罗（T.Burrow）出版了《中国突厥斯坦出土佉卢文书译文集》；1998年中国学者林梅村出版了《沙海古卷——中国所出佉卢文书（初集）》。专家们不嫌寂寞，埋首破译已经死亡的文字的研究精神，令人赞叹，令人钦佩。

"熹平石经"残石。"熹平石经"是中国历史上最早的官定儒家经本，为书法家蔡邕用标准的八分隶书体写成，故又被称为"一体石经"。

经学
走火入魔

【七】

天子玉路圖

玉路

陸佃云天子五路飾異制同土
路一曰大路言大於金路為大金
路一曰先路言於革路次象路為先象
路次金路革路次象路故同謂
之次路木路最後緻緻於次路
玉路樊纓十有再就金路九就
末故曰緻路方其以多為貴則
玉路樊纓十有再就木路三就
軟路十就革路五就木路三就
周官不言三就以其上而推之
方其以少為貴則大路繁纓一
就緻路九就禮記玉言九就以
就先路三就次路五就次路七
其上而推之今圖玉路之制
以五采藻飾之今圖玉路之制
其他金亦革木一路可類推之

东汉　郑玄注《周礼》之"天子玉路图"（宋刻本）

汉武帝"罢黜百家，独尊儒术"，是为中央集权寻求意识形态的支撑。运用政权力量控制意识形态，其实是法家的发明，韩非、李斯都精于此道。始皇帝根据他们的理论，用"焚书坑儒"的手段来对付读书人，控制意识形态，实际上并不成功。正如一位诗人所说："坑灰未冷山东乱，刘项元来不读书。"推翻秦朝的刘邦、项羽并不是读书人。《汉书·儒林传》说，汉武帝用功名利禄来引诱读书人，只有精通儒家经典才能进入仕途，把读书人的聪明才智束缚于儒家经学之中，专注于章句训诂，而无暇旁骛，终于达到了控制的目的。

随着儒家经学成为官学，与功名利禄相联系，它的弊端就日益显露。吕思勉谈到经学的弊端时指出："郑玄遍注群经，在汉朝号称最博学的人，而其经说支离灭裂，于理决不可通，自相矛盾之处不知凡几。此等风气既盛，治经者遂多变为无脑筋之徒。虽有耳目心思，都用在琐屑无关大体之处。"

从汉武帝建元五年（前136）设置五经博士，到汉平帝元始年间，将近一百四十年，在功名利禄的刺激下，儒家经学得到了突飞猛进的发展。儒家经典的篇幅都不大，对它的注释却动辄百余万言，以此为专业的经师多达千余人。专攻经学的博士弟子由武帝时的五十人，逐步递增，昭帝时一百人，宣帝时二百人，元帝时一千人，成帝时增加到三千人。到了东汉顺帝时期，太学的博士弟子猛增到三万人，在太学附近私塾里还有近万人在攻读经学。

在浩荡大军的推动下，经学向政治渗透，几乎无孔不入。汉元帝多才多艺，却毫无政治才干，所用的大臣，多是迂腐的经学家。朝廷讨论国事，只会引用儒家经典语录来判断是非曲直。汉成帝沉迷于经学，用儒家经典的教导来包装自己，却不知道如何执政。

西汉末年篡夺政权的王莽，本身就是一个经学家，言必称三代，事必据《周礼》。他的顾问——经学大师刘向之子刘歆，以"国师公"身份，用古文经学为新朝构建一套不同于今文经学的理论，作为"托古改制"的依据。王莽事事处处以周公为楷模，亦步亦趋，使他的改革显得迂腐不堪，与时代格格不入。

东汉建立者光武帝刘秀精通经学，爱好谶纬。谶纬是经学的衍生物，用一种神秘主义方式解释儒经，形成了谶纬之学。谶是假托神灵的预言，纬是假托神意解释儒经的书。王莽当上皇帝，利用了谶纬；刘秀当上皇帝，也利用谶纬。在这一点上，刘秀与王莽颇为相似，不过刘秀略逊一筹。王莽为了政治目的利用谶纬，心里明白那是假的。刘秀为了政治目的利用谶纬，却发自内心，深信不疑，无论做什么事都要靠谶纬来决定。

日本学者内藤湖南评论道：充分利用谶纬学说的是王莽。他通过伪造图谶而夺取了汉室。让人不可思议的是，光武帝也以谶纬为武器，推翻了王莽，使汉室中兴，这真是因果报应。当人们把学问变成一种已经玩熟的玩具时，便不再满足于对经书的解释，而开始依据不同的知识来加以穿凿附会。

谶纬的盛行，使得经学走火入魔了。

相关阅读书目推荐

樊树志：《国史十六讲》（修订版），中华书局，2009

吕思勉：《秦汉史》，商务印书馆，2010

[日]内藤湖南著，夏应元、钱婉约译：《中国史通论》，九州出版社，2008

荣新江：《丝绸之路与东西文化交流》，北京大学出版社，2015

从魏晋到
南北朝

第五章

三国魏青铜弩机。弩机上刻有制造年月和工匠姓名。弩机是弩的击发部件。

何时鼎立？

三国

[一]

东汉王朝晚期，社会秩序趋于崩溃，爆发了太平道首领张角倡导的黄巾起义。当时巴蜀一带流行"五斗米道"——道教的一个流派，因为信教者要出五斗米而得名。巴郡五斗米道首领张修发动起义，与张角遥相呼应。在蜀郡的五斗米道首领张鲁，格外引人注目。

张鲁以治病的方式传教，提倡在教徒之间实行互助，信教的农民很多。张鲁利用张修起义的影响，在汉中传布五斗米道，自称"师君"，下辖若干"祭酒"。各部祭酒都在大路上建设房舍，称为"义舍"，并且提供米肉，称为"义米义肉"，教徒可以免费住宿吃饭。这种政教结合、劳武结合的社会组织内部，吃饭不要钱，有点类似后来水泊梁山的"大块吃肉，大碗喝酒"，带有劫富济贫的意味。这种现象源于道教的平均主义——"损有余以补不足"，在当时及后世都有很大影响。

黄巾起义延续了二十多年，使东汉王朝陷于名存实亡的状态之中。乱世之奸雄曹操收编了三十万黄巾军以后，军事实力大增，从长安逃出来的汉献帝，被他迎接到许昌，取得了"挟天子以令诸侯"的地位，俨然成为汉室的护法神。

踌躇满志的曹操以为可以一举拿下江南，便挥师南下。江东的孙权与依附荆州刘表的刘备，决定联盟，共同抵御曹军。刘备派诸葛亮前往柴桑（今江西九江）商议联手抗曹事宜。诸葛亮向东吴人士分析形势：曹军远道而来，犹如强弩之末，又不习水战，孙、刘合作定能取胜；曹操败后势必北撤，三分天下的局面自然形成。

建安十三年（208）冬，曹军战舰首尾相接，浩浩荡荡开到了赤壁。孙刘联军不过五万，与号称八十万实际近二十万的曹军相比，显然处于劣势。但是，优势与劣势是可以转化的。曹军长途跋涉，水土不服，军中发生传染病，士气低落，优势已消失大半。刚一交战，就败退江北。曹操当然不甘心，他针对士兵不习水战的弱点，把战舰用铁链锁在一起，减少晃动。这种做法十分愚蠢，一旦遭到火攻，将不可收拾。果然不出所料，老将黄盖巧施诈降计，十艘战舰满载浸透膏油的柴草，凭借冬天少有的东南风，向江北疾驶。曹军满以为是来投降的，毫无戒备。十艘战舰接近曹军时，突然火烧油草，烈火借着东南风的助威，直扑曹营，一时烈火滚滚，浓烟弥漫，锁在一起的战舰及岸上军营全部葬身火海。联军乘势水陆并进，曹操落荒而逃。

这就是著名的赤壁之战。二十八岁的诸葛亮和三十四岁的周瑜，运筹帷幄，充分发挥胆识与韬略，以少胜多，打赢了这场关键战役。

赤壁之战后，果然如诸葛亮所言，曹、孙、刘三分天下，初露端倪。人们往往以为，这时三国鼎立局面已经形成，其实不然。曹操活着时，并没有建国称帝，遑论孙权、刘备！也就是说，那个时候并没有三个并立的国家，充其量不过是三股割据势力而已。

关羽败走麦城，被吴军杀死，荆州失守。孙权害怕遭刘备报复，上书向曹操称臣，劝曹操代汉称帝。曹操识破他的用心，对左右说：这小子想把我放在炉火上烤啊！曹操不想代汉称帝，是避免成为众矢之的。一直到死，他的身份始终是汉朝的丞相。

建安二十五年（220），曹操去世，他的儿子曹丕废掉了汉献帝，自立为帝，国号魏，首都洛阳。次年，刘备称帝，国号汉，首都成都。再次年，孙权称帝，国号吴，首都建业（今南京）。

三国鼎立的局面至此正式形成，而赤壁之战已经过去十多年了。

三国蜀汉持簸箕陶俑。
头饰与服装清晰逼真。

三国吴青瓷羊形烛台。
羊头顶有一圆孔，中空，
一说认为是插蜡烛用的烛台。

诸葛亮像

打着
「禅让」
幌子的篡立

【二】

诸葛亮信奉申不害、韩非的法术，用法术治理蜀汉。在对外关系方面，他始终坚持联吴攻魏的策略。刘备为了替关羽报仇，打算攻打江东，他极力劝阻；刘备死后，他派人出使吴国，重新结盟。在著名的《出师表》中，他回顾自己"受任于败军之际，奉命于危难之间"，以忧患心态对待刘备的临终托孤。在"鞠躬尽力，死而后已"心情的驱使下，出师北伐，屯兵汉中，进攻祁山。当时魏与吴正面对峙，西面空虚，蜀汉取胜是有可能的。但前锋参军马谡违反节度，在街亭（今甘肃秦安）溃败，丧失大好时机，诸葛亮只得退回汉中。以后三年，多次出兵，由于兵力不足，军粮接济困难，均不支而退。

诸葛亮在距离长安一百多里的五丈原（今陕西岐山），同魏将司马懿相持一百多天，积劳成疾，病逝于军中，享年五十四岁。遵照他的遗命，安葬于汉中定军山（今陕西勉县西南）。蜀汉退兵后，司马懿率军巡视诸葛亮部署的营垒，叹道："天下奇才也！"英雄之间惺惺相惜的情感，令人感慨。历史学家钱穆在《国史新论》中说：三国俨然一段小春秋，曹操、诸葛亮、鲁肃、周瑜，都以书生在大乱中跃登政治舞台，他们虽身居高职，依然儒雅风流，不脱书生面目。诸葛亮、司马懿在五丈原，陆逊、羊祜在荆襄的对垒，成为历史佳话，以前只有春秋时代有此高风雅趣。

诸葛亮去世，对于魏国吞并南方，是一个好消息。孰料，魏国内部却发生了内讧。最终，司马氏打着"禅让"的幌子，篡夺曹魏政权。

历史现象往往会重演。220 年曹操之子曹丕逼汉献帝让位，自己称帝（魏文帝），为了掩人耳目，美其名曰"禅让"，仿佛是汉献帝主动让贤似的。没有料到，相隔不到五十年，265 年司马炎重演曹丕代汉的"禅让"故事，废黜魏元帝曹奂，自立为帝（晋武帝）。此人既想篡位，又想逃避篡位的恶名，便上演"禅让"的把戏，迫使曹奂主动让位，自己假惺惺推却一番，篡位终于美化成"禅让"，双方都描绘成尧舜般的圣君。

司马氏是当时有名的世家大族，世代担任东汉王朝的将军、太守。司马懿则是这一家族中的佼佼者，极富谋略，又善于权变，在战争中树立了声望，颇为魏文帝曹丕所器重。魏文帝死，继位的魏明帝曹叡，没有一点祖父、父亲的才干。临死前托孤，命宗室曹爽与司马懿一起辅佐八岁的曹芳。曹爽忌惮司马懿权重，难以驾驭，削夺他的兵权。司马懿装病不出，暗中窥测时机，乘曹芳、曹爽出城上坟之机，发动政变，把曹氏兄弟及重要官员一网打尽。从此魏国权力完全落入司马氏家族之手。司马懿死后，儿子司马师掌权，曹芳想夺权，反被司马师废掉，另立曹髦为帝。司马师死，弟弟司马昭执政，曹髦不甘心受挟制，扬言："司马昭之心，路人所知也！"结果被司马昭杀死，另立曹奂为傀儡皇帝。

265 年，司马昭死，儿子司马炎索性废掉曹奂，自己做起皇帝来了。不过，那是打着"禅让"幌子进行的，国号由魏改为晋。

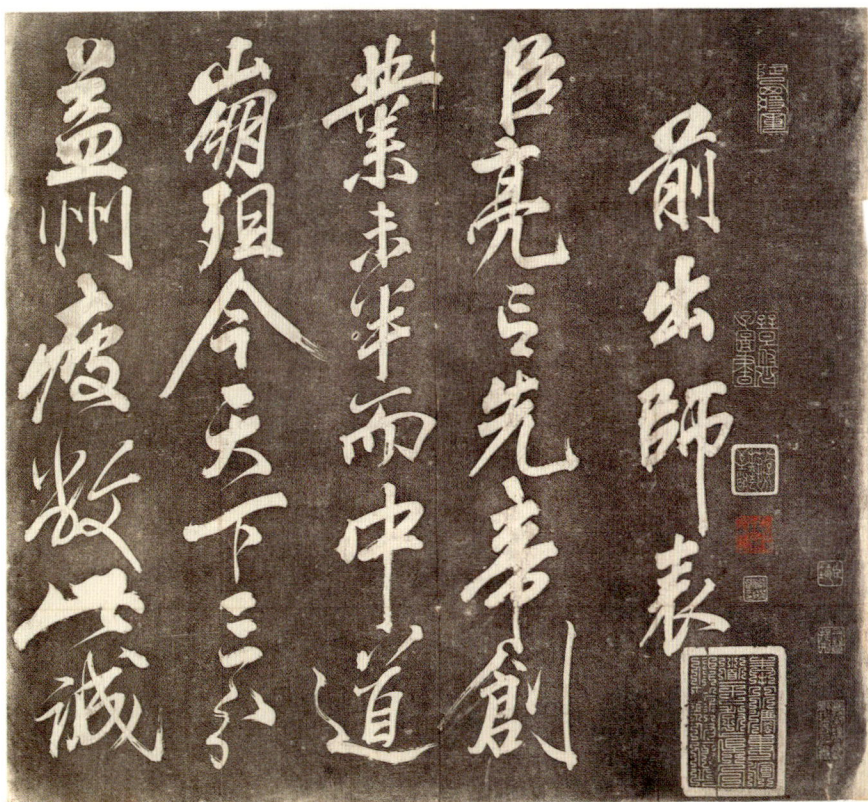

岳飞书
诸葛亮
《前出师表》
（局部）

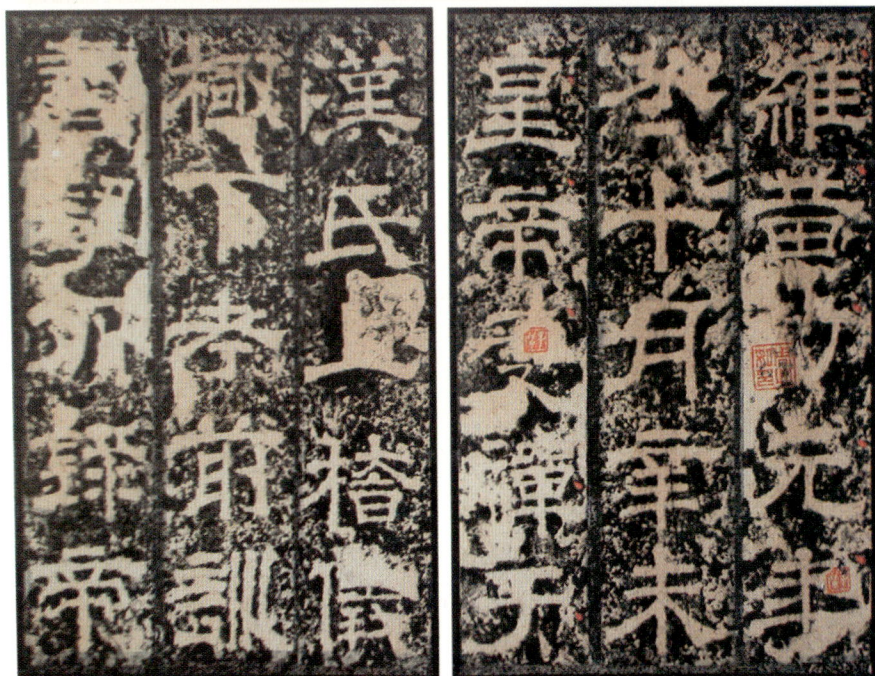

三国魏
《受禅表碑》
（局部）

《高逸图》。画中四人自右向左依次为山涛、王戎、刘伶、阮籍。每人身边有一小童俯首侍候。

竹林七贤与魏晋风度

司马氏在篡权废魏的过程中，政治野心与卑劣手腕暴露无遗，恪守正统观念的士人对此极为反感。然而螳臂岂能挡车，徒唤奈何！

继司马昭消灭了蜀汉政权之后，司马炎消灭了东吴政权，三国鼎立的局面不复存在，被统一的晋朝所代替。这个统一过程充满了暴力与恐怖，士人们对此敢怒而不敢言，害怕招来杀身之祸，不得已采取玩世不恭的态度，佯狂避世。"竹林七贤"——嵇康、阮籍、山涛、阮咸、向秀、王戎、刘伶，就是他们的代表人物。

他们当中，有的崇尚虚无，蔑视礼法；有的纵酒昏睡，放浪形骸。外人看来疯疯癫癫，其实是佯狂，内心极为清醒。公开场合装得清高洒脱，特立独行，私下里痛苦万分。人格完全分裂了。

他们都是知名人士，有很高的社会声望，司马氏为了稳定自己的天下，特别需要这些人出来唱赞歌。凭借手中的权力，软硬兼施，分化瓦解，迫使他们公开表示归顺和拥护的政治态度，山涛、阮籍、向秀等人，不得不先后顺从司马氏政权。

山涛，号巨源，与司马懿有亲戚关系，曹爽被杀后，隐居不出。在司马氏的强大压力下，只得出来做官，当过吏部尚书、尚书右仆射。他想引荐嵇康出来做官，遭到嵇康严词拒绝，并且和他绝交。

阮籍，曾经当过步兵校尉，人称阮步兵。他生性高傲，放荡不羁，为了保全自己，故意装作"不与世事"，终日酗酒，无奈司马氏软硬兼施，违心地写了"劝进表"，为司马昭歌功颂德。后来，他竟然做到"口不臧否人物"的地步，结果得以终其天年。

嵇康，字叔夜，因为与曹氏宗室联姻，不肯倒向司马氏。山涛引荐他出来做官，他愤然写了一封绝交信——《与山巨源绝交书》，断然表明态度："但欲守陋巷，教养子孙，时时与亲旧叙离阔，陈说平生，浊酒一杯，弹琴一曲，志意毕矣。"关于《与山巨源绝交书》，台湾学者台静农别有一番解释："山巨源与嵇叔夜，两人应是相知的了，心情上多少具有共同呼吸之感。后来山公将委身司马氏为选曹郎，居然荐叔夜自代，使叔夜不得不写那封绝交书。虽然是好友，出处岂能强同？山公行事，又不像有意拖人下水的人，那么山公真是不知叔夜的人了。叔夜那封绝交书招致的后果，不知山公作何感想。"

那后果便是，司马昭捏造一个罪名，把嵇康处死。嵇康死时才四十岁，临刑还弹了一曲《广陵散》。原先为了避祸，和嵇康一起佯装打铁的向秀，见嵇康被杀，无可奈何地前往洛阳，归顺了司马昭。

魏晋之际真是一个动乱而迷惘的时代，名士们苟全性命于乱世，心态发生了畸形的裂变，摆脱名教而自命通达，成为当时的流行风尚。

儒家一向讲究仪表端庄，道貌岸然。魏晋名士反其道而行之，走向两个极端：或者过分注重化妆，涂脂抹粉，追求阴盛阳衰的病态美，男人女性化；或者不修边幅，破衣烂衫，放浪形骸，故意丑化自己，看起来似乎是一个邋里邋遢的疯子。如果说，前者是内心空虚的矫揉造作，那么，后者便是发泄内心郁闷的伪装。

请看后者的种种表现：名士们接待宾客，故意穿破衣烂衫，"望客而唤狗"；参加宴会，故意不拘礼节，"狐蹲牛饮，争食竞割"。更有甚者，赤身裸体，一丝不挂，美其名曰"通达"。阮籍经常在外人面前，脱光衣裤，又开双腿坐着，称为"箕踞"（一种失礼的坐姿）。刘伶一丝不挂在室内会客，客人表示惊讶，他却振振有词地说：我把天地作为房屋，把房屋作为衣裤，诸君为何进入我的裤中？

竹林七贤这种怪诞行为，是出于对现实的不满，佯狂而放纵，人们把他们看作疯子、狂人，其实他们内心十分清醒。他们的名士效应，引来众人羡慕，从表面上效仿，纷纷"散首披发，裸袒箕踞"，那是不明就里的东施效颦。

饮酒本是一种高雅的风气，曹孟德唱道："对酒当歌，人生几何？……何以解忧，唯有杜康。"《世说新语》说："名士不必须奇才，但使常得无事，痛饮酒，熟读《离骚》，便可称名士。"这里说的是假冒名士的捷径，真正的名士饮酒并非附庸风雅，而是为了避祸。

司马昭想迎娶阮籍的女儿为儿媳，阮籍极不愿意和司马氏结成儿女亲家，但当面拒绝会招来政治麻烦，于是乎大醉六十日，使得对方无从开口，欲杀不能。司马氏想加罪于他，多次派钟会向他询问对时事的看法，企图抓住把柄，罗织罪状。不料每次去，阮籍都酣醉如泥，根本无法交谈。饮酒的妙用发挥到了极致，竟然成为躲避政治灾祸的不二法门，《晋书·阮籍传》说："（阮）籍本有济世志，属魏晋之际，天下多故，名士少有全者，籍由是不与世事，遂酣饮为常。"看来他并非嗜酒成癖的高阳酒徒，狂醉乃是无可奈何的痛苦选择。

汉朝的经学，一失于迷信的谶纬，二失于繁琐的传注，三失于经师的墨守家法，拘泥而僵化。到了魏晋这个动乱时代，既不能治国安邦，也不能成为功名利禄的捷径，更不能消灾避祸，人们纷纷另辟蹊径，于是出现了玄学。名士们注重内在的精神自我完善，轻视外在的功名富贵，内心旷达，形迹放浪，表现出某种反潮流的姿态。

嵇康不涉猎经学，喜欢读《老子》《庄子》，敢于非议成汤、武王，鄙薄周公、孔子，扬言儒家经典未必是人人必需的太阳。他提倡超越儒家名教，听任自然。这是对儒家政治伦理的大胆挑战。

阮籍更加厉害，对遵循儒家礼法的假名士，他轻蔑地称为"裈中之虱"。他会用青白眼看人，对看不顺眼的"礼俗之士"，就翻白眼，视而不见。因此恪守儒家礼法的人，对他"疾之若仇"。

魏晋名士的批判武器是道家的"无"，即自然主义。名士们随心所欲，师心、使气，"嵇康师心以遣论，阮籍使气以命诗"。重自然、轻名教成为风尚。画师顾恺之善写丹青，尤擅人物肖像，画龙点睛的神来之笔，透露出末与本、形与神的辩证思维。

南朝宋模印砖画《竹林七贤与荣启期》拓片。

晋顾恺之《洛神赋图》（局部）。此图描述的是汉魏文学家曹植渡洛水时与女神相恋的故事。

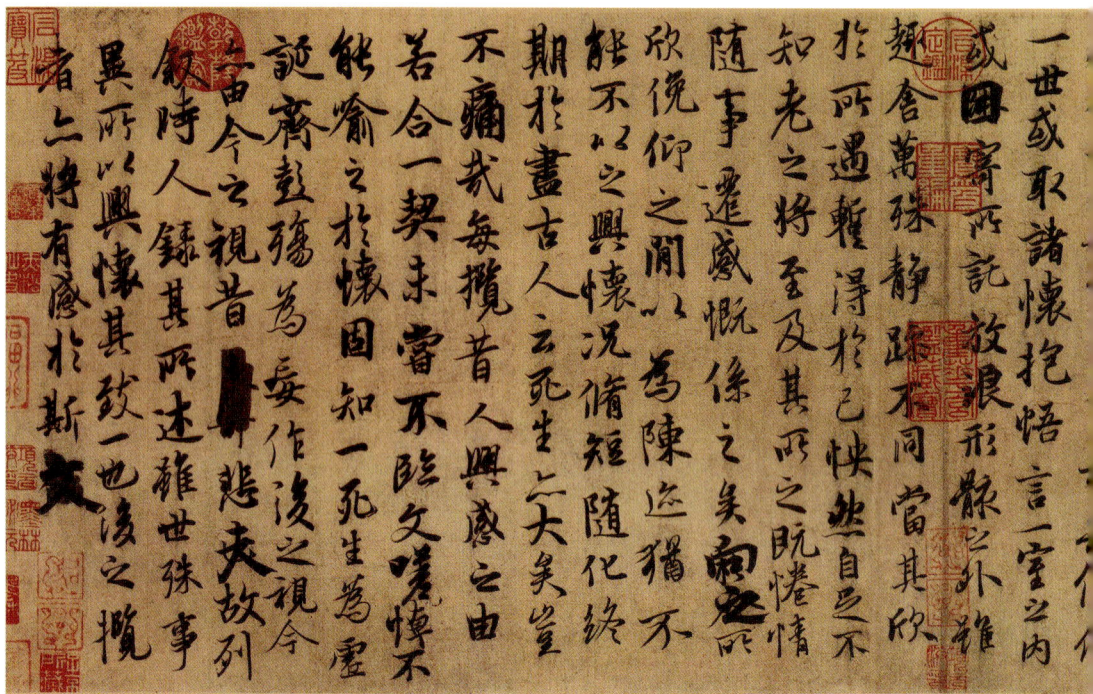

晋王羲之《兰亭序》（摹本）

他的《洛神赋图》以曹植名篇《洛神赋》为题材，艺术地再现了洛神飘逸委婉之美，洋溢着无拘无束的浪漫情怀。书圣王羲之的行书、草书，把书法艺术推向高峰，一扫汉代隶书那种沉稳厚重呆板笔法——这种笔法适应了儒家拘守家法的窠臼；王羲之崇尚老子的自然主义以及庄子的达观通脱，使书法摆脱了礼法的束缚，追求柔媚矫健的风格，遒劲温婉，舒卷自如，可谓得自然之精灵，融巧思之堂奥。他的《兰亭序》被后世赞誉为"天下第一行书"，绝非偶然。

竹林七贤的风度，令后人欣羡不已。旅美作家木心在《哥伦比亚的倒影》中，笔底颇带感情地写道："滔滔泛泛之间，'魏晋风度'宁是最令人三唱九叹了；所谓雄汉盛唐，不免臭脏之讥；六朝旧事，但寒烟衰草凝绿而已；韩愈李白，何足与竹林中人论气节。宋元以还，艺文人士大抵骨头都软了，软之又软，虽具须眉，个个柔若无骨，是故一部华夏文化史，唯魏晋高士列传至今掷地犹作金石声，投江不与水东流……"这种汪洋恣肆的品评，于偏激中闪现独具只眼的史识，木心端的是在"三唱九叹"了。

永和九年歲在癸丑暮春之初會
于會稽山陰之蘭亭脩禊事
也羣賢畢至少長咸集此地
有崇山峻領茂林脩竹又有清流激
湍暎帶左右引以為流觴曲水
列坐其次雖無絲竹管弦之
盛一觴一詠亦足以暢敘幽情
是日也天朗氣清惠風和暢仰

胡人汉化与汉人胡化

【四】

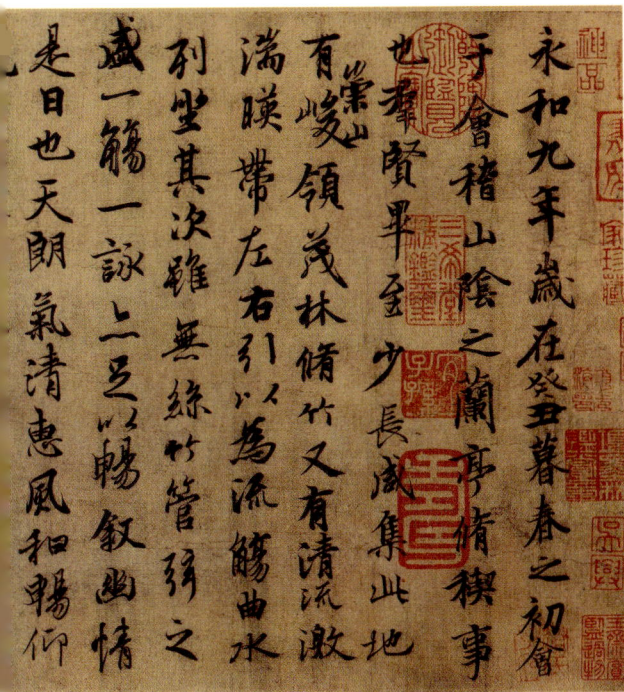

西晋八王之乱以后，北方骑马民族南下，纷纷建立割据政权，中原陷入分裂状态，直到北魏统一，长达一百三四十年间，史称五胡十六国时期（304—439）。

五胡是当时对五个骑马民族的称呼，即匈奴、鲜卑、羯、氐、羌。十六国是指这些民族建立的政权：汉（前赵）、后赵、前燕、成汉、前凉、前秦、后秦、后燕、西秦、后凉、西凉、南凉、北凉、南燕、北燕、夏。

这一时期最值得称道的是民族大融合，既有胡人汉化，也有汉人胡化，可以说是汉胡互化。

北方骑马民族南下，入据中原农业区

的过程，就是逐步汉化的过程，从
东汉光武帝建武二十六年（50）南匈
奴开始入据山西，到西晋武帝泰始
元年（265），匈奴的南迁持续了二百
多年，逐步汉化。最突出的例子就是
匈奴政权建立者刘渊，学习汉族文
化，师事上党崔游，学习《毛诗》《京
氏易》《马氏尚书》，尤其爱好《春秋
左氏传》，诸子百家与《史记》《汉书》
无不综览。304年，他起兵反晋，自
称是"汉氏之甥，约为兄弟"，因此
建立国号为汉，自称汉王，追尊蜀汉
后主刘禅为孝怀皇帝。

前秦的苻坚，重用汉族寒门士
人王猛，实行汉化，对王猛主张"宰
宁国以礼，治乱邦以法"十分欣赏。
他广修学宫，奖励儒生，争取汉族
士大夫支持。他对博士王寔说：朕
一月之内三次亲临太学，目的在于，
不使周公、孔子的微言大义在我手里
失传，是不是可以追上汉武帝、汉光
武帝了？王寔回答：陛下神武，拨乱
反正，开庠序之美，弘儒教之风，汉
武帝、汉光武帝何足道哉！

何兹全说得好：西晋末年，随
着士族上层的渡江，装在他们头脑
里的玄学也被带过江去，原先影响
甚微的经学士族留在北方，保持着
汉朝讲经学重礼仪的旧传统。而胡

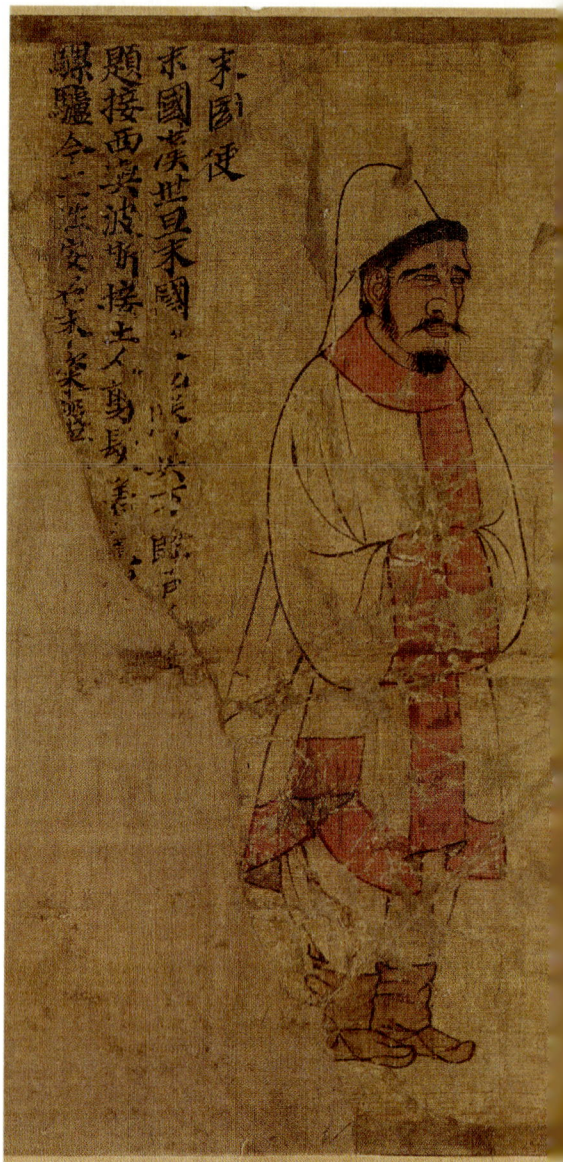

094
图文中国史

白題國使
白題國旁別種胡此後魏末〔與滑〕奴戰斯白題王斬首一人今在通

胡蜜丹國使
胡蜜丹滑旁小國也普通元年使使隨滑使來朝其表曰揭州天子……大國聖主胡蜜丹名……某通長跪合掌作禮一斗□今滑使到聖國門附函啓并水精鍾□馬一疋聖主有□所執不敢有異

于東方大地□跋檀王門□□白千□儀天子安隱我含率使手逢此書書不□故上馬一疋銀鞍一

《职贡图》（北宋摹本，局部）。是少数民族及外国使者像，
每人身后有简短题记，记该国情况及其与中国的交往。

鲜卑服饰陶俑

黄釉乐舞图瓷扁
壶。扁壶上画的乐
舞是后来盛行于
唐代的胡腾舞,原
为中亚塔什干地区
的民间舞蹈。

族政权占据北方，要立国中原，必须熟悉儒学传统，以汉法治汉人。胡族君主与汉人士族在这种背景下，进行了卓有成效的合作，儒学显示了强大的生命力与同化作用。

因此，胡人的汉化、汉人的胡化，是同步进行的。随着胡汉杂居，大量胡物胡俗（胡人的物品与习俗）在中原推广，影响最为深远的事例，莫过于汉人改变席地而坐的习惯。胡床（胡人的座椅）自北而南广为流行，促使高足家具在中原出现，改变了沿袭已久的席地而坐的习惯。这是值得大书特书的变化。此前中原人民习惯席地而坐，即盘腿坐或跪坐；如果双脚前伸，叫做"箕踞"，是极不恭敬的失礼行为。引进了称为"胡床"的座椅，汉人才逐渐改变席地而坐的习惯，使用高足家具——凳子、椅子和桌子。《后汉书·五行志》写道："灵帝好胡服、胡帐、胡床、胡坐、胡饭、胡空侯、胡笛、胡舞，京都贵戚皆竞为之。"表明这种变化在东汉末年已经初露端倪，到了五胡十六国时期民风为之一变，这其中就包括"胡床"和"胡坐"。考古学家在罗布泊、尼雅等遗址，发现汉晋时期雕刻犍陀罗纹样的椅子，就是当时的"胡床"。以后"胡床"不断演化，有各种各样的名称：绳床、交椅、交床、逍遥座、折背样、倚床等，我们现在使用的凳子、椅子，就是它的衍生物。

汉人胡化是多方面的，渗透于生活的各个方面。饮食方面，有胡饼、胡椒酒（毕拨酒）、胡饭、胡羹、羌煮；烧烤兽肉，用奶酪为饮料。文化娱乐方面，胡歌、胡乐、胡舞、胡戏的流行，给汉人增添了新的活力和色彩。北方汉族子弟学习胡语，成为风行的时髦之举，久而久之，北方汉语中也夹杂胡虏之音。

胡人汉化最成功的首推北魏孝文帝，他大力改革鲜卑旧俗，实行全盘汉化。他是北魏诸帝中汉化色彩最浓的一位，有着深厚的汉文化修养，《魏书》说他"雅好读书，手不释卷。《五经》之义，览之便讲。……才藻富赡，好为文章，诗赋铭颂，任兴而作"。他以大儒自居，以儒学治国。

一是恢复孔子的素王地位，尊孔祭孔活动逐步升级，迎合中原士大夫的愿望，笼络大批士人。

二是实行礼治，改革鲜卑旧俗。下令进行语言改造，禁止三十岁以下官员说鲜卑话，违者一律降职。又把鲜卑复音姓氏改为音近的单音汉姓，例如：拓跋改为元，穆棱改为穆，步六孤改为陆，贺赖改为贺，独孤改为刘，贺楼改为楼，勿忸于改为于，纥奚改为嵇，尉迟改为尉，达奚改为奚等，一共一百一十八个复姓改为单姓。孝文帝为了加速汉化，促使鲜卑人与汉人通婚，自己带头迎娶汉人士族之女。皇族和汉人士族通婚，一般鲜卑人自然要效法，入据中原的鲜卑人很快和汉族融为一体了。

北魏一代，儒学作用非凡，大大加速民族融合的进程，也使得中原文化发扬光大。在北方汉族士大夫眼中，隔江而治的南朝不再是正统所在，只有北魏治下的中原才是传统文化的中心。

东晋的将领刘裕，在两次北伐中先后灭掉南燕、后秦，权势显赫。他逼晋恭帝让位，自立为帝，改国号为宋，建立了南朝的第一个政权。东晋王朝存在了一百零三年（317—420），被宋所取代。南朝的宋、齐、梁、陈继承了东晋的正统，与北朝抗衡，存在了一百六十九年（420—589）。作为中原王朝正统的南朝，沿袭了东晋以来门阀政治的腐朽方面，颓靡不振。南北统一的重任自然落到了北朝身上。

北魏改革的结果，促进了民族的融合，却引来守旧势力的不满。鲜卑上层贵族对皇帝偏爱汉人士族颇为反感，对削弱鲜卑贵族势力有所非议，宫廷争斗与阴谋绵延了三十年。到534年，北魏分裂为东魏、西魏。东魏延续十六年，西魏延续二十一年，演化为北齐、北周。其后，北周吞并了北齐。北周军事贵族杨坚由隋国公一跃而为隋王，于581年废周静帝自立，改国号为隋，继而灭了南朝最后一个王朝——陈，完成了全国的统一。

相关阅读书目推荐

劳榦：《魏晋南北朝简史》，中华书局，2018

钱穆：《国史新论》，生活·读书·新知三联书店，2001

木心：《哥伦比亚的倒影》，广西师范大学出版社，2006

唐

充满活力的世界性帝国

隋的创制

[一]

清朝历史学家赵翼说："古来得天下之易，未有如隋文帝者。"尽管他是篡立，但使全面统一得以实现，功不可没。开皇九年（589）正月，伐陈成功，统一南北，结束了自东汉末年以来整整四百年的分裂局面。隋文帝杨坚有着汉族与鲜卑族混

安济桥石栏板。安济桥位于今河北赵县，又名赵州桥、大石桥。

合血统，在他身上兼具汉人胡化与胡人汉化的双重色彩，这种汉人与胡人兼容的身份，使得隋朝不同凡响，开创的制度为唐朝所继承——唐承隋制，足见它的分量非同一般。

　　一是建立中央政府的三省六部制度。隋文帝采纳大臣崔仲方的建议，废除北周官制，恢复汉魏旧制。事实上，隋朝的大部分官署和职称都模仿北齐，而北齐制度是沿袭北魏全盘汉化政策的结果。恢复汉魏旧制的命令，表明隋朝有雄心成为伟

赵州桥

大的统一国家，因此必须有一套中央集权的政治制度。中央设立内史省（中书省）、门下省、尚书省，作为最高政务机关。三省之间各有分工又互相制约，内史省（中书省）是决策机构，门下省是审议机构，尚书省是行政机构。尚书省的长官是尚书令，副长官是仆射，下设吏部（掌铨选）、礼部（掌礼仪）、兵部（掌军事）、都官部（刑部，掌刑法）、度支部（民部，掌户口钱谷）、工部（掌工程建设）。这种三省六部的中央政府体制，为后世很多朝代所沿用。

二是建立选拔官员的科举制度。为了削弱东晋南朝门阀政治的影响，废除了地方长官辟举本地人士担任官吏的制度，把官吏的任用权集中到中央，改变了长期以来士族控制地方政权的局面。随着士族门阀的衰落，废除了遵照门第高低选用官吏的九品官人法，代之以科举考试制度。科举制的创造性在于，通过考试来选拔人才。首先设立的是秀才科、明经科，参加考试的有国子学、州县学的生徒，也有各州按照规定推荐的贡士，一律依据考试成绩录取，录取与任用权掌握在吏部手中。秀才科需要广泛的学识，除了试策，还加试各体文章，录取标准很严，隋朝三十多年一共才录取十多人。明经科主要测试对于某一部儒家经典的熟悉程度。隋炀帝增设进士科，只试策，主要考文才，放宽录取标准。一般知识分子可以通过明经、进士两科考试而进入仕途，从此开创了选拔官员的新途径，经过唐朝的完善，一直沿用到清朝。西方学者认为，中国的科举制度是欧洲文官考试制度的滥觞。

三是开凿以洛阳为中心的大运河。隋炀帝即位后，营建东都洛阳，并且把首都从长安迁往洛阳，目的是便于掌控全国。洛阳因而成为最大的中心城市，有东市（丰都市）、南市（大同市）、北市（通远市）等商业区，丰都市有一百二十行，三千余肆，市上"重楼延阁，互相临映，招致商旅，珍奇山积"。为了使得洛阳成为交通枢纽，从大业元年（605）到大业六年，连续开凿四条以洛阳为中心的运河：

通济渠——从洛阳西苑引榖水、洛水入黄河，从黄河（板渚）入汴水，由汴水达淮水；

邗沟——从山阳（淮安）至于江都（扬州），入长江；

江南河——从京口（镇江）至余杭（杭州）；

永济渠——引沁水至黄河，东入卫河，北至涿郡（北京）。

大运河的开凿，连通由北向南的五大水系：沽水（海河）、河水（黄河）、淮水（淮河）、江水（长江）、浙江（钱塘江），使得南北向的人工运河和东西向的自然河流互相连接，对于加强北方地区和南方地区的联系，具有深远的意义。杜佑《通典》写道："西通河洛，南达江淮"，"交、广、荆、益、扬、越等州，运漕商旅，往来不绝"。

经过两代的经营，隋朝呈现出一派富庶强盛之势。马端临《文献通考》意味深长地说："古今称国计之富者莫如隋"，"积米其多至二千六百余万石"。值得注意的是，隋的国富，一方面反映了经济的发展，另一方面反映了统治者聚敛财富的癖好。明末清初思想家王夫之《读通鉴论》总结历史经验，十分反对国家聚敛财富，主张"藏富于民"。他说："财散则民聚"，"财聚则民散"；"聚钱布金银于上者，其民贫，其国危；聚五谷于上者，其民死，其国速亡"。隋朝二世而亡，或许可以由此悟出一些道理。

京杭大运河

贞观之治
——
「天可汗」
的太平盛世

历史学家陈寅恪认为，隋唐制度渊源都带有胡人因子，李唐皇室之女系母统杂有胡人血胤，世所共知。大唐将相之中颇有胡种，更不足为奇。岑参诗曰："花门将军善胡歌，叶河蕃王能汉语"；"琵琶长笛曲相知，羌儿胡雏齐唱歌"。几百年胡人汉化与汉人胡化同步构建的新时代，洋溢着前所未有的活力。

演奏陶俑。演奏、歌舞等在宫廷和民间的
庆典及宴饮中都是不可或缺的助兴节目。

　　唐朝的缔造者李渊，出生在山西地区一个有着汉人与胡人混合血统的贵族之家，他的母亲独孤氏出身于突厥望族，与北周、隋两家皇室有着密切关系，因而世袭唐国公。618 年，隋炀帝被起义军处死，李渊正式称帝，建立唐朝。李渊是建立唐朝在先，消灭各个割据势力在后，唐朝实际上并不是作为隋的对立面出现的，而是作为它的继承者出现的。

　　唐高祖李渊的儿子——唐太宗李世民，无论文治武功，还是内政外交，都值得赞赏，取得了超越泱泱大汉的业绩。个中道理何在？一言以蔽之，端在于汉胡互化。

正如他自己所说："朕才不逮古人而成功过之。……所以能及此者，……自古皆贵中华，贱夷狄，朕独爱之如一，故其种落皆依朕如父母。"因此，他才被周边民族的可汗推崇为高居于他们之上的"天可汗"。

学者黄仁宇谈到贞观之治时，动情地写道："公元7世纪的初唐，可算得是中国历史上令人振奋的一段时期。630年李靖破突厥，唐太宗李世民被四夷君长推戴为'天可汗'。当日高祖李渊已退位为太上皇，仍在凌烟阁置酒庆贺。上皇自弹琵琶，皇帝当众起舞，这种场面，在中国历史上绝无仅有。"说得太好了。我想补充一句，在这种氛围下培育出来的太平盛世，以后也不曾再现。

唐太宗不但不骄纵，反而有一种忧患心态，他说："天子者，有道则人推而为主，无道则人弃而不用，诚可畏也。"谏议大夫魏徵经常对他提出尖锐的批评，他都能够虚心接受，使政治安定，百姓乐业。这种君臣关系，后人津津乐道，引为君臣关系的楷模。确实，贞观时期君臣之间纳谏与直谏的良好风气，在历史上极为少见。唐太宗以隋炀帝拒绝纳谏、文过饰非为鉴，虚怀博纳，从谏如流。大臣们大多出于公心，敢于直言，面折廷净。就是在这种良好的政治氛围中，唐太宗和他的大臣长孙无忌、房玄龄、杜如晦、魏徵等，联手缔造了持续二三十年的太平盛世——贞观之治。

皇帝与大臣之间的权力制衡，是贞观之治的关键。唐承隋制，中央设立三省——中书省、门下省、尚书省，总理全国政务。皇帝颁布政令，必须通过中书省、门下省副署，才算合法。凡国家大政方针，先由中书省研究，作出决定，再由门下省审核，如有不当，可以驳回。中书省、门下省副署以后，才交由尚书省及其下辖的六部付诸实施。

中央政府设立政事堂，作为宰相的议事机构，一切重大政务都由政事堂会议讨论，经皇帝批准后颁行。三省的首长：中书省的中书令、门下省的侍中、尚书省的左右仆射，都是宰相。以后凡是参加政事堂会议的其他大臣，带有"参知机务""参知政事"等头衔，也都是宰相。所以参加政事堂会议的宰相，多达一二十人。钱穆在《国史新论》中说："汉代宰相是首长制，唐代宰相是委员制。最高议事机关称政事堂。……凡遇军国大事，照例先由中书省中书舍人（中书省属官）各拟意见（五花判事），再由宰相（中书省）审核裁定，送经皇帝画敕后，再须送门下省，由给事中（门下省属官）一番复审，若门下省不同意，还得退回重拟。因此必得中书、门下两省共同认可，那道敕书才算合法。……皇帝不能独裁，宰相同样不能独裁。"皇帝、宰相都不能独裁，就是巧妙的权力制衡。

　　唐太宗采纳魏徵的建议，确立宽仁、慎刑的宗旨，让长孙无忌、房玄龄修订法律。贞观十年（636）正式公布的《唐律》（即《贞观律》），把前朝法律几乎删减一半，也比号称宽简的隋朝《开皇律》更为宽简。据说，贞观四年（630）全国判处死刑才二十九人。法简刑轻，是太平盛世的一个标志。贞观一代，君臣上下守法成风，《贞观政要》说，官吏大多清廉谨慎，王公贵族、大姓豪猾之辈，都畏威屏迹，不敢侵欺百姓。于是乎出现了这样的状况："商旅野次，无复盗贼，囹圄常空，马牛布野，外户不闭。"这就是称为"贞观之治"的太平盛世。

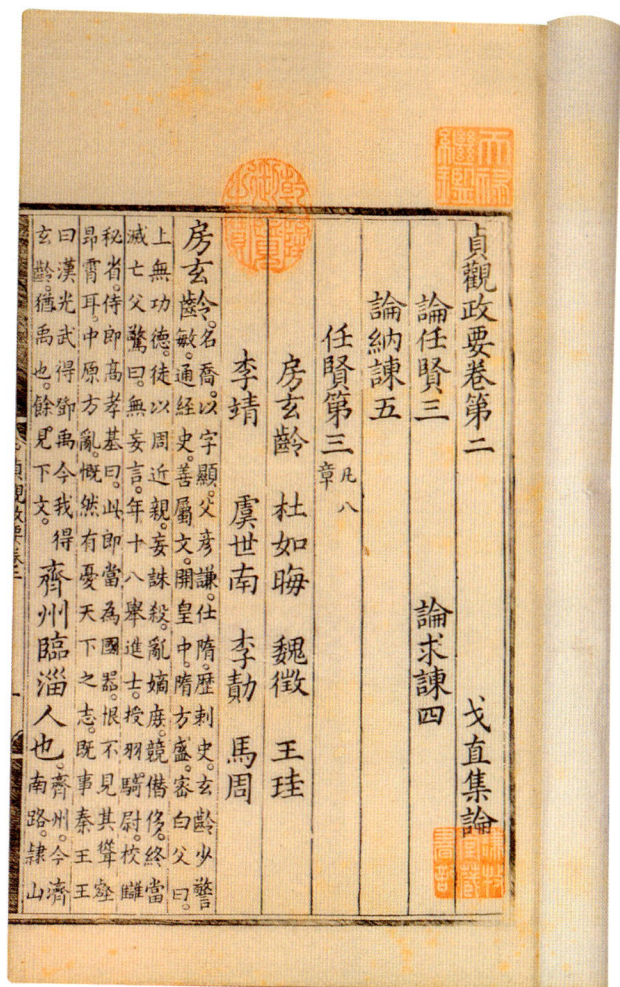

记载唐太宗功业的
《贞观政要》

充满活力的
世界性帝国

[3]

大秦景教流行中国碑

美国学者伊佩霞（Patricia Buckley Ebrey）在《剑桥插图中国史》中如此定位唐朝："将中国扩展成一个充满活力的世界性帝国。"对此，她作了简短的引申："国家的统一，南北大运河的开通，两座宏伟京城的修建和国内贸易的扩大，均刺激了经济的发展。唐朝京城长安发展成世界上最大的城市，有居民百万，吸引着来自亚洲各地的商贾、留学生和朝拜者。"

首都长安由宫城、皇城和郭城三部分组成，全城呈长方形，周长 36.7 公里，面积 84 平方公里，规模之大，在当时世界上没有一座城市可以与之比肩。它不仅是全国的政治、经济、文化中心，而且是举世闻名的国际都会，东西方文明的交汇中心。全国有 2 万多公里的驿道，1639 所驿站，编织成发达的交通运输网络，它的辐射中心就是长安。西域各国和大唐来往，长安是目的地，也是中转站；东亚、南亚各国走陆路与西域交往，长安是必经之地。各国使节频繁来此进行政治活动，传播域外文化，也从这里带回唐朝文化。四方文士云集于此，又有左右两教坊，能歌善舞，域外传来新声佳曲，经教坊上演，文士吹捧，传遍京城，影响海内。

当时世界上的许多国家都与唐朝有频繁的交往。美国学者谢弗（E. H. Schafer）在《唐代的外来文明》一书中说："在唐朝统治的万花筒般的三个世纪中，几乎亚洲每个国家都有人曾经进入过唐朝这片神奇的土地。……前来唐朝的外国人中，主要有使臣、僧侣和商人这三类人。"他还说，长安的外来居民数量相当庞大，主要是北方人和西方人，即突厥人、回鹘人、吐火罗人、粟特人、大食人、波斯人、天竺人。

成千上万的外国人带来了他们的信仰和宗教，并且在中国大地上生根发芽。

——波斯萨珊朝的国教祆教（拜火教），6 世纪传入中国，它和伊斯兰教、摩尼教、景教一起在唐朝初期传播。唐朝前期、中期，随着胡商日益增多，长安和洛阳都有祆教寺院。7 世纪 70 年代，萨珊朝波斯王子卑路斯来到长安，应他的请求，唐高宗下令在醴泉坊建造波斯胡寺，成为旅居长安波斯人礼拜集会的场所。

——大食（阿拉伯）的第三任哈里发奥斯曼，派遣使节来到长安，朝见唐高宗，是伊斯兰国家和中国的第一次正式外交往来。伊斯兰教随之传入中国。

——东罗马帝国（拜占庭帝国）与唐朝长安、西突厥汗廷之间，都有使节和商旅往来，景教（基督教聂斯脱利派）随之传入中国。贞观九年（635）景教僧侣阿罗本来到长安传教，唐太宗在诏书中说"波斯僧阿罗本，远将景教来献上京"，下令在长安城中的义宁坊建立景教寺院，当时称为波斯寺，唐玄宗时改称大秦寺。建

唐长安城平面图

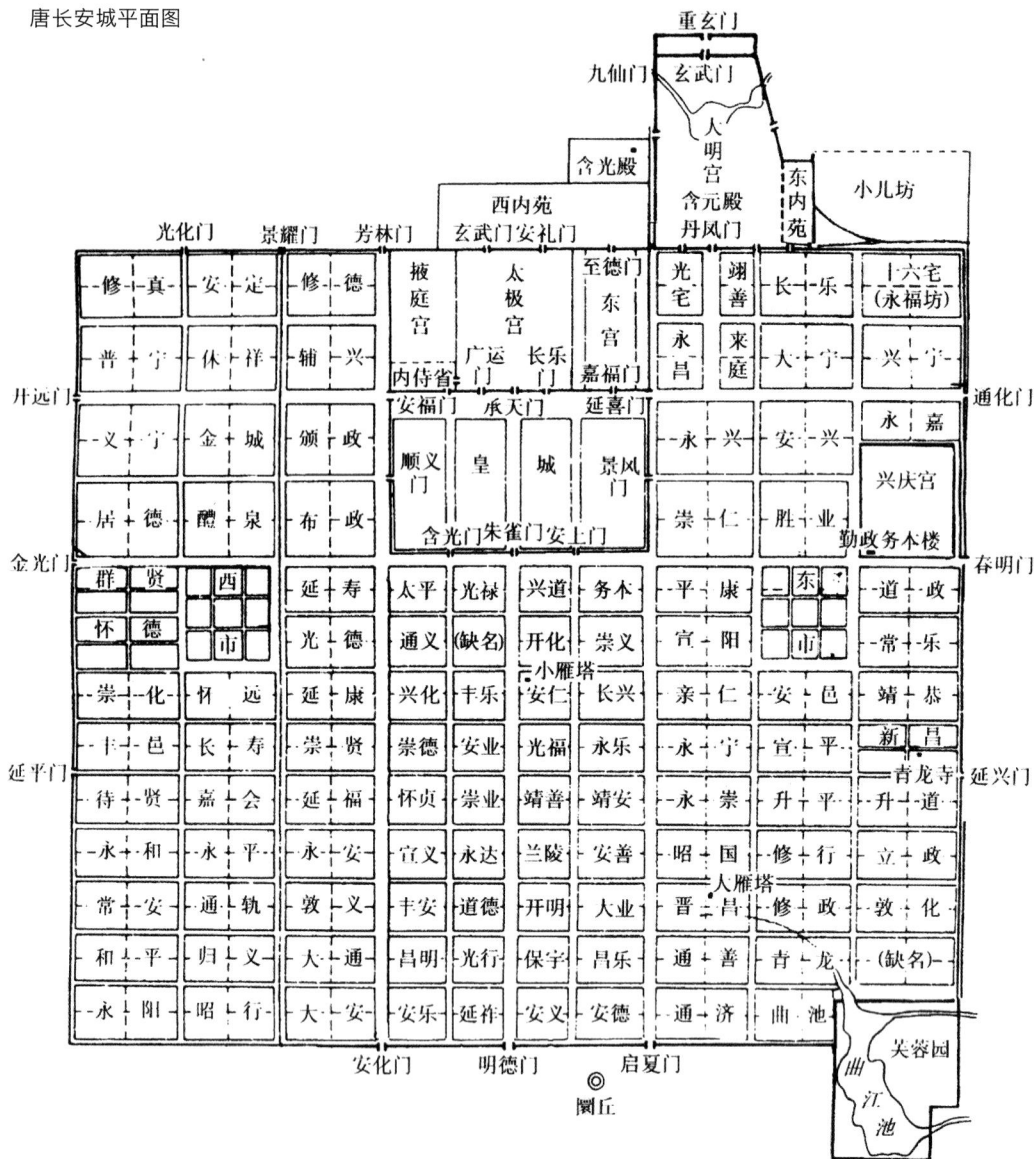

重玄门　玄武门　九仙门
含光殿
西内苑　玄武门　安礼门
大明宫　含元殿　丹凤门　东内苑　小儿坊

光化门　景耀门　芳林门

掖庭宫　太极宫　至德门　东宫　嘉福门
广运门　长乐门
内侍省
安福门　承天门　延喜门
顺义门　皇城　景风门
含光门　朱雀门　安上门

开远门　金光门　延平门
通化门　春明门　延兴门
安化门　明德门　启夏门
圜丘

修真	安定	修德				光宅	翊善	长乐	十六宅（永福坊）
普宁	休祥	辅兴				永昌	来庭	大宁	兴宁
义宁	金城	颁政				永兴	安兴		永嘉
居德	醴泉	布政				崇仁	胜业		兴庆宫
群贤	西市	延寿	太平	光禄	兴道	务本	平康	东市	道政
怀德		光德	通义	（缺名）	开化	崇义	宣阳		常乐
崇化	怀远	延康	兴化	丰乐	安仁	长兴	亲仁	安邑	靖恭
丰邑	长寿	崇贤	崇德	安业	光福	永乐	永宁	宣平	新昌
待贤	嘉会	延福	怀贞	崇业	靖善	靖安	永崇	升平	升道
永和	永平	永安	宣义	永达	兰陵	安善	昭国	修行	立政
常安	通轨	敦义	丰安	道德	开明	大业	晋昌	修政	敦化
和平	归义	大通	昌明	光行	保宁	吕乐	通善	青龙	（缺名）
永阳	昭行	大安	安乐	延祚	安义	安德	通济	曲池	

小雁塔　大雁塔　青龙寺　勤政务本楼
曲江池　芙蓉园

波斯金币。库斯老二世银币是萨珊晚期钱币的典型样式，以后诸王均仿此样式，甚至影响到阿拉伯帝国占领萨珊王朝以后。

中二年（781），吐火罗人出资在那里树立"大秦景教流行中国碑"，为历史留下了宝贵的记录。明朝天启年间，这块碑刻被发现后，对它考证、研究的学者前赴后继，中国学者冯承钧、向达、方豪、罗香林，日本学者佐伯好郎、石田干之助，法国学者伯希和，便是其中的佼佼者，它的重要性由此也可见一斑。

唐朝与东邻的交往则是另一种景象。

唐文化东传朝鲜，佛教起了媒介作用，其中圆光和尚的贡献最值得注意。他在隋末唐初逗留长安四十年，回国后，深得新罗国王信任，传播佛教，被尊为圣人。他主张五戒（事君以忠，奉亲以孝，交友以信，临阵勿退，慎于杀生），把儒家伦理融入佛教教义之中。花郎（贵族少年）深受影响，形成"花郎魂"。

新罗先后来到唐朝留学的学生，有两千人之多。仅仅晚唐的几十年中，在长安科举考试中金榜题名的新罗留学生就有五十八人，他们"登唐科第语唐音"，回国后传播唐文化。新罗积极吸收唐朝的律令、科技、佛教、儒学、学校、科举等政治文化之精髓。

繁荣昌盛的唐朝吸引新罗移民，在沿海地区形成新罗侨民的聚居地，以经商、运输为业。日本圆仁和尚《入唐求法巡礼行记》说：唐朝后期的登州、莱州、青州、泗州、海州、扬州等地，都有新罗村、新罗院、新罗坊、新罗馆。

新罗在各方面都深受唐朝影响，以致西方汉学家把新罗看作是"唐朝的微型翻版"。当时的日本，也被看作另一个"唐朝的微型翻版"。

日本的遣唐使，以及随同前行的留学生、学问僧，不绝于途。据日本学者研究，日本曾派出十九批遣唐使，其中的三批，仅限于任命而未成行。其余的十六批，又有三批是"送唐客使"，一批是"迎入唐大使"，因此正式遣唐使是十二批。随行的

东罗马金币。这是东罗马查士丁二世时期的金币，这种坐式图像就是查士丁二世创造的。

留学生、学问僧等专业人员，在长安学习唐朝的政治制度、文化及佛法。开元、天宝年间，大唐成为亚洲乃至世界瞩目的大国，遣唐使达到高峰，有三批遣唐使的随行人员都超过五百人。遣唐使及随员回国后，在日本掀起输入唐文化的高潮。

日本的大化革新是在遣唐使的推动下实行的，它的一大举措是在浪速（大阪）按照长安的模式建立新的首都与政府部门，确立唐朝式样的赋税制度。以后的首都平城（奈良），也完全仿照长安设计建造，不过面积只有长安的四分之一。在琵琶湖南岸的首都平安（京都），也以长安为蓝本。

日本文化的魅力之一，就是大量移植并保留唐文化，许多在中国已经绝迹的传统，却在日本保留至今。有人戏言，如果想了解唐朝，不妨去奈良、京都看一看。

唐朝在世界上享有盛誉，后世外国称中国为"唐"，称中国人为"唐人"。北宋朱彧《萍洲可谈》说："蛮夷呼中国为唐。"《明史·真腊传》说："唐人者，诸番呼华人之称。"这种传统一直延续到近代。

唐长安城天坛遗址

唐朝最为后人津津乐道的，莫过于它海纳百川、有容乃大的气概，宽容与接纳外来文化，孕育出灿烂辉煌的盛唐气象。毫无疑问，这是以充分的自信心为底蕴的，不怕被外来文化所同化，立足于我，为我所用。伊佩霞说："与20世纪前中国历史上任何其他时代相比（除了20世纪），初唐和中唐时的中国人自信心最强，最愿意接受不同的新鲜事物。"

唐在继承传统文化的基础上，大量吸收外来文化，融合成全新的唐文化，最有典型意义的是乐舞与服饰。

唐太宗平定高昌，引进高昌乐。唐的十部乐中，燕乐、清商乐是传统的雅乐、古乐，其他如龟兹乐、天竺乐、西凉乐、高昌乐、安国乐、疏勒乐、康国乐、高丽乐，都是从边疆或域外引进的。开盛唐音乐风气先河的《秦王破阵乐》，描述李世民的赫赫战功，演奏时，"雷大鼓，杂以龟兹之乐，声振百里，动荡山谷"，洋溢着一派豪迈激越的异域气氛。

唐玄宗是一个音乐皇帝，元稹、李白都推崇他"雅好度曲"，是一个出色的业余作曲家，在"胡音唐化"方面贡献尤多。他不仅完成了佛曲的改编，而且发展为舞曲，使得"胡音"一跃而为唐舞，流芳百世的《霓裳羽衣曲》是他的代表作。他把印度佛曲——《婆罗门曲》改编成盛唐乐舞的杰作，由杨贵妃演绎为舞蹈，简直是无与伦比的

盛唐气象：海纳百川，有容乃大

【四】

天作之合。请看白居易《霓裳羽衣舞歌》的生动描绘：

> 飘然转旋回雪轻，嫣然纵送游龙惊。
> 小垂手后柳无力，斜曳裾时云欲生。

杨贵妃的侍女张云容，善于霓裳羽衣舞，贵妃赞赏备至，赠诗一首：

> 罗袖动香香不已，红蕖袅袅秋烟里。
> 轻云岭上乍摇风，嫩柳池边初拂水。

当时的达官贵人宴饮联欢，盛行来自西域的"胡舞"，舞步轻快，旋律活泼，风靡一时。以迅速旋转而著称的"胡旋舞"，在宫廷中大受欢迎。唐玄宗女儿寿安公主的生母曹野那姬，是西域粟特人进贡给皇帝的"胡旋女"，因为擅长胡旋舞，仪态万方，而为唐玄宗喜爱。上有所好，下必仿效，杨贵妃与安禄山都喜欢胡旋舞。

唐张萱《虢国夫人游春图》

安禄山是个大胖子,体重三百多斤,腹垂过膝,跳起胡旋舞来,捷如旋风。白居易《胡旋女》写道:

> 天宝季年时欲变,臣妾人人学圆转。
> 中有太真外禄山,二人最道能胡旋。

宫廷里面的太真——杨贵妃和边疆的安禄山两人,都是胡旋舞的高手。这种在后世看来非常怪诞的事,当时是时髦的风尚。

元稹诗曰:"女为胡妇学胡妆,伎进胡音务胡乐。"这反映了天宝年间长安、洛阳胡风盛行的状况。除了胡音胡乐,就是胡服胡妆了。从中亚传来的胡舞,舞女大多身穿"香衫窄袖裁""小头鞋履"与窄口裤,在时髦人士中风靡一时,故而诗人说:"小头鞋履窄衣裳",成为"天宝末年时世妆"。这种风气也席卷宫廷内部,这与唐玄宗支持胡服唐化有很大关系。杨贵妃喜欢"披紫绡",她的姐姐虢国夫人也爱穿"罗

敦煌壁画《乐舞图》

帔衫",都是轻薄的袒肩露颈的装束,改变了妇女遮蔽全身的服装概念,使得中原服饰趋向开放,显露女性的自然美。可惜的是,这种风气到了宋朝,便戛然而止了。

英国学者崔瑞德(Denis Twitchett)主编的《剑桥中国隋唐史》写道,通往中亚和西方的丝绸之路,在文化交流方面意义非常重大:当中国正处于其世界主义思想极为盛行、受到的外来影响甚于以前或以后任何时候,它们也是主要的文化联系的环节。通过这些路线,许多中国的思想和技术传向西方,但在隋和初唐时期,中国更多地是从西方传入思想和技术。中国的佛教是当时最活跃、最有影响和最先进的思想体系,它一直是从北印度和中亚诸国吸取新的推动力。其他新宗教,如拜火教、摩尼教、景教和以后的伊斯兰教,也从伊朗和中亚传入。除了这些思想影响外,传入的还有音乐、舞蹈乃至金属制作、烹饪这些技艺的新成果,以及诸如数学、语言学方面的重要成就。外国人,从印度僧人到波斯眼科医生、粟特的卖艺人和商人,都可以自由地进入中国。

唐朝是古典诗歌的黄金时代,作诗成为获取功名的正途,科举考试注重以诗赋取士,因此唐朝文人几乎无一不是诗人,诗作数量之多实在惊人。清朝康熙时编的《全唐诗》,有诗四万八千九百多首,作者二千三百多人。

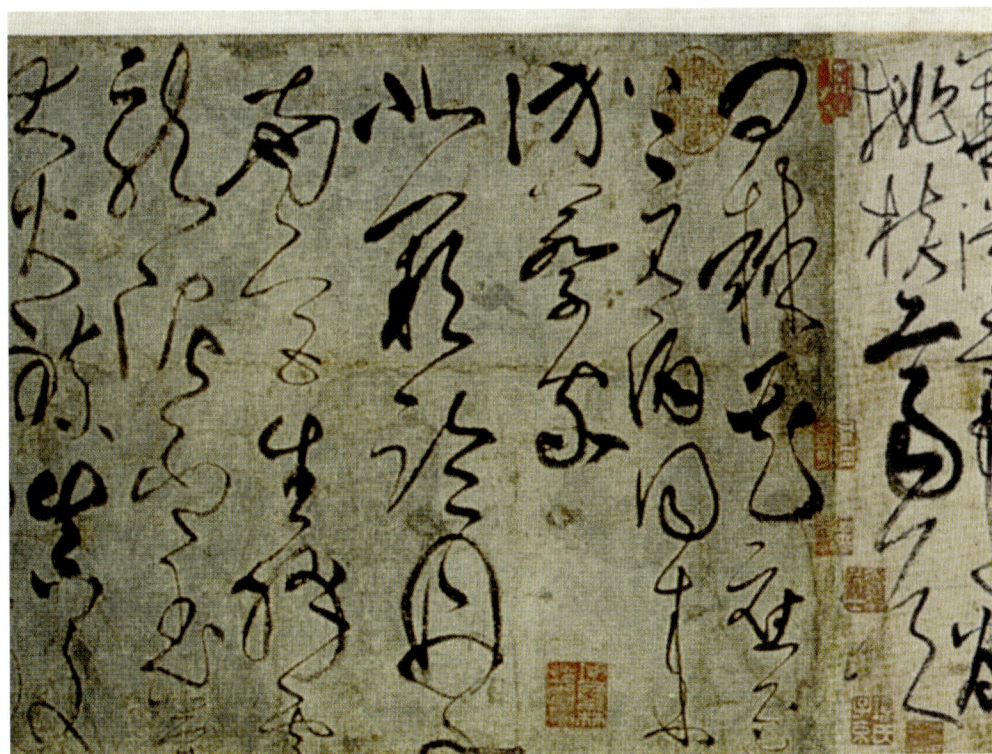

张旭草书《古诗四帖》（局部）

书法在盛唐时代也登上了高峰，书法艺术风格为之一变。张旭、颜真卿的书法创新，形成本朝一代新风。

张旭，字伯高，他的草书与李白的诗歌、裴旻的剑舞，当时并称三绝，大抵都以狂放恣肆为特征。张旭的草书一派飞动，宛如天马行空，纵横驰骋，被誉为草圣。

颜真卿，字清臣，官至吏部尚书，封鲁郡公，人称颜鲁公。他的书法破旧立新，方正雄健，浑厚庄严，一扫初唐虞世南、褚遂良妍媚之风，变媚为工，易媚为拙，改瘦为肥，创造盛唐新书体。由于颜体书法不同于王书、张草的神来之笔，只可意会不可端倪，适应了社会发展的需要，不仅终唐之世盛行不衰，而且以后历代都遵奉为书法正宗。

颜真卿《多宝塔感应碑》（局部）

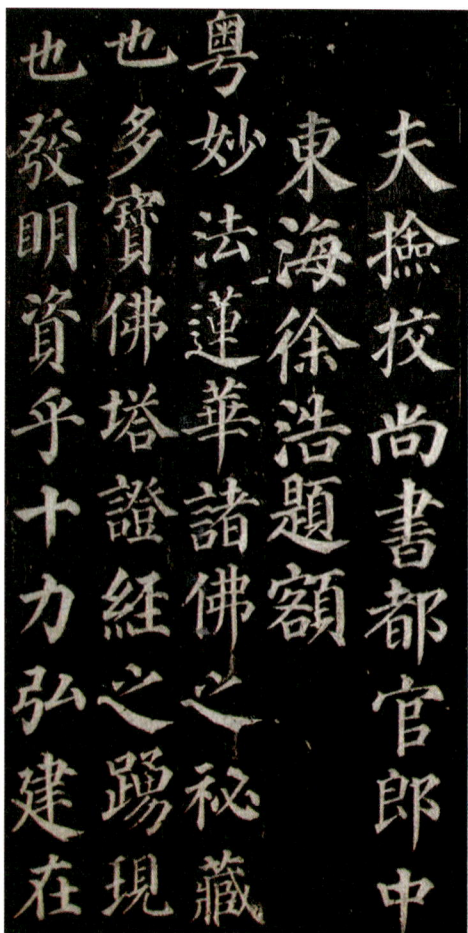

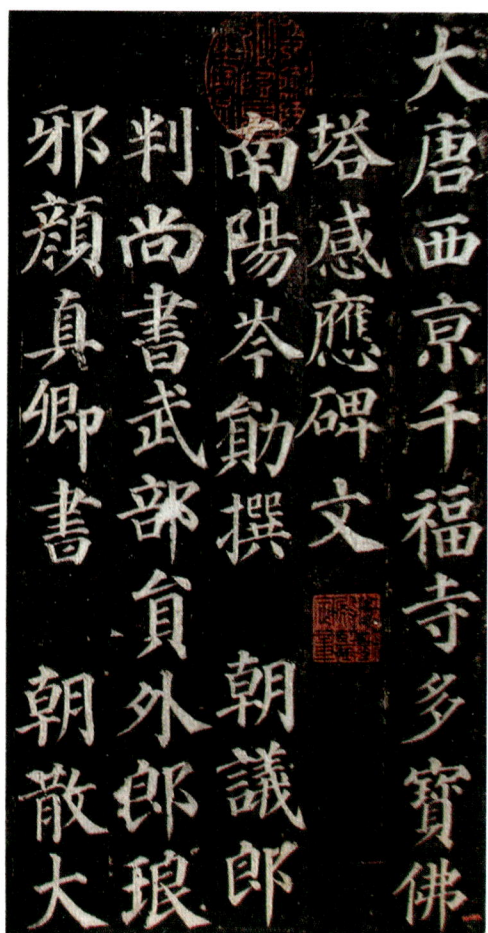

"**南**无阿弥陀佛"是佛门弟子最常用的关键词语，梵文的译音，意为崇拜无量寿佛——西方极乐世界的教主。然而，现在充斥于屏幕的影视剧，常常把这六个字的前三个读错。其实，"南无"，应读作nāmō；"阿"，应读作ē或ō。

佛教传入中国，大约在东汉初年。西晋末年，中原上层社会开始接受佛教，它的教义在世族豪门中广为流传。到了南北朝，佛教大放光芒，北方各地有佛寺三万多所、僧尼二百万人；南朝的梁武帝醉心于佛教，建康（南京）一地就有佛寺五百多所，僧尼十多万人。北方的佛教与经学相适应，重视戒行和禅定；南方的佛教与玄学相适应，重视义理。隋统一后，南北融通，教理与实践并重。到了唐朝，佛教进入了全盛时代，它的标志就是佛经的翻译，以及佛教宗派的形成。

佛经翻译的开拓者玄奘，贞观元年（627）从长安出发，经凉州，越玉门关，抵达高昌，取道焉耆、龟兹，进入吐火罗，最后到达佛教发源地印度。他先后巡礼佛教六大圣地，在那烂陀寺拜戒贤为师，学习五年。以后遍访各地，讲习佛法。贞观十五年春，他携带657部佛经回国，四年后回到长安。唐太宗命宰相前往迎接，自己在长安接见他，随后下令调集高僧协助玄奘翻译佛经。玄奘一共翻译佛经74部、1335卷。在译经的过程中，玄奘培养了一批弟子：

南无阿弥陀佛

圆测、窥基、慧立、玄应等。由于朝廷的重视，译经工作在此后将近两百年间，不曾间断，出现了义净、实叉难陀、菩提流志、金刚智、不空、般若三藏等翻译佛经的大师。

出于对佛经的精深领悟，玄奘创立了自己的宗派——唯识宗。他强调"万法唯识"，世俗人眼中的外界事物，不过是心识动摇所显现的影像。由于他们从分析"法相"入手，又称为法相宗。人们也因为继承玄奘衣钵的弟子窥基常住长安慈恩寺，又称它为慈恩宗。这一宗派过分沉迷于深奥的教义，带有浓厚的原教旨主义色彩，曲高和寡，不易为一般人接受，很快就走向衰微。日本和尚入唐求法，把法相宗传入日本，流传至今。

佛教的宗派各有自己的理论体系、规范制度，以及势力范围、传法世系，并且都凭借一所大寺院作为传教中心。主要宗派有净土宗、天台宗、唯识宗、华严宗、禅宗，影响最大的是净土宗、禅宗。

净土宗的创始人善导宣称，不可能依靠个人力量解脱现世的苦难，必须依靠佛力的接引，才能脱离现世的秽土，往生西方净土，那是没有一切身心忧苦，只有无量清静喜乐的西方极乐世界。净土宗鼓吹最容易的成佛法门，也就是往生西方净土的捷径：口中念称南无阿弥陀佛，就能除去八十亿劫生死之罪，得到八十亿微妙功德。因此，在下层民众中间广为流传。

禅宗主要流传于上层士大夫之中，它的信徒文化程度很高，却并不埋头于佛经文本的苦读，而是讲究内心的领悟。它的实际创始人慧能（六祖）认为，一切万法（佛性）尽在芸芸众生自身心中，所谓佛，所谓净土，就是世人心性本来清净的状态；所谓地狱、烦恼，就是世人心性沉沦的状态。因此，不必修行、布施，也可以成佛。禅宗无论渐悟派还是顿悟派，都主张不必念经，不必坐禅，不必持斋拜佛，只要有决心，便可觉悟佛的真谛。历史学家范文澜说，禅宗僧徒所作语录，除去佛徒必须的门面语，思想与儒学少有区别，它对于后世的理学影响至深。

佛教成为中国人生活不可分割的组成部分，改变了人们的想象力，佛经故事发挥了举足轻重的作用。举个最常见的例子，阴历七月十五日的盂兰盆节（也称鬼节），始于南朝，盛于唐朝，盂兰盆一词，是梵文 Ullambana 的音译，本意是"解倒悬"——解救在地狱受苦的鬼魂，来自佛经中的目连救母故事。据《盂兰盆经》记载，目连为了报答母亲哺育之恩，用"道眼"观察阴间，看到亡母在一群饿鬼之中，没有饮食，

玄奘像

鎏金铜观音造像

三彩天王俑

骨瘦如柴。目连用钵盛饭送给母亲，母亲拿到后，化作了火炭。目连悲痛哭泣。向佛祖告诉。佛祖对他说，七月十五那天，用盆器供奉饭菜水果、香油锭烛、床铺卧具，供养十方大德众僧。目连照办，母亲果然脱离饿鬼之苦。事后，目连对佛祖说：将来所有佛门弟子都应该奉盂兰盆，救度父母。佛祖听了大悦，传言弟子，每年七月十五，不论学识渊博的僧侣，还是一字不识的村民，都摆出食物，为阴间受苦的饿鬼充饥。838 年至 847 年生活在中国的日本僧人圆仁，目睹这一场景，在书中写道：扬州的四十多所寺庙，前往祭拜的人络绎不绝。七月十五中元节，地官赦罪之辰，和尚到各家记录亡者姓名，遍送檀越，谓之关节。入夜，搭台放焰口，施舍食物，沿河放灯，谓之照冥。此种习俗，称为盂兰盆会。

相关阅读书目推荐

陈寅恪：《隋唐制度渊源略论稿 唐代政治史述论稿》，生活·读书·新知三联书店，2001

〔美〕谢弗著，吴玉贵译：《唐代的外来文明》，中国社会科学出版社，1995

范文澜：《唐代佛教》，重庆出版社，2008

黄永年：《物换星移话唐朝》，中华书局，2013

帝国 第七章

的衰落与分裂

唐玄宗像。唐玄
宗李隆基，善骑
射，通音律，擅书
法，多才多艺。

唐玄宗

前侍惠妹後塞作光
鬓不有加鬓先有峰

「忆昔开元
全盛日」

〔一〕

7 05 年，宰相张柬之等大臣利用武则天老病的机会，发动宫廷政变，迫使武则天退位，扶助她的儿子李显复位（唐中宗）。八十二岁的武则天就在这一年死去，她在遗嘱中公开宣称："去帝号，称则天大圣皇后。"表示她本人仍是大唐的皇后。

武则天死后的八年中，政变不断。唐睿宗之子李隆基是一个很有政治才干的人，他利用禁军的不满情绪，发动军事政变，杀死皇后韦氏、安乐公主及武氏近亲，恢复睿宗李旦的帝位。睿宗无能，他的妹妹太平公主把持朝政。712 年，太子李隆基合法继位，是为唐玄宗。次年，唐玄宗粉碎太平公主发动的政变，政局才趋于稳定。

二十八岁登上皇位的李隆基，善于骑射，精通音律，又擅长书法，是一位多才多艺的皇帝。他在开元年间（713—741）励精图治，把唐朝的繁荣昌盛发展到了顶点。唐玄宗为了扭转先前的动荡政局，重建太平盛世，表现出卓越的政治眼光，任用的宰相，先后有姚崇、宋璟、张嘉贞、张说、李元纮、杜暹、韩休、张九龄等，堪称一时名流。这些人各有所长，都能直言极谏，富有革新精神。君臣同心协力，开元时期政治清明，经济繁荣，被后人誉为太平盛世。在史家看来，开元之治不过是对贞观之治的模仿。唐玄宗重用姚崇、宋璟，求谏纳谏，革除弊政，抑制奢靡，所取得的政绩，当时人概括为八个字："贞观之风，一朝复振。"也就是说，再现了贞观时代的风气。

最突出的标志是，恢复贞观时期宽仁的法治原则，把"行仁义"作为治理天下的第一要务，废止武则天时期的酷吏政治和严刑峻法，表彰执法平直的官员，禁止酷刑、滥刑。开元二十五年（737）全国判处死刑仅五十九人，大理寺监狱里一片清冷景象。

在法制建设中最值得注意的，是唐玄宗下令编纂《唐六典》。这部中国现存最早的行政法典，历时十六年，于开元二十六年编成，彰显了开元盛世政治体制的完备化。

开元时期政治清明、社会稳定，经济迅猛发展，形成唐朝的黄金时代。杜甫如此唱道：

忆昔开元全盛日，小邑犹藏万家室。

稻米流脂粟米白，公私仓廪俱丰实。

九州道路无豺虎，远行不劳吉日出。

齐纨鲁缟车班班，男耕女桑不相失。

这并非诗人的歌功颂德，而是实况的反映。全国在籍编户，贞观初期不满300万户，开元二十八年（740）增至841万户、4814万口；天宝十三载（754）增至906.9万户、5288万口。全国的耕地，从唐初的"土旷人稀""率土荒俭"，到开元、天宝年间达到八亿亩左右，明朝鼎盛时期都没有突破这一记录。

古话说："仓廪实知礼节，衣食足知荣辱。"开元、天宝时期中央政府直属的仓库储存粮食达1245万石。不仅藏富于国，而且藏富于民，开元年间有人说"人家粮储皆及数万"，民间藏粮极为丰富，反映了连年丰收带来的富庶景象，所以杜甫说"公私仓廪俱丰实"。据杜佑《通典》记载，当时"天下无贵物"，物价普遍低廉，长安、洛阳米价每斗不过20文，面粉每斗32文，青州、齐州谷子每斗5文。由于家给人足，富庶安康，商贾长途远行，不必佩带防身兵器。

"渔阳鼙鼓
动地来，
惊破霓裳
羽衣曲"

历史的转折往往令人费解，充满吊诡，唐玄宗在开元年间开创了一个盛世，却在天宝年间亲手把它毁掉，辉煌的唐朝从此由盛转衰。这位多才多艺的风流皇帝，知道"依贞观故事"——在贞观之治的轨道上滑行，却不知道"守成难"，没有"慎终如始"的忧患意识，出现了开元盛世，就忘乎所以，在一片"万岁"声中，忙于封禅泰山，忙于奢侈的"千秋节"（自己的生日庆典）。身边的宰辅大臣投其所好，阿谀奉承，推动他向骄纵昏庸的路上走去。

这个宰辅大臣就是奸相李林甫。朝中大臣都看出此人外表"巧言似忠"，其实"口蜜腹剑"。唐玄宗却对他深信不疑，提拔他为宰相，登上中书令要职，专擅朝政达十六七年之久。李林甫的升官诀窍，就是一切顺从皇帝旨意，让他放心纵欲，巧妙地利用了唐玄宗对绝代佳人杨玉环的痴迷。

杨玉环原本是唐玄宗儿子寿王李瑁的妃子，芳龄十六岁的美少女，竟然让她的公公坠入情网。开元二十八年（740），五十六岁的唐玄宗和二十二岁的杨玉环在骊山温泉幽会，从此一发而不可收。唐玄宗为了跨越公公与儿媳的伦理难关，别出心裁地命寿王妃杨玉环出家当道士，道号太真。第二年就把她册封为自己的妃子——太真妃，到了他六十一岁生日那一天，公开把二十七岁的杨玉环册封为贵妃。

从白居易《长恨歌》可以看到，李、杨

《太真上马图》。天宝年间的安史之乱，
杨贵妃成为舆论中心，最终香殒马嵬驿。

唐李思训《明皇幸蜀图》。题：青绿关山迥，崎岖道
路长。客人各结束，行李自周详。总为名和利，那辞
劳与忙。年陈失姓氏，北宋近乎唐。

之间并非政治婚姻，确有真正的情爱，二人有共同的音乐歌舞素养，情趣相投，可谓琴瑟和谐。无怪乎白居易唱道："承欢侍宴无闲暇，春从春游夜专夜。后宫佳丽三千人，三千宠爱在一身。"唐玄宗已经无心日理万机，"春宵苦短日高起，从此君王不早朝"。

杨贵妃并没有干预朝政，但剑南人杨钊利用裙带关系，冒充她的远房堂兄，博得唐玄宗的赏识，赐名"国忠"，继任李林甫留下的宰相空缺。这个政治暴发户一步登天，飞扬跋扈，忘乎所以。如果说，李林甫是"养成天下之乱"，那么杨国忠就是"终成其乱"，导致"海内分裂，不可复合"的后果。

当然根本的责任在唐玄宗身上，他不仅把朝政交给李林甫、杨国忠之流，而且宠信边镇番将安禄山，终于引起天下大乱。混血胡人安禄山，身兼平卢、范阳、河东三镇节度使，此人高大肥胖，是一个"外若痴直，内实狡黠"的野心家。唐玄宗见他腹垂过膝，戏问道：你这个胡人，肚子里有什么东西，大到如此程度？安禄山应声答道：没有多余的东西，只有赤胆忠心。唐玄宗听了十分舒坦。为了获得皇帝的欢心，安禄山在杨贵妃身上下功夫，四十五岁的他，竟然成为二十九岁的杨贵妃的干儿子。她兴高采烈，用特大的襁褓包裹安禄山，让宫女用彩轿抬着，举行了仪式，皇帝还煞有介事地赏赐了"洗儿钱"，搞得像真的"喜得贵子"一样。

统辖二十万精兵的安禄山已经在密谋反叛，唐玄宗依然对他深信不疑，派人带去亲笔信，邀请他十月间到华清宫洗温泉浴。好昏庸的快活天子，大祸临头还浑然不觉。

天宝十四载（755）十一月初九，安禄山在蓟城（今北京西南）发动叛乱，打出的幌子是"奉密诏讨杨国忠"，玩弄的不过是"清君侧"的老把戏。叛军如同秋风扫落叶一般，直奔洛阳、长安而来。白居易《长恨歌》写道："渔阳鼙鼓动地来，惊破霓裳羽衣曲。"紧急战报打破了李隆基和杨玉环的歌舞升平。仅仅三十四天，安禄山就拿下了洛阳，并且在那里称帝，国号大燕，把天宝十五载改为圣武元年，一派改朝换代的架势。接下来，潼关陷落，长安失去屏障，唐玄宗仓皇逃离长安。

皇帝的警卫部队在马嵬驿发动兵变，杀死奸相杨国忠，迫使皇帝命令太监高力士缢死杨贵妃。当时唐玄宗七十二岁，杨贵妃才三十八岁。绝代佳人香消玉殒，成为政治祭坛上的牺牲品。民间传说，缢死的是杨贵妃的侍女，她本人已逃亡日本。这当然是人们对绝代佳人的美好遐想。

长达七年零三个月的安史之乱最终被平息，但是，唐朝元气大伤，从此一蹶不振。

安史之乱爆发后，朝廷为了平定叛乱，把边地的军镇扩展到内地，在重要的州设立节度使，指挥几个州的军事，逐渐演化为地方一级权力机构，称为藩镇。

藩镇割据本质上是安史之乱的延续与发展。安史之乱是边地藩镇反对中央的叛乱，叛乱平定以后，那些参加平叛战争的藩镇拥兵自重，故意保存安史旧部，向中央讨价还价。中央无力收回兵权，只得接受安史部将名义上的归降，以赏功为名，授予节度使名号，让他们统辖安史原先的辖区。

藩镇的弊端在于"地擅于将，将擅于兵"，意思是说，节度使一手掌握军队和财赋，中央政府不能过问；而节度使又受制于骄兵悍将，一旦失去部下的拥戴，可能被逐被杀。藩镇割据的结果，必然是社会的动乱、瓦解。在河北及其周边地区的"河朔三镇"——李怀仙的幽州节度使、李宝臣的成德节度使、田承嗣的魏博节度使，尤其如此。他们割据一方，不接受朝廷政令，不向中央缴纳赋税。

节度使在其辖区统揽军权、政权、财权，与中央处于若即若离状态。战争动乱始终不停，节度使的权力愈发扩大，甚至可以任免下属文武官吏，致使地方官吏几乎成了节度使的家臣，士兵几乎成了节度使的私人家丁。节度使一旦死亡，很难由朝廷委派人选继任，而是由节度使的儿子继承，或者由部将继承，报请朝廷批准不过是形式而已。

从割据
到土崩瓦解

[5]

中央的形势也日趋颓靡。在平定叛乱的战争中，宦官逐渐掌握军权、政权、财权，与藩镇互相声援，使得皇帝大权旁落。太监李辅国由于扶持太子李亨即位有功，晋升为太子家令、判元帅府行军司马，主管四方奏事，以及御前军符、印信、号令。唐肃宗李亨回到长安，不断对他加官进爵，掌管中央禁军和朝廷一切大权，以后又破例出任兵部尚书。唐肃宗病危，李辅国与另一名宦官程元振合谋，拥立太子李豫即位，更加骄横不可一世，公然对皇帝说："大家（指皇帝）但内里坐，外事听老奴处置。"唐德宗时期宦官权力有增无减，不仅控制军权，而且控制将相的任免权。

宦官与藩镇两股势力勾结的结果，从唐宪宗到唐朝灭亡，所有皇帝都形同傀儡，十个皇帝，除了最后一个是军阀朱全忠所立，其余九个都是宦官所立，有两个被宦官所杀（宪宗、敬宗）。皇帝沦为宦官可以任意摆弄的傀儡，等而下之，宰相、大臣自然沦为宦官的附庸，号称"南衙"的中央政府，成为宦官控制的"北司"的附属机关。

给腐朽的唐朝致命一击的是黄巢的反乱。史书说，黄巢家有资材，好骑射，略通诗书，反乱前以咏菊诗抒发霸气：

待到秋来九月八，我花开后百花杀。
冲天香阵透长安，满城尽带黄金甲。

黄巢自称"冲天大将军"，横扫各地，转战长江、闽江、珠江流域，先后攻占杭州、越州、福州、泉州、潮州、广州。不久挥师北上，攻下东都洛阳、京城长安，唐僖宗仓皇逃亡成都。广明元年十二月十三日（881年1月16日），黄巢在长安含元殿登上皇帝宝座，改国号为大齐，年号为金统。在他的暴力扫荡下，达官贵人死亡逃散，消灭殆尽。韦庄的诗句如此描摹当时的情景："天街踏尽公卿骨"，"甲第朱门无一半"。五代时，后唐政权在北方寻找唐朝宗室、名门望族，竟然一无所获，可见"天街踏尽公卿骨"，并非夸张。

黄巢横渡长江四次，横渡黄河两次，是历史上空前的"流寇"。虽然延续九年的动乱以黄巢死亡而终结，但是后果严重，使得唐朝土崩瓦解，名义上虽苟延残喘二十年，其实早已名存实亡。

唐代宦官俑。宦官专权几乎贯穿了唐朝的中后期。

从 907年朱温建立梁朝，到960年赵匡胤建立宋朝，前后五十四年，是五代十国时期。

所谓五代，是指在黄河流域相继建立的梁、唐、晋、汉、周五个王朝，为了区别于先前已有的同名王朝，历史学家把它们叫做后梁、后唐、后晋、后汉、后周。这五个政权以中原王朝的正统自居，后世史家也将其奉为正统，他们写的五代史，五代的皇帝有"本纪"，而十国的皇帝则称为"世家"，言外之意是在宣扬五代是正统，十国是僭伪。这显然是偏见，纵观被视作正统的五代，大多是武夫专权，以腐败为特色，只有后周是个例外。反观被视作"僭伪"的十国，却颇有起色，令人刮目相看。

在五代更迭中，有一个横跨五个朝代的人物很值得注意，那便是冯道。此人历五朝十一帝，不离将相、三公高位，似乎八面玲珑，毫无气节可言。欧阳修主编的《新五代史》，把冯道斥责为"无廉耻者"——"不廉则无所不取，不耻则无所不为"。其实大可不必用道德评价凌驾于历史评价之上。在那样一个"置君犹易吏，变国若传舍"的时代，出现冯道式的大臣，并不奇怪。他奉命出使辽朝，契丹君主郊迎，大臣劝阻，借口是"天子无迎宰相之礼"。他死后，周世宗柴荣"辍视朝三日，册赠尚书令，追封瀛王，谥曰文懿"。这些君主对他的看法，恐怕不是单凭冯道阿谀逢迎就能得到的。其中一

五代十国
一瞥

四

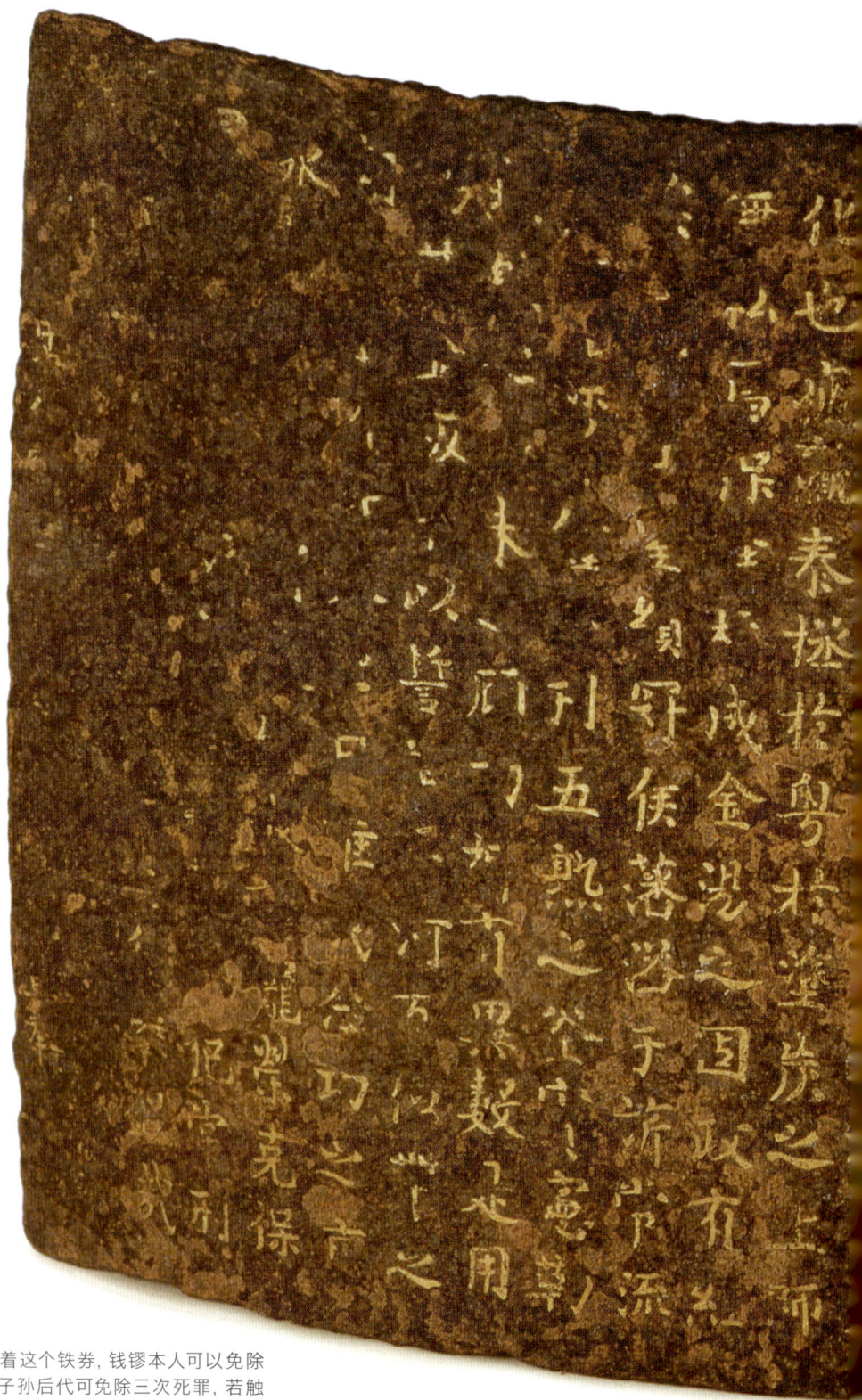

钱镠铁券。凭着这个铁券，钱镠本人可以免除九次死罪，其子孙后代可免除三次死罪，若触犯国家其他法律，相关官员不得过问。

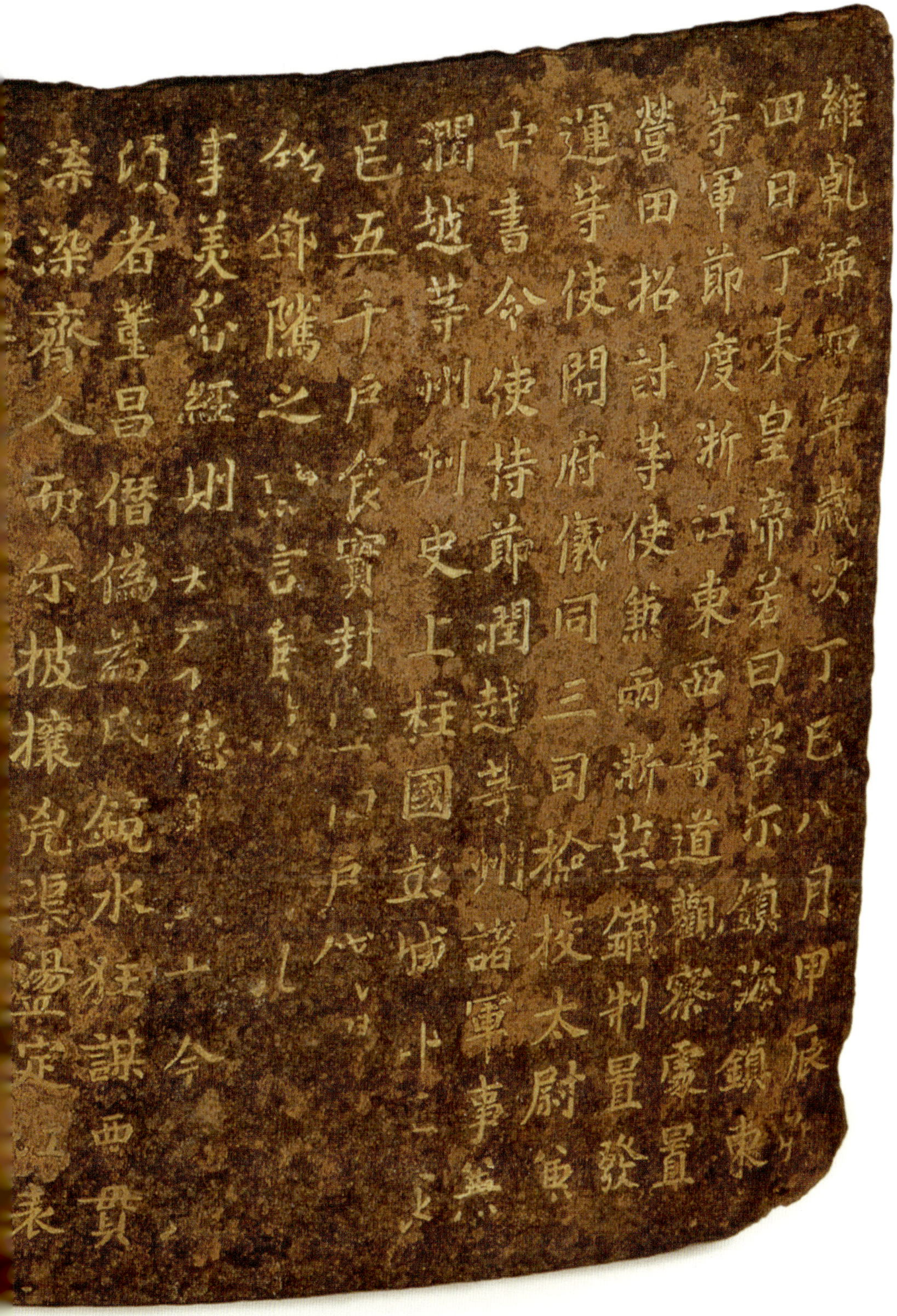

維乾寧四年歲次丁巳八月

四日丁未皇帝若曰咨尔鎮海鎮東

等軍節度浙江東西等道觀察處

營田招討等使鎮兩浙鹽鐵判置發

運等使開府儀同三司檢校太尉兼

中書令使持節潤越等州諸軍事兼

潤越等州刺史上柱國立功

邑五千戶食實封封戶戶

銘節隨之忠言

所者董昌僭偽荔氏皖水狂謀西賈

事美忠經州大不德今

梁梁齊人而尔披攘兇渠盪定表

五代顾闳中《韩熙载夜宴图》（局部）

定有才学和功业令人敬仰的地方。简而言之，一是没有使已经混乱不堪的政治局面朝更加混乱的方向发展，二是忍辱负重地阻止契丹军队在汴梁的大屠杀。此人的作用，无人可以替代。他写的自况诗，道出了自己的心境：

道德几时曾去世，舟车何处不通津。

但教方寸无诸恶，狼虎丛中也立身。

历史学家王赓武的论文《冯道——论儒家的忠君思想》，发他人所未发：冯道在与他同时代的许多人心目中是一个有操持的儒者，一个有节制的人，甚至是一个"模范宰相"；在他死后将近一百年间，这样的美名仍有人传诵。但是后来宋代两位大史学家（欧阳修与司马光）的评论逐渐占据上风，从此冯道便成为典型的贰臣，成

为许多有关忠贞的笑话中的嘲笑对象。

在我看来，王赓武的观点很有道理，历史真相竟然如此难以探寻，由此也折射出历史研究的无穷魅力。

所谓十国，是指在南方建立的九个割据政权：吴、南唐、吴越、前蜀、后蜀、闽、南汉、楚、南平，以及在山西建立的北汉。

十国之中，最令人惋惜的是南唐。大将徐知诰废吴国皇帝杨溥，自己称帝，把国都迁至金陵（南京），自称是唐宪宗之子建王李恪之后，改姓名为李昪，改国号为唐，史称南唐。吴、南唐在南方割据政权中，号称"地大力强，人才众多"，经过二十年的与民休息，轻徭薄赋，经济有所恢复。李昪死后，其子李璟继位，国力鼎盛，巍巍大国。李璟死，其子李煜继位。南唐的元宗李璟和后主李煜，都有极高的文学造诣，诗词堪称一绝。李后主亡国后写的《虞美人》哀怨动人，被誉为千古绝唱：

> 春花秋月何时了，往事知多少。小楼昨夜又东风，故国不堪回首明月中。
>
> 雕栏玉砌应犹在，只是朱颜改。问君能有几多愁，恰似一江春水向东流。

十国中最令人怀念的是吴越王钱镠。钱镠以杭州为都城，据有太湖周边十三州之地。他深知乱世中的小国处境艰难，睡不安枕，用小圆木作枕头，稍动即醒，称为警枕。他发动民众修筑捍海石塘，设置龙山、浙江两闸，遏制潮水内灌，浙江因此而称为钱塘江。钱塘、六和塔以下的钱塘江石堤，即修建于此时。他开拓杭州的城郭，建造周围七十里的罗城，西起闸口以北的秦望山，沿钱塘江到候潮门一带，又沿西湖到宝石山，东北至艮山门一带。城内的街道、河流、市场、民居也做了相应的扩建。随着杭州城市的扩大，西湖成为城市不可分割的一部分，为了美化，他组织一千人的"撩湖兵"，疏浚西湖。西湖风景区的开发也在此时初具规模，除了西晋创建的灵隐寺有所扩建，还新建昭庆寺、净慈寺，以及九溪的理安寺、灵峰的灵峰寺、云栖的云栖寺、赤山埠的六通寺、上天竺的法喜寺、月轮山的开化寺等。闻名遐迩的西关外雷峰塔、月轮山六和塔、闸口白塔、宝石山保俶塔，都兴建于此时。杭州在吴越建都的几十年中有了长足的发展，为一百多年后南宋在此建都奠定了基础。

北方的后周取代后汉，黑暗政治才透露出一线光明。周世宗柴荣是五代乱世中难得一见的政治家，史称"器貌英奇，善骑射，略通书史黄老，性沉重寡言"。他继位后进行一系列改革，自称：做三十年皇帝，第一个十年开拓疆土，第二个十年休养百姓，第三个十年致太平。可惜他在位仅仅五年，三十九岁就英年早逝，政治抱负未能施展，未免遗憾。不过为赵匡胤建立宋朝奠定了基础，也聊可自慰了。赵匡胤是后周的归德军节度使兼禁军首领、殿前都点检，发动陈桥驿兵变，黄袍加身，逼周恭帝禅让，顺利地改朝换代。

相关阅读书目推荐

黄永年：《唐史十二讲》，中华书局，2007

石云涛：《安史之乱：大唐盛衰记（公元755—763年）》，中华书局，2008

〔美〕伊佩霞著，赵世瑜等译：《剑桥插图中国史》，山东画报出版社，2001

宋

第八章

繁荣和创造的黄金时代

都官郎中闵从周封牒。这是宋仁宗颁敕都官郎中闵从周的封牒，是研究北宋政治与家族史的宝贵资料。

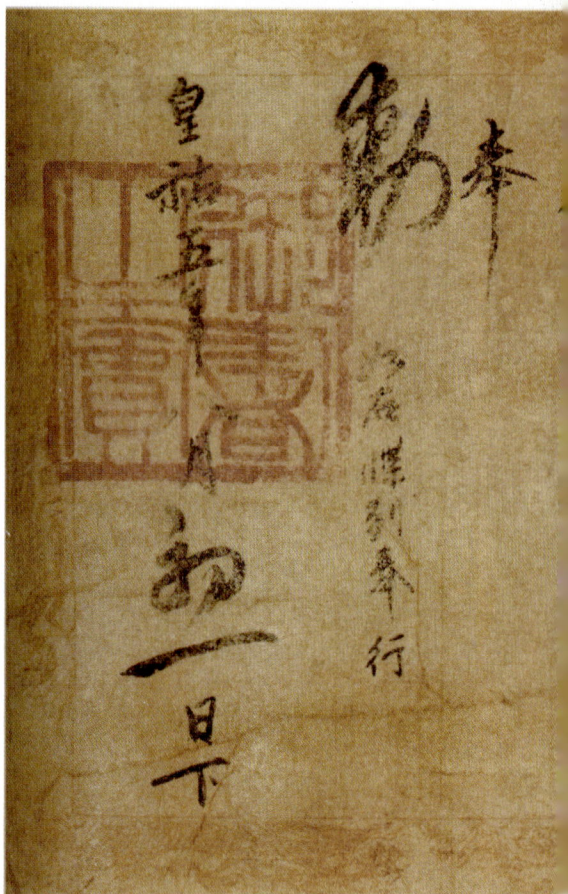

「唐宋变革论」
——近世史的发端

【一】

20世纪20—30年代，日本京都学派的开创者内藤湖南，把宋朝以后的中国历史称为近世史。他认为，以中国为中心的东亚是一个独立的文明，其历史的展开形成一个自身完整的世界。因此，关于历史分期方法，不应以欧洲史为标准来衡量中国史。中国史上的近世，应该从宋朝开始，或者说，从唐末到宋初是中世向近世的大转折，由此

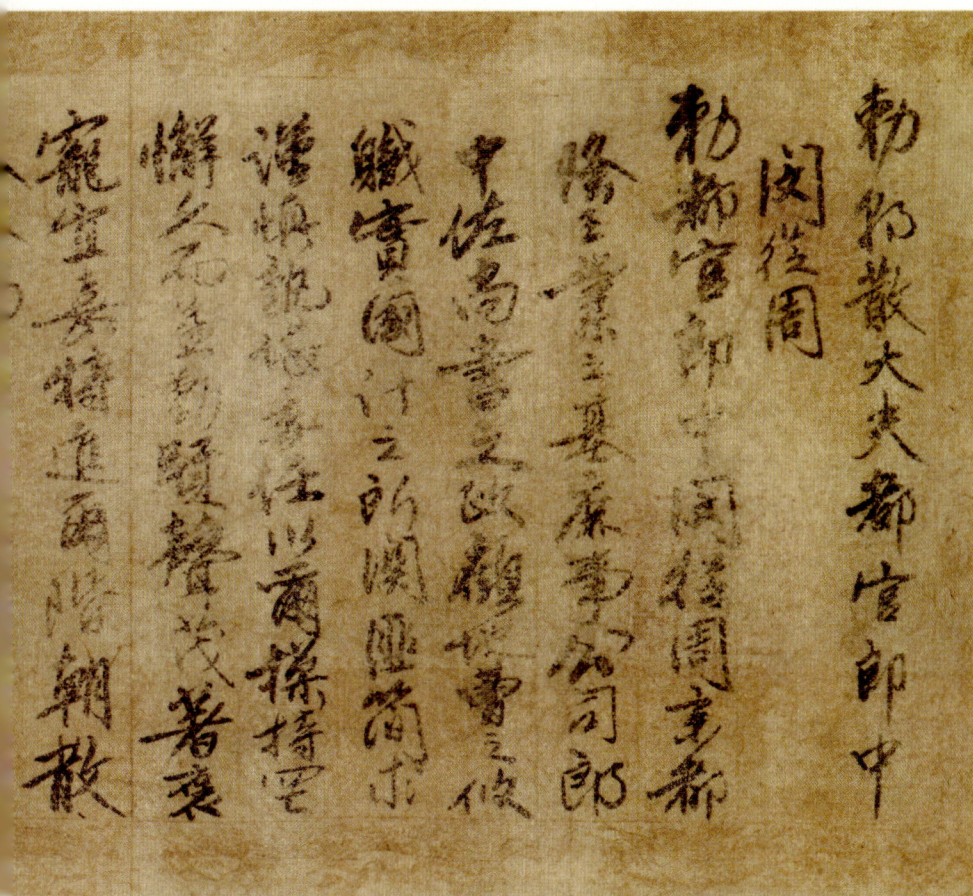

倡言"唐宋变革论"。

内藤湖南认为，唐宋之交在政治、经济、文化各方面，都有根本的变化。他在京都大学的中国近世史讲义，分析"近世史的意义"，说道："所谓近世的内涵，与中世相比，大体上有哪些不同呢？首先，从政治上讲，是贵族政治的衰落，君主独裁政治的兴起。在中国，贵族政治是从六朝开始，止于唐朝中期，为其全盛时期。当然这种贵族政治，与远古的宗教式的氏族政治不同，也与以武人为中心的封建政治迥异。"他还说："这种贵族政治，自唐末到五代，从中古向近世过渡中衰落下来。代之而起的是君主独裁政治。贵族衰落的结果，使君主与人民之间的距离，越来越接近了。当被任命为高官时,并不是由于其门第而产生的特权,而是由天子的权力所任命的。这种制度,从宋以后,逐步发展起来,直到明清时代,独裁政治完全形成。"

内藤湖南的"唐宋变革论",经过宫崎市定的阐释,进一步完善。宫崎市定的《东洋近世史》指出,发端于宋代的中国近世史的特征,可以概括为以下几方面:大规模的都市,发达的交通和交换经济,以契约关系为基础的地主佃农关系,以雇佣兵为基础的庞大的中央禁军,作为高等文官参试(科举)形成的文人官僚群体。这些要素构成的中央集权的官僚国家体制,与此前的唐代迥然有别。

此后的学者进一步做精细化论证,把目光深入社会基层。佐竹靖彦的专著《唐宋变革的地域研究》,致力于研究唐宋变革在社会基层的表征。他从四个方面论证:宋代的乡村制度,华北地域的变革,长江中下游地域的变革,四川地域的变革,开拓了"唐宋变革论"的广度与深度。

德国汉学家库恩在《宋代文化史》中指出,中国在 11 世纪至 13 世纪发生了根本的社会变化。首先,文官政治取代了唐朝以前的以地方藩镇为代表的军人政治,受到儒家教育的文人担任政府高级行政官员。其次,宋朝在农业文明、城市文明和物质文明(如手工业)方面取得了很大的成就。农业技术的新发展,新土地的开垦,以及农作物产量的提高,奠定了宋朝经济繁荣的基础。城市商业和手工业得到迅猛发展,出现了以商人为代表的新富人阶层,促进了饮食文化、茶文化、建筑与居住文化的发展。因此,库恩认为,宋朝是中国中世纪的结束和近代的开始。

宋史专家虞云国在论述宋朝士大夫的地位时,特别提及宋太祖赵匡胤在太庙"誓碑"中,指示子孙"不得杀士大夫及上书言事人"。他分析这一现象,呼应"唐宋变革论",说道:唐宋之际政治格局的最大变化,就是中唐以前的贵族政治寿终正寝,君主的地位也有了相应的变化。中唐以后出现了一个非身份性庶族地主阶级,他们最终取代了退出历史舞台的身份性门阀地主阶级,成为唐宋变迁以后整个政权的基础。隋唐以后开始实行的科举制,进入宋朝以后进一步扩大和完善。这种"取士不问家世"的科举制,实际上向整个社会的各个阶层敞开了经由科举取士进入统治圈的可能性。唐宋之际社会变化在社会阶级关系上的直接后果,就是凭借科举制培育出一个相对独立的士大夫阶层。这一阶层形成以后,势必要进入官僚统治圈,表达自己的政治诉求。宋太祖"誓碑"中所说"不得杀士大夫和上书言事人",既是这种社会变化的反映,也进一步在政策上推动着这种变化。

《宋太祖蹴鞠图》（局部）。蹴
鞠是宋初军中的娱乐，开国皇帝
和贵族都喜爱这项活动。

「杯酒释兵权」
与文官体制

【二】

宋太祖赵匡胤为了革除晚唐以来藩镇
割据的弊端，确立以文官体制为核心
的官僚政治，削夺地方权力，把军权、财权、
政权集中到中央。

首要的问题当然是军权。唐末的藩镇，
有了兵权就兴旺，丢了兵权就消亡；五代的
军阀，兵强马壮就做皇帝。赵匡胤也是如此，
掌握禁军大权，发动兵变，夺取帝位。

五代的周世宗柴荣死后，年仅七岁的儿
子柴宗训继位，归德军节度使兼禁军首领
赵匡胤，在开封北面二十里的陈桥驿发动
兵变。赵匡胤的弟弟赵匡义（后改名为光义）
和归德军掌书记赵普，授意将士把黄袍披在
赵匡胤身上，拥立他当皇帝。赵匡胤登上皇
帝宝座，心里并不踏实，害怕部将再来一次
"黄袍加身"，夺取他的帝位，但又不想效

法刘邦大杀功臣，便用高官厚禄作为交换条件，剥夺开国元勋的兵权。

某一天，赵匡胤宴请石守信等开国元勋。酒过三巡，赵匡胤说：我没有你们就没有今天，但是贵为天子，还不如当节度使快乐，晚上都不能安枕而眠。

石守信等十分不解，顿首说：如今天命已定，谁还敢有贰心？陛下为何有这种感受？

赵匡胤说：哪一个人不想富贵？一旦有人把黄袍加到你的身上，你难道不想要吗？

石守信等说：臣愚昧，想不到这一点，希望陛下怜悯。

赵匡胤乘机劝诫道：人生如同白驹过隙，十分短暂，不如多积累财产留给子孙，在歌舞升平中颐养天年。这样，君臣之间没有猜忌嫌疑，岂不完美！

石守信等终于明白了皇帝意图，说道：陛下考虑得这么周到，所谓生死肉骨，大概就是这个意思了。

第二天，石守信等大将都向皇帝请病假，乞求皇帝解除兵权。赵匡胤大喜过望，立即赏赐这些开国元勋荣誉官衔与优厚待遇，建造豪华府第，让他们去享清福。这就是皆大欢喜的"杯酒释兵权"。

紧接着，他着手改造禁军，降低禁军统帅的地位、职权，疏远禁军将领与士兵的关系，不使军队成为将领的私家武装，把军权集中于中央，听命于皇帝。

与"收精兵"同时进行的是"制钱谷"，即集中财权。针对晚唐以来藩镇大量截留地方税收，有经济实力对抗中央的弊端，宋太祖把各地税收机关收归中央掌握，地方税收只留少部分，大部分上缴国库。

军权、财权的集中，必须由政权集中予以保障，其最重要的措施就是分割宰相的权力：

——以"同中书门下平章事"为宰相，"参知政事"为副宰相；

——以枢密院（首长为枢密使）分割宰相的军权，宰相的政事堂与枢密使的枢密院，号称"二府"，互相钳制；

——以"三司"（盐铁、度支、户部合称三司）分割宰相的财权，号称"计相"。

宰相主政，枢密院主军，三司主财，三权分离，权力互相制衡。这种文官体制并不完备，存在不少弊端（如事权分散、机构重叠、效率低下），但是，相对于前朝的贵族政治，却是一大进步，有它的合理性。以后的庆历新政、熙宁变法，力图消除它的弊端，结果却适得其反，实在令人费解。

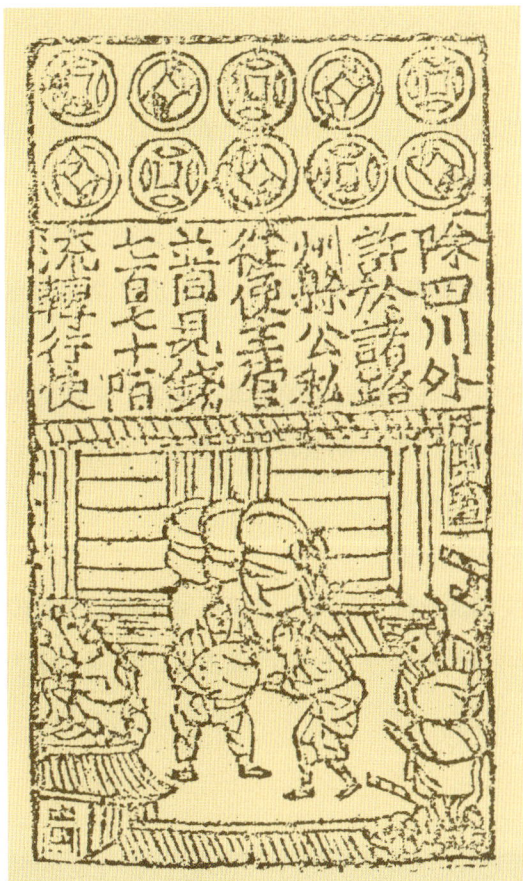

北宋纸币。纸币的出现，解决了大宗贸易的支付困难。最早的纸币出现在北宋前期的四川地区。

在史家笔下，宋朝经常遭受非议，评价不高。比如说，积贫积弱的问题始终未能解决，在与骑马民族契丹、女真、蒙古的较量中，始终处于下风。

历史是多侧面的，假如换一个视角，人们可以看到，宋朝其实是一个"繁荣和创造的黄金时代"。这是美国学者墨菲在《亚洲史》中论述的观点。它的主要标志有两个，一是发生了名副其实的商业革命，二是达到巅峰状态的科技成就。其实，几十年前，王国维就曾说过，宋朝的科学与文化，是之前的汉唐、之后的元明望尘莫及的。陈寅恪也说，中华民族的文化，经过几千年的演进，到宋朝登峰造极。

说起商业革命，人们或许会想到近代或前近代，宋朝有商业革命吗？

美国汉学宗师费正清和前美国驻日大使赖肖尔合写的《中国：传统与变革》一书指出：宋代经济的大发展，特别是商业方面的发展，或许可以恰当地称之为中国的"商业革命"。这一迅速发展使中国的经济发展水平显然高于以前，并产生出直至19世纪在许多方面保持不变的经济和社会模式。

斯塔夫里阿诺斯的《全球通史》，被奉为同类教材中的经典，它在"宋朝的黄金时代"的标题下写道：除了文化上的成就，宋朝时期值得注意的是，发生了一场名副其实的商业革命，对整个欧亚大陆有重大意义。

所谓名副其实，是说它有充足的历史事实依据。

把北宋首都东京开封与唐朝首都长安稍加比较，就可以发现都城结构的与时俱进。最突出的一点是，不再有坊、市之间的严格区分。长安严谨方正的格局，作为

北宋张择端《清明上河图》（局部）

北宋东京平面图

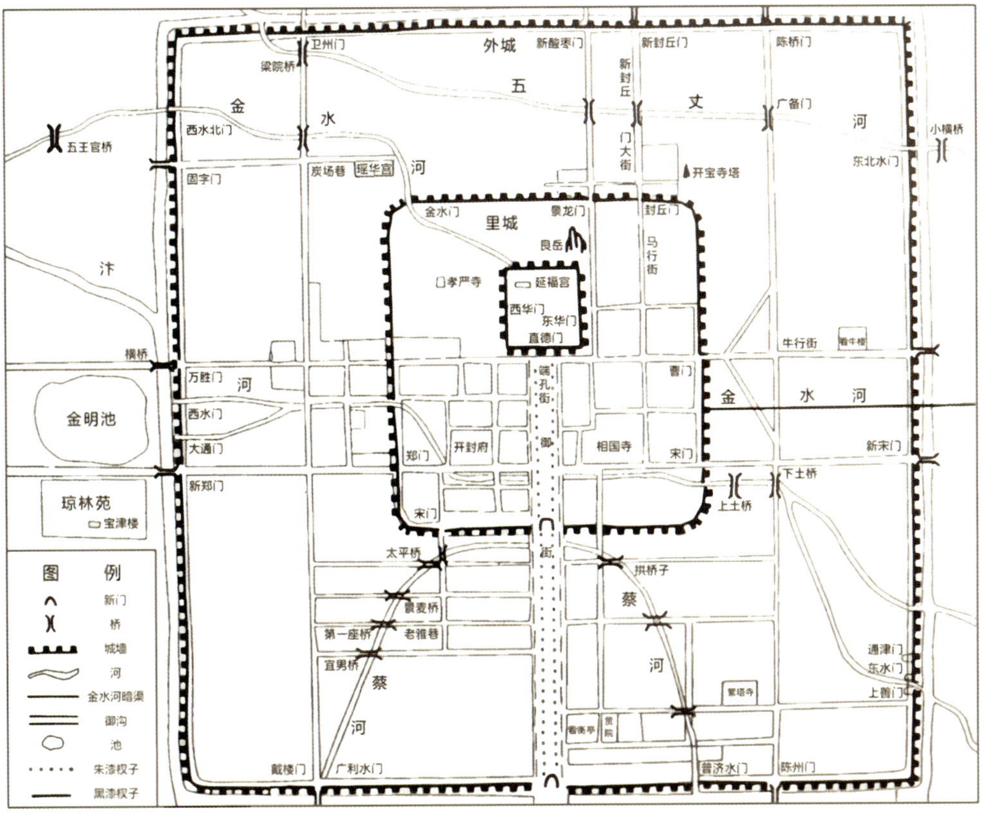

五王宫桥　梁院桥　卫州门　新酸枣门　新封丘门　陈桥门
　　　　　　　　　　　外城　　五　　新封丘门　　广备门　　小横桥
金　　水　　河
西水北门　　　西水门　　　　　　　　丈　　　　　　　河
五王宫桥　　固字门　　炭场巷　瑶华宫　　门大街　　　开宝寺塔　　东北水门
汴　　　　　　　　　　延华宫　　河
　　　　　金水门　　里城　　金水门　　封丘门
　　　　　　　　　　　景龙门　马行街
横桥　　　孝严寺　　良岳
　　　　　　　　　延福宫
　　　　　西华门　东华门
金明池　　　万胜门　　直德门
　　　　　西水门
琼林苑　大通门　　郑门　开封府　相国寺　宋门　　金　水　河
　宝津楼　新郑门　　　　　　　　　新宋门
图　例　　宋门　　　　　　　下土桥
新门　　　　　　　　上土桥
桥　　　太平桥　　　　拱桥子
城墙　　　　蔡麦桥　老雅巷　　蔡
河　　第一座桥　　　　　河　　通津门
金水河暗渠　宜男桥　蔡　　　　　　　东水门
御沟　　　　河　　　　　繁塔寺　上闸门
池　　　　戴楼门　广利水门　　　普济水门　陈州门
朱漆杈子
黑漆杈子

北宋张择端《清明上河图》（局部）

居民区的"坊"，在封闭的围墙之内，除了东西南北四个坊门，一般住家不许沿街开门。商业区被限制在各占两坊之地的东市、西市之内，与居民区截然分开。由于坊门、市门都定时开关，在东市、西市内不可能有通宵达旦的夜市。根据文献记载，东市、西市的商业活动，中午以二百下鼓声宣告开张，日落前以三百下钟声宣告结束。坊、市的封闭格局，和国际大都市的身份极不相称。

这种状况在东京开封是不存在的。从五代到宋初，随着东京的逐渐兴盛，不再有坊和市的区分，沿街民居可以任意当街开门；商业活动也从封闭的区域中解放出来，扩散到了大街小巷的沿线，形成了近世都市的商业街。于是出现了前所未有的商业新景观，商业活动不再有时间限制，开封城内十字大街有"鬼市"——五更点灯营业至天明；马行街至新封丘门大街，夜市营业到三更，五更时分早市重新开张；至于娱乐场所——瓦子，营业"通宵不绝"。

东京开封的格局充满商业气息，四条御街以及其他街道，把商业区与居民区打成一片。许多交通便利的街巷，都有繁华的"街市"，其中东西南北四条御街最为热闹，行市、酒楼、茶坊、食店、瓦子等构成多个商业中心，摩肩接踵，昼夜喧闹。北面御街的街市甚是繁华，与它连接的潘楼街、土市子都是有名的商业街。南面的界身巷，有金银彩帛交易所，文献对它有这样的描述："屋宇雄壮，门面广阔，望之森然。每一交易，动即千万，骇人闻见。"

张择端画于 1126 年的《清明上河图》，形象地再现了东京鼎盛时期的商业繁荣景象。画卷由汴河东水门外虹桥一带起始，逐步向西展现：跨越汴河的市桥及周围的街市，城门口的街市，十字街头的街市，城门内一座三层建筑——孙家正店，门前有彩楼欢门，富丽堂皇，是东京著名的酒楼。东京号称"正店"的大型酒楼，有 72 家之多，它们兼具商品交易功能，是同业商人看验商品质量、商定价格、签订契约的场所。画面上随处可见商店的招牌、幌子，如"王家罗锦匹帛铺""刘家上色沉檀拣香""刘三叔精装字画"等，显露出市场竞争中广告意识的萌芽。

东京城内以经商为业的有两万多家，其中 640 家资本雄厚的商户，分属 160 行，经营米、茶、盐等商品贸易。东京倚汴河建城，北通黄河，南通淮河、长江，因此东京市场上充斥海内外的各种商品。东京浓厚的商业气息，集中体现了北宋商业已经发展到一个新的历史阶段。黄仁宇《中国大历史》说，当时全国商品交换的价值合计相当于 1500—1800 万盎司黄金，折成现在的价值，约合 60—70 亿美元。如此庞大的财货流通在当时世界上是绝无仅有的。

在这种背景下，货币发生了突破性变革，出现了世界上最早的纸币。当时通行的铜钱、铁钱不能适应长途贩运贸易，以及巨额批发贸易，市场呼唤新型的轻便货币。宋真宗初年，益州（今四川成都）16 家富商联手发行纸质钱券——"交子"，它是一种建立在商业信用基础上的纸币。宋仁宗时代，中央政府把民间发行的"交子"，变成国家发行的纸币，在益州设立"交子务"，负责印刷、发行事宜，使得这种纸币有了固定面额、流通期限、准备资金以及兑现保障。后来中央政府又在东京设立交子务，负责向全国各地发行纸币。交子之外，还有称为"会子"的纸币。会子原先叫做"便钱会子"，所谓"便钱"带有汇兑的意思，"便钱会子"是一种相当于汇票、支票之类的纸质票据，大约在 12 世纪中叶，发展成为兼有流通职能的货币。

名副其实的商业革命正在中国大地上蓬勃展开。

北宋东京城墙遗址示意

北宋 东京城 地下8—10米

第一层古马道

第二层古马道

门楼倒塌遗迹

清代抢补城墙

排水槽基础

明代城墙

明台

巅峰状态的
科学技术成就

【四】

中国的四大发明——印刷术、指南针、火药、造纸术，对世界文明做出了巨大贡献，其中的三项，在宋朝有了划时代的发展。

第一项是由雕版印刷发展到活字印刷。雕版印刷是每一页都需要雕刻一块印版，印刷字数多篇幅大的书籍，工程浩大，费时费力。宋仁宗庆历年间（1041—1048），平民毕昇发明活字印刷术：用胶泥制作一个一个字印，然后排版，刷墨印书。印完一页，胶泥活字还可以再次排版使用。由于泥活字容易磨损，后来代之以木活字、铜活字。毕昇的发明思路——制字、排版、印刷三道工序，成为后世活字印刷术的先声，意义不可估量。法国学者布罗代尔（Fernand Braudel）在他的著作中说：毕昇于1040年至1050年发明了活字印刷术，使印刷术面目一新。14世纪初，使用木活字已经流行，甚至传到了土耳其斯坦。15世纪前半期，金属活字在中国和朝鲜均有改进，并在美因茨人谷登堡发明活字印刷术（15世纪中叶）之前半个世纪得到广泛的传播。

第二项是指南针的广泛使用。北宋庆历年间成书的《武经总要》记载，使用指南车和指南鱼辨别阴天或夜间行军方向。后来又发展成磁针和方位盘的一体化装置——罗经盘。成书于北宋后期的《萍洲可谈》，记载了当时海船上使用指南针的情况："舟师识地理，夜则观星，昼则观日，阴晦

泥活字版（模型）。用泥活字印书，标志着活字印刷
术的诞生。比德国谷登堡活字印书早约半个世纪。

观指南针。"由此可见，当时已经把指南针（水罗盘）用于航海。南宋时，阿拉伯商
人经常搭乘中国海船，学会了使用指南针，并把它传入欧洲。

第三项是火药用于战争。北宋初年，火药广泛使用于战争。征讨南唐时用过火炮、
火箭，以后又有火球、火蒺藜（装有带刺铁片的火药包）。《武经总要》记录了火药
的三种配方，可见当时火药生产已经达到相当规模；并且出现了用抛石机投掷炮弹
的"铁火炮"，用毛竹制成的"突火枪"——世界上最早的管型火器。1230 年，波
斯人把这些技术传入阿拉伯，以后又从穆斯林统治下的西班牙传到欧洲，对欧洲产
生了深远的影响。

关于这一点，近代"科学方法论之父"——培根（Francis Bacon）给予高度评价：
印刷术、火药、指南针这三种发明，都曾改变了世界的全部面貌和状态。世界上没

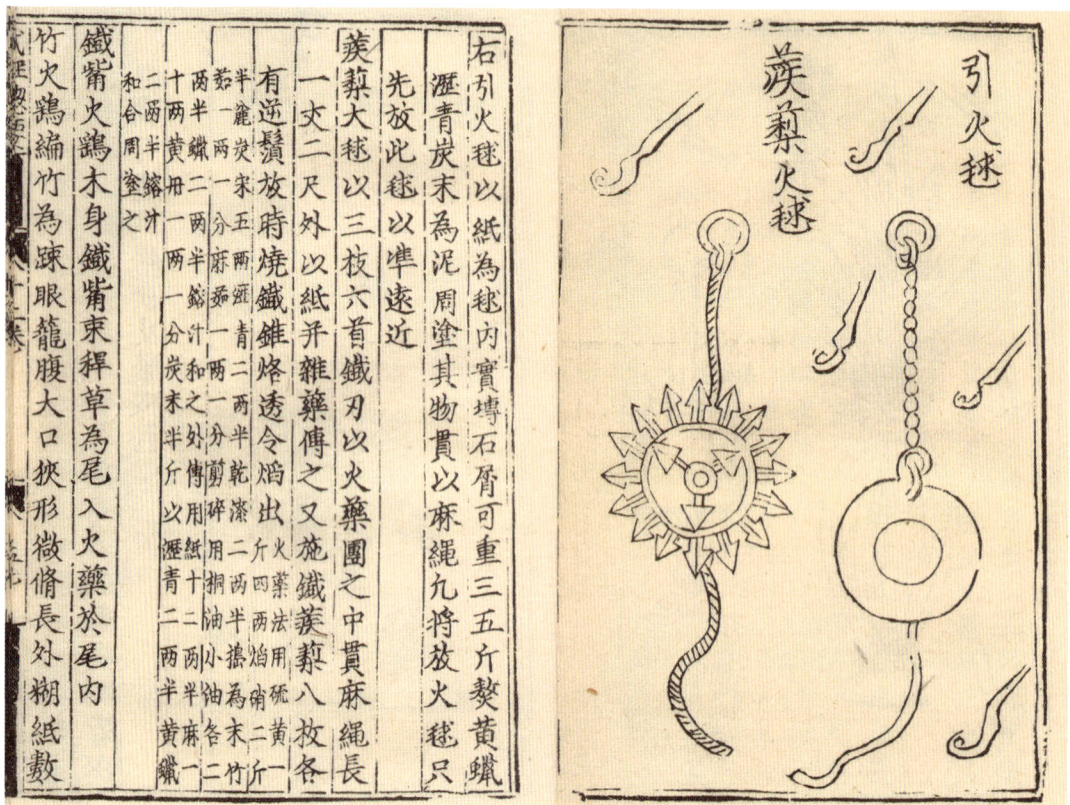

《武经总要》中关于火药配方的书影。火药虽然后期大量应用于军事，却是炼丹、制药的实践结果。

有一个帝国，没有一个教派，没有一个星宿，比这三种发明对于人类发生过更大的力量与影响了。

11世纪末，苏颂和韩公廉等人创造了世界上第一台天文钟——水运仪象台。它高12米，上层安放浑仪，中层安放浑象，下层安放传动机械。它的报时装置，能够准时报告一天十二时辰一百刻，一夜五更二十五筹。报时运用的擒纵原理，与近代钟表构造极为近似。令人叹为观止的是，它的动力来源于水的冲击，通过擒纵器使得仪象台有节奏地转动，把报时、观象、测天的功能同时显现出来，可以按时、刻、辰、更，自动打鼓、摇铃、击钟、鸣锣。这座天文钟设在11世纪末的开封，是当时世界上首屈一指的杰作。五百年以后，1598年耶稣会士利玛窦把西洋自鸣钟献给万历皇帝时，被国人视为新发明，殊不知自己的祖先早已发明了比它复杂得多的天文钟！

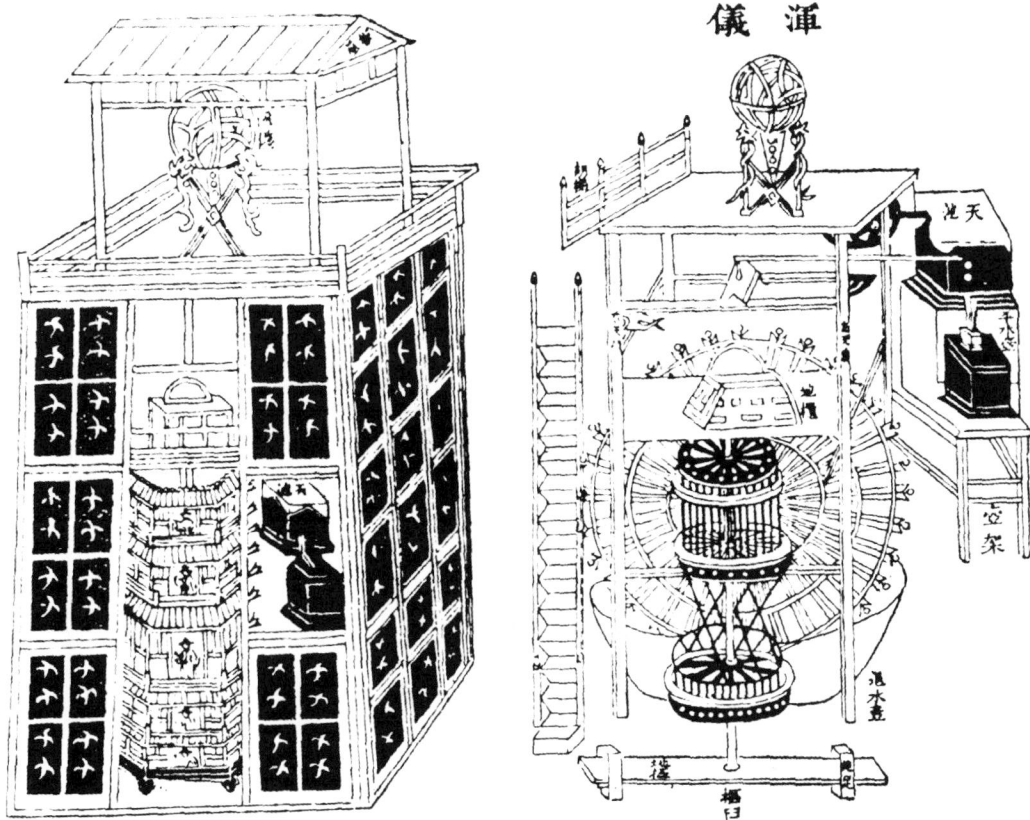

儀 渾

水运仪象台。这是世界上最古老的天文钟。

　　当时科学技术达到的高水准，集中反映在沈括《梦溪笔谈》中。毕生致力于中国科技史研究的李约瑟（Joseph Needham）认为，沈括"或许是全部中国科学史上最有趣味的人物"，他的代表作《梦溪笔谈》是"中国科学史上的一个里程碑"。

　　沈括（1031—1095），字存中，浙江钱塘（今杭州）人，曾任延州（今陕西延安）知州，晚年移居润州（今江苏镇江）梦溪园，撰写《梦溪笔谈》。该书涉猎天文、地理、物理、化学、生物、数学、医学等学科知识，当时的许多科技发明，如活字印刷术、指南针的应用等，都借助他的著作记载，得以流传至今。他提出了十二气历的编制方法（以立春为元旦，按节气定月份，大月 31 天，小月 30 天，大小月相间），虽然没有实行，但在历法史上无疑是一项卓越成就。他对 1064 年陨星的观测，留下了翔实的记录，并且首次提出了陨星是陨铁的创见。他最早使用"石油"这一名称，意识到它的用途和价值，预言"此物后必大行于世"。为了纪念这位举世闻名的科学家，1979 年 7

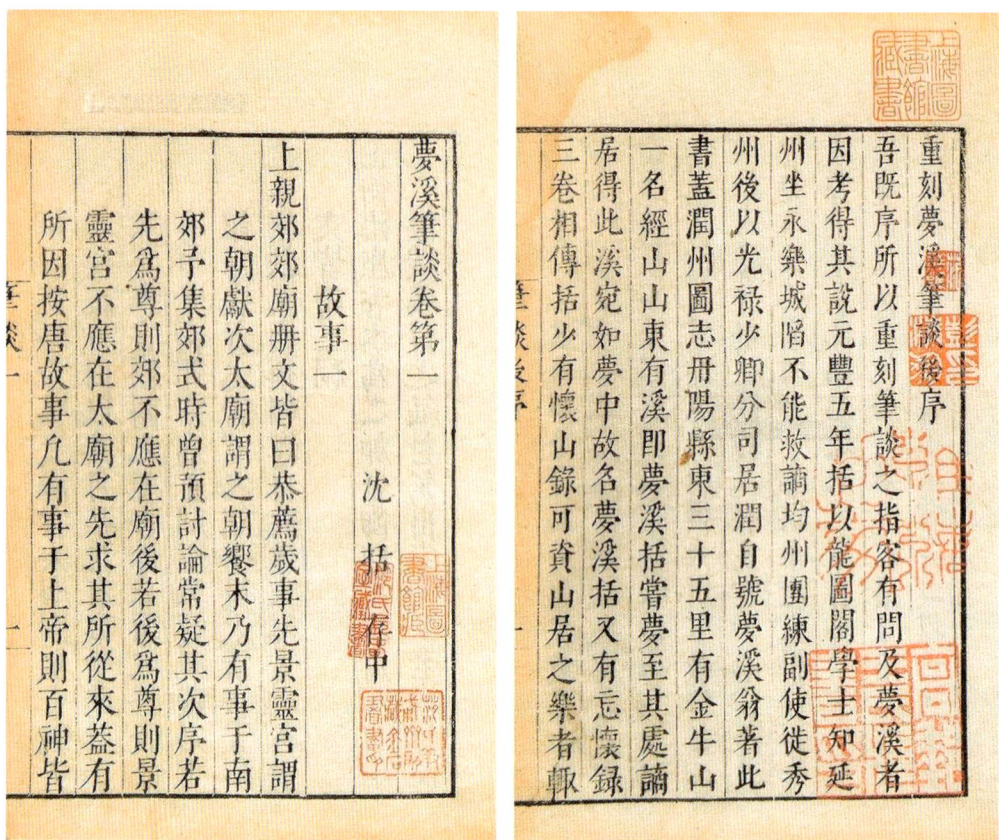

《梦溪笔谈》书影。北宋的重大发明和科技人物，赖这本书的记载得以传世。

月 1 日，中国科学院紫金山天文台把 1964 年发现的一颗小行星命名为"沈括"。

李约瑟的《中国科学技术史》指出，中国科学技术发展到宋朝，已呈现巅峰状态，在许多方面实际已经超过了 18 世纪中叶工业革命前的英国或欧洲的水平。这位世界级学者的论断是客观公正的，令人信服。

相关阅读书目推荐

虞云国：《细说宋朝》，上海人民出版社，2002

邓广铭：《宋史十讲》，中华书局，2006

〔美〕费正清、赖肖尔著，陈仲丹等译：《中国：传统与变革》，江苏人民出版社，1992

〔英〕李约瑟著，李彦译：《中国古代科学》，中华书局，2017

"直把杭州作汴州"
第九章

「元祐党籍碑」的由来与流毒

〔一〕

1045 年，试图裁减冗员的"庆历新政"失败，范仲淹等人罢官。十三年之后，应召入朝的王安石向皇帝上万言书，要求变革祖宗法度。仁宗和他的继承者英宗都不予理睬，直到年轻的神宗即位，才接受王安石的变法主张。

熙宁二年（1069），神宗皇帝任命王安石为参知政事（副相），放手让他变法，首先推出均输法和青苗法。熙宁三年，王安石升任同中书门下平章事（宰相），变法达到高潮，先后推出免役法、市易法、方田均税法等。熙宁新法大多集中于财政经济领域，牵涉到财产与权力的再分配，阻力很大，王安石举步维艰，熙宁七年罢相，次年复相，九年再度罢相，退居江宁，直到病死。元丰八年（1085），神宗死，哲宗即位，改年号为元祐，废除新法，史称"元祐更化"。

"元祐更化"的关键人物宰相司马光，联手吕公著、文彦博等元老大臣，提出"以复祖宗法度为先务"，批评王安石新法是"舍是取非，兴害除利。名为忧民，其实病民；名为益国，其实伤国"。看起来司马光与王安石针锋相对，其实主要是运用什么手段摆脱弊政的分歧。王安石说，他与司马光"相好之日久，而议事每不合"，是因为"所操之术多异"。司马光也说，他与王安石"趣向虽殊，大归则同"，他们的大方向是一致的。

元祐黨籍碑

元祐党籍碑。徽宗时，蔡京为相，把支持王安石变法的309人列入"党籍"，公之天下。元祐党籍碑成为朋党之争的重要见证。

但是，关于要不要变法的争议，一直纷纷攘攘。2004年，有人写了一本《王安石变法研究史》，洋洋几十万言，大意是说，几百年来，对王安石变法众说纷纭，迄今无法定论。有人对变法的失败大为惋惜，感叹寻觅，究竟哪些细节出了差错？

其实，问题不在于细节，而在于指导思想。

王安石是一位经学家，写过一本《三经新义》，对《周礼》特别推崇——"一部《周礼》理财居其半"。他把儒家经典《周礼》作为变法的理论根据，用向后看的儒家理论指导向前看的改革，使自己陷入自相矛盾的境地，失败是必然的。日本学者内藤湖南说得好：《周礼》中的政治，是根据当时的理想而制定的。应用《周礼》第一个失败者是王莽，第二个失败者是王安石。可谓一针见血之论。

王安石死后，新法与旧法两派的斗争演化为朋党之争，意气用事，毫无是非可言，这种纠葛一直延续到北宋灭亡。

宋徽宗赵佶亲政后，打出恢复熙宁新法的旗号，重用蔡京为宰相。蔡京以推行新法为幌子，大搞派系倾轧，打击异己势力。此人早年追随王安石变法，"元祐更化"时摇身一变，反对新法；绍圣时，章惇恢复新法，他转而依附章惇。一旦大权在握，蔡京又以变法派面貌出现，追究"元祐更化"的主要当事人，达到打击政敌之目的，把文彦博、吕公著、司马光、苏辙、程颐等120人扣上"元祐奸党"的帽子，再加上主张恢复旧法的其他官员，共计309人。宋徽宗亲笔书写了这份名单，刻石立碑，称为"元祐党籍碑"，显然是以皇帝钦定的形式，进行政治迫害。这种折腾，已经与新法、旧法之争毫无关系，却是北宋灭亡的一个重要内因。由此，我们不难理解当时人的一些议论，比如北宋末年一位学者型官僚杨时，把王安石和蔡京并列为蠹国害民的奸臣。更有人认为，是变法——变更祖宗法度，导致了北宋的灭亡。这显然是痛心疾首的偏激观点。

宋史专家刘子健在《中国转向内在》中概乎言之：宋徽宗尽管打着新政的旗号，却失去了改革的本来精神，只剩下改革的缺点和腐败搅和在一起。

蔡京之流以推行新法为名，行聚敛财富之实。恢复免役法，意在多征役钱；恢复方田均税法，意在额外征税；大改茶法、盐法，意在增加茶税、盐税。宋徽宗颇为得意地说："此太师（蔡京）送到朕添支也。"对蔡京为朝廷聚敛财富赞扬不已。得到赞扬的蔡京更加变本加厉，在杭州设造作局，由宦官童贯主管，集中东南工匠几千人，制作奢侈品，上贡朝廷。又在苏州设应奉局，搜集花石草木，满足徽宗的爱好，由奸臣朱勔主管。以后规模扩大，从各地调集大批船只，每十艘编为一纲，号称"花石纲"，劳民伤财，流毒东南十二年。

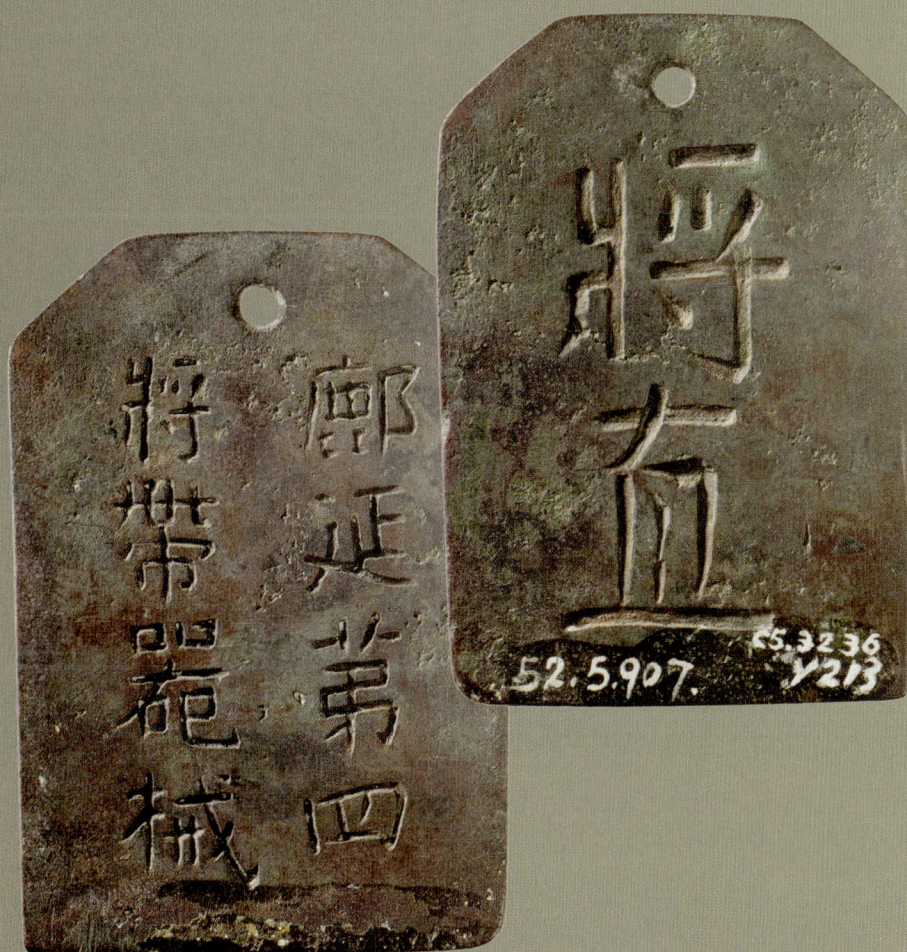

鄜延第四将带器械铜牌。北宋面对西夏和契丹的军事威胁，在王安石时期实行将兵法。鄜延路是较早实行将兵法的军区。

宋辽澶渊之盟
宋金海上之盟
【二】

契丹人形象。库伦七号辽墓墓道北壁壁画《出行图》之二。引马仆役为契丹人。

契丹与秦汉时期的东胡，魏晋南北朝时期的乌桓、鲜卑有着渊源关系，游牧于辽河流域，9世纪以后逐渐强大。916年，耶律阿保机建立契丹国，称帝建元，后人称为辽太祖，年号神册，都城临潢府（今内蒙古自治区巴林左旗），成为中原最大的威胁，在夺取了燕云十六州以后的一二百年

宋《文姬归汉图卷》（局部）

中，契丹骑兵随时可以长驱直入。

契丹内部实行蕃汉分治的二元化政治体制，辽太宗实行双重国号，在农业区称为大辽，在游牧区称为大契丹；在契丹文和女真文中，辽朝始终称为契丹。

宋太宗两次北伐失败，放弃收复幽云十六州的计划，对辽采取守势。而辽方则由守势转为攻势，从此契丹骑兵不断南下，纵横驰骋。宋真宗景德元年（1004），辽的承天太后和辽圣宗率军南下。新任宰相寇准力排众议，敦促宋真宗亲往澶州前线督师，宋军击毙辽的大将萧挞凛，双方陷入相持局面，互相妥协，达成澶渊之盟。

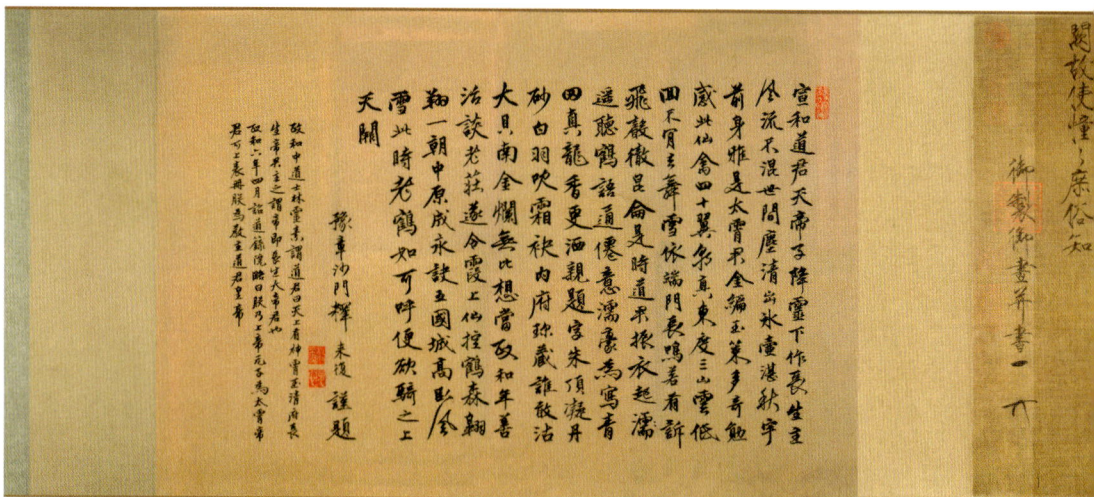

北宋赵佶《瑞鹤图》(全卷)绢本

双方约定：宋朝每年向辽朝缴纳银十万两、绢二十万匹；辽帝称宋帝为兄，宋帝称辽帝为弟。

斯塔夫里阿诺斯《全球通史》戏称：宋朝每年要向游牧民族"送礼"，是宋朝一个致命的弱点，游牧民族入侵十分容易，"送礼"政策实行了一个半世纪。拥有发达的经济和强大的科技实力的宋朝，为何在战争中处于下风？这和骑马民族的优势密切相关。一个骑兵拥有三匹马（两匹供轮换），他们身穿盔甲，带两把弓、一把斧、一把剑、一根绳和一些干粮，具备持续的战斗力。在开阔的平原地带，契丹武士发明了连锁阵，由十人、百人、千人为组合，有先锋、两翼、中军和皇帝卫队。另一个技术因素是使用铁马镫，使得骑兵有一个牢固的踏脚之处，可以骑在马上箭无虚发，令中原步兵望而生畏。在冷兵器时代，亚洲的军事天平倾向于骑兵。

女真是黑水靺鞨的后裔，臣服于契丹。契丹把生活在辽阳一带接受辽文化的女真部落，编入辽的户籍，称为熟女真；把生活在松花江以北的女真部落，称为生女真。生女真逐水草而居，依靠狩猎和游牧为生。11世纪，生女真的完颜部日渐强大，统一女真各部。1115年，完颜阿骨打称帝，建国号大金，立年号收国，定都于会宁府（今黑龙江阿城南白城子），正式建立与辽朝相对抗的金朝。阿骨打率军攻克辽

北重镇黄龙府（今吉林农安），并在护步达岗（今黑龙江五常以西）大败辽天祚帝率领的辽军。次年，夺取辽东半岛以东地区，加号大圣皇帝（太祖）。

女真的社会组织叫做猛安谋克，猛安意为"千"，即千夫长；谋克意为"百"，即百夫长。女真人"壮者皆兵"，兵民合一，平时生产，战时出征。强大的金朝成为辽朝的威胁，史书写道："辽人尝言：'女直兵若满万，则不可敌。'"

宋朝方面见金屡屡战胜辽，幻想"以夷制夷"，签订宋金海上之盟，双方约定，宋和金南北夹击辽，取胜后，金获取长城以北之地，宋获取长城以南之地。结果辽军在金军进攻下，节节败退，金军夺取大片国土。辽军虽然不是金军的对手，但是对付宋军绰绰有余，宋军连战连败，从辽军手中夺回长城以南国土的预想化作泡影，不得不用"燕京代租钱"一百万贯的代价，从金军手中讨回掳掠一空的燕京及周边土地。

金太宗即位后，继续发兵攻打辽军。1125 年，辽朝宣告灭亡，辽的国土被金朝吞并。至此，宋朝与金朝之间的缓冲地带已不复存在，中原地区成为金朝的下一个吞并目标。

宋金海上之盟的教训是深刻的，把"敌人的敌人"视作盟友，是危险的外交策略，势必玩火自焚。

从
「靖康
耻」
到
「绍兴
和议」

【三】

1125 年，金灭辽后，立即掉转锋芒，直逼宋朝。宣和七年（1125），金军两路南下，围攻东京开封。

宋徽宗赵佶其人，擅长"瘦金书"及工笔花鸟画，他的书画作品如果放在当今拍卖市场上，价格肯定是天文数字，赵佶本人因此也闻名遐迩。然而，此公当皇帝是极不称职的，让蔡京之流把持朝政，自己沉迷于道教，自称"教主道君皇帝"。他听到金军南下的消息后，不肯承担抵抗的重任，干脆卸肩胛，匆忙让位给太子赵桓（即宋钦宗）。

钦宗即位，改年号为靖康，尊徽宗为太上皇。太学生陈东等上书，弹劾蔡京、王黼、童贯、梁师成、李彦、朱勔六名奸贼，"异名同罪"，应该处以死刑，"传首四方，以谢天下"。风雨飘摇之中的钦宗不得不下达圣旨：王、童、朱三人斩首，李、梁赐自缢，蔡京流放岭南。

仓促即位的钦宗，毫无政治经验，不知如何收拾这副烂摊子。大敌当前，他束手无策，只得派遣使节前往金营求和，答应赔款割地的条件。靖康元年（1126）八月，金军再次南下，朝廷中的主和派不仅主张割地，而且主张遣返各地前来保卫东京的军队，拆除外围防御工事，以妥协退让乞求太平。然而事与愿违，金军乘虚而入，一举攻陷京城，钦宗亲自前往金营求和，投降文书上写着："微臣捐躯而听命。"

靖康之間金人犯闕 二聖北遷遂

建炎 中興 天子受命 吳國長

公主始至睢陽明年寇淮甸遂浮江

而南避於錢塘 車駕幸建康還復

入 親繼適江表會胡騎奄至循顧

水並湘湖瀕南海而達閩川館于福

唐之神光囯登烏石山觀李陽冰篆

乃得古人之遺意越五日而赴

行徑所男長卿 粹卿端卿溫卿侍紹

興二年神春十三日河南潘正夫題

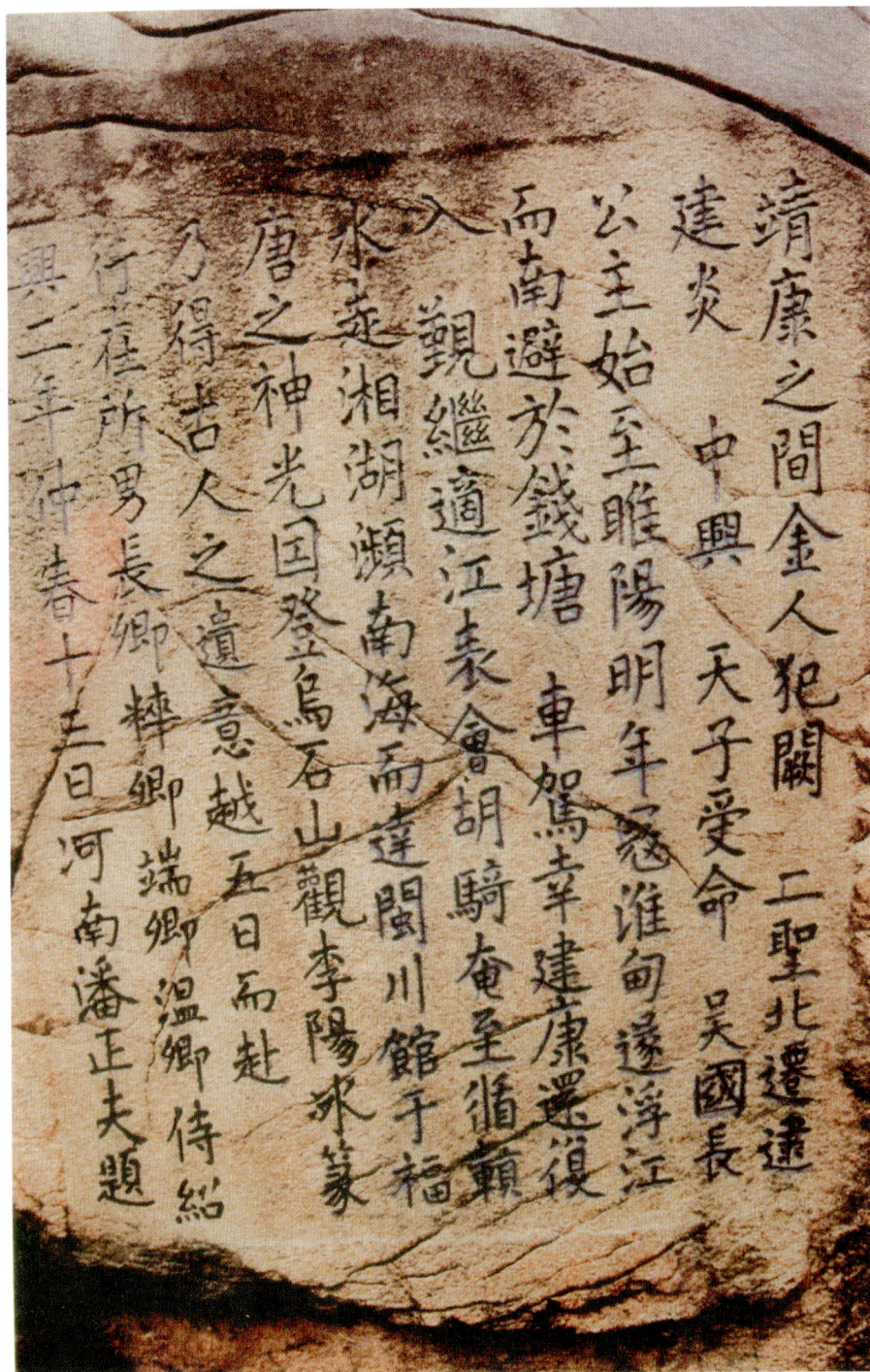

记述靖康之难的福建鼓山石刻。这块石刻
较为详细地记录了一支宗室的迁移路线。

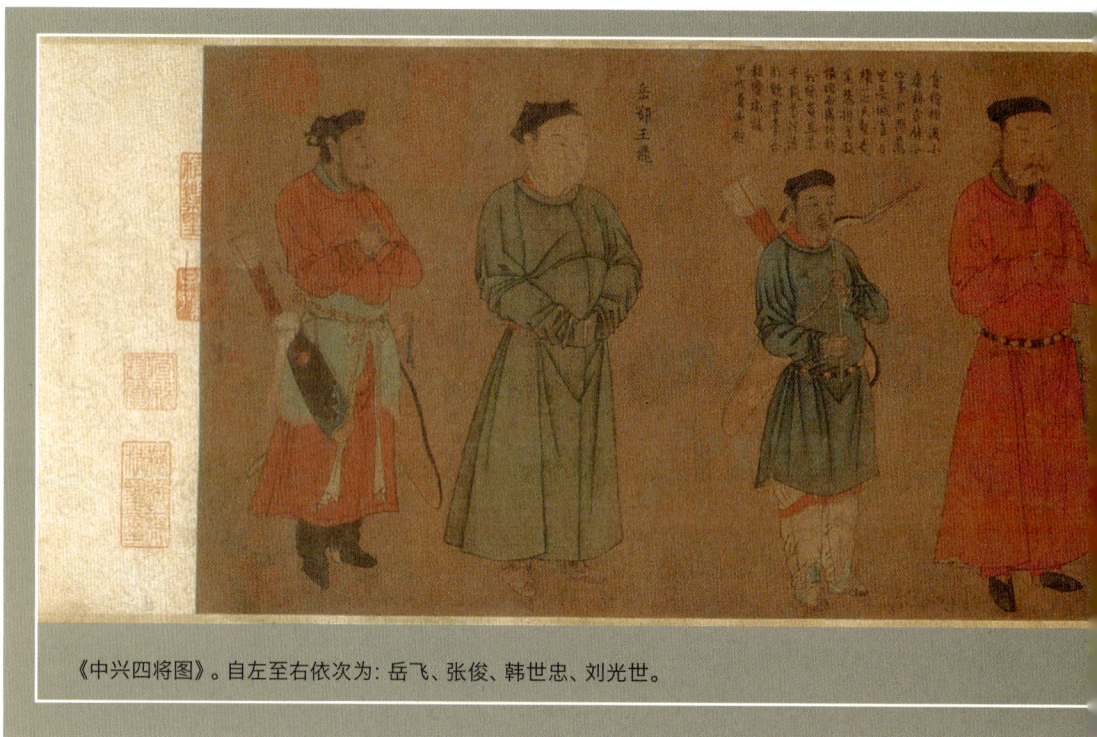

《中兴四将图》。自左至右依次为：岳飞、张俊、韩世忠、刘光世。

　　靖康二年（1127）四月初一，金军押解着金银财宝和朝廷的宝玺、舆服、礼器，以及大批俘虏，其中包括徽、钦二帝和后妃、皇子，一起北上。东京这座帝都成为一个空壳，大宋王朝竟然以这样一种形式走向了覆灭，简直是奇耻大辱，所以人们称之为"靖康耻"。

　　金军北撤时，皇室成员全部被俘，徽宗第九子康王赵构正在河北部署军事，侥幸漏网。他在南京应天府（今河南商丘）被旧臣拥戴为帝（宋高宗），改元建炎，建炎元年（1127）以后的宋朝，史称南宋。

　　宋高宗对金军极度恐慌，放弃应天府，逃往扬州，金军直逼扬州。高宗仓皇渡江，逃往杭州。金军紧紧追赶，高宗不停地逃亡，从越州（今绍兴）、明州（今宁波）直奔定海、温州。直到金军退回长江以北，以高宗为首的南宋朝廷才在杭州苟安下来。他一年之内几次向金朝上书，乞求哀怜，国书上低声下气地写道："愿削去旧号，是天地之间皆大金之国，而尊无二上，亦何必劳师远涉而后为快哉！"

　　绍兴元年（1131），吴玠所部在大散关附近的和尚原重创金军，悍将完颜宗弼（即

兀术）身中两箭。绍兴四年，吴玠在仙人关再次大败完颜宗弼。与此同时，岳飞率部连克郢州、随州、襄阳、邓州、唐州、信阳，屯兵鄂州。宋军在甘肃、陕西、河南、湖北一带连战皆捷，可以说是南宋建立以来罕见的大规模收复失地。

令人不解的是，最高统治者宋高宗并不欢欣鼓舞，却千方百计地掣肘将领们的北伐。绍兴七年，他重新起用秦桧，先是让他担任主管军事的枢密使，次年又提升他为宰相，由他出面与金朝和谈。金朝使节抵达杭州，要宋朝取消国号、帝号，沦为金朝藩属，方可允许迎请已故徽宗尸体。秦桧代表皇帝，在金朝使节面前跪拜，全盘接受各项条件。

绍兴十年夏，完颜宗弼大举南侵。岳飞不顾秦桧阻挠，率军北上，迎击金军，连战连捷。完颜宗弼大败而逃，胆战心惊地说：自我起兵北方以来，没有像今日这样挫败过。"撼山易，撼岳家军难"——金军闻风丧胆。

就在这个关键时刻，宋高宗突然下令要岳飞班师回朝，并且撤回了两翼的军队，使岳家军陷于困境。慑于皇帝圣旨的压力，岳飞只得班师回朝，眼看着"十年之功废于一旦"。随后，宋高宗解除了岳飞、韩世忠、张俊的兵权，向金朝献媚。金方乘机要挟，必须割让淮河以北大片土地，处死岳飞，方可谈判。宋朝皇帝向金朝皇帝称臣，并且割地、赔款的"绍兴和议"，就是在这种背景下出笼的。

在议和过程中，陷害岳飞的阴谋悄然展开。秦桧指使岳飞的部下王俊，诬告岳飞部将张宪、儿子岳云谋反，张宪、岳云被捕入狱。然后又把岳飞从庐山骗到杭州，以谋反罪关入监狱。

绍兴十一年十二月二十九日（1142年1月27日），在没有任何证据的情况下，岳飞、岳云、张宪被以谋反罪处死。处死前，已经罢官的韩世忠质问秦桧，秦桧的回答十分武断，只有短短六个字："其事体莫须有。"韩世忠怫然作色说："相公，'莫须有'三字何以服天下！"长期以来，在人们的印象中，岳飞是被秦桧陷害致死的。

其实，真相并非如此。陷害岳飞的阴谋，在前台布置的是秦桧，幕后操纵的是宋高宗。岳飞蒙冤入狱，主审官——御史中丞何铸听了岳飞的辩白，天良发现，向秦桧力辩岳飞无罪。秦桧向他透露了至关紧要的秘密："此上意也"——处死岳飞是皇帝的意思。代替何铸出任主审官的万俟卨，刑讯逼供，无所不用其极，岳飞宁死不屈，拒绝自诬。万俟卨通过秦桧向皇帝请示，得到的圣旨是："岳飞特赐死。"岳飞一生以"尽忠报国"为座右铭，想不到，要置他于死地的正是他为之"尽忠"的皇帝。

什么道理？请看明朝人文徵明的《满江红》词：

> 但徽钦既返，此身何属？
> 千载休谈南渡错，
> 当时自怕中原复。
> 笑区区一桧亦何能？
> 逢其欲。

文徵明看历史的眼光可谓入木三分，一眼看穿宋高宗的私心："当时自怕中原复。"——最怕岳飞北伐成功，迫使金朝让步，释放钦宗；一旦钦宗南返，他自己的帝位就难保了。因此岳飞越是捷报频传，他离死期就越近。秦桧的所作所为，正中下怀而已，"笑区区一桧亦何能？逢其欲"，此之谓也。

王祯《农书》中的秧马图。秧马，可用于插秧或起秧，其演变工具直到晚近农村仍有使用。

经济重心南移的最终完成

【四】

经济重心南移的论点，是前辈学者张家驹首先提出的。大多数学者赞成张家驹的说法。1980年代以后，经济重心南移再次成为热门课题，大多是用翔实的史料证实张家驹的观点。1990年代以后，学者们又从人口史、社会史、文化史的角度，深化经济重心南移的研究，使之成为定论。

江南经济的发展是一个漫长的过程。东汉以来长江流域的社会经济已经呈现上升的趋势。隋唐时期继承南朝的发展趋势，到了唐朝后期，当时人说："军国大计，仰于江淮。"五代十国的割据局面，刺激了区域经济的开发,江南的吴越尤其突出,太湖流域的农业生产得到显著的发展。北宋时,"国家根本,仰给东南",已成定局。到了南宋,江南农业经济有了突飞猛进的发展,其显著标志便是"苏湖熟,天下足"格局的形成。

关于"苏湖熟,天下足",几乎是南宋时期人们的普遍共识,人们异口同声地肯定这一社会经济现象。

范成大《吴郡志》说:民间谚语曰:"苏湖熟,天下足。"

陆游《渭南文集》说:"而吴中又为东南根柢,语曰:'苏湖熟,天下足。'"

高斯得《耻堂存稿》说得更加清楚而深刻:两浙一带稻米高产地区,"上田一亩,收五六石,故谚曰:'苏湖熟,天下足。'虽其田之膏腴,亦由人力之尽也"。

显然这与人口增加,集约化程度提高有着密切关系。美国经济学家珀金写的《中国农业的发展(1368—1968年)》,结论之一是:人类农业史是一个从粗放走向集约的过程,从多年一收的刀耕火种农业发展到一年三收的水稻经济,便是一个因人口因素而集约化的例子。

宋金对峙时期,北方人民大量南下,他们与南方人民一起,共同促进了经济重心南移的最终完成。靖康之乱后北方人口南迁,是继永嘉之乱、安史之乱两次南迁高潮之后的第三次高潮。靖康之乱对黄河中下游地区造成了惨重的破坏,北方人民自发地向秦岭—淮水以南的南方地区迁移。南宋政府也多次号召北方人民南下,给予恰当的安置。根据葛剑雄等人的研究,靖康之乱后出现的第三次人口南迁高潮,仅两浙路、江西路、江东路,绍兴三十二年(1162)已有移民及其后裔约581.2万,估计在绍兴和议签订前,即1141年前,大约有500万北方移民迁入并定居南方。如此大量的北方移民迁入南方,对南方经济发展起到了巨大的促进作用。南方开发进入新阶段,经济发展较前加快,与北方因战争破坏,人口减少,经济倒退,形成强烈的反差。

偏安江南的南宋,为了维持与北方金朝对峙的局面,必须致力于农业资源的开发,以及农业技术的提高,因此劝农政策便成为当务之急,提上政府的议事日程,于是乎出现了历史上罕见的刊印农书与劝农文的热潮。当时重印了北魏贾思勰的《齐民要术》和唐朝韩鄂的《四时纂要》,同时编写了反映当时农业生产新水平的农书,其中《陈旉农书》和《耕织图诗》至今仍有流传;曾安止《禾谱》、曾之谨《农器谱》等都已失传,仅在《王祯农书》中保留了一小部分。与农书大量刊印相配合的是地方官颁发的劝农文,这是官方以宣传农业技术为宗旨的传单,用通俗的语言告诉农

官窑青釉贯耳瓷瓶　　　　　龙泉窑粉青釉凸花瓷葫芦瓶

哥窑鱼耳瓷炉

南宋《耕获图》。描绘的是从耕田到收获的种植水稻全过程。是宋代江南农业生产状况的重要形象材料。

民精耕细作的要领。例如朱熹在淳熙六年（1179）为南康军所写的劝农文，宣传秋收后应该犁田翻土，越冬后再犁耙平细，还提到稻秧长高后必须耘草、拷田（排水晒田）的重要性。又如黄震在咸淳九年（1273）为抚州写的劝农文，介绍水稻高产区的经验：田须秋耕春耙，勤于灌溉排水，要求抚州农民改变"耙轻无力""一切靠天"的旧习俗。显而易见，农书与劝农文的颁发，促进了精耕细作与集约化经营，对南宋农业经济长足进步有着不可低估的意义。

由于北方沦陷，对外交往必须通过海路，因此泉州、广州、明州（宁波）迅速发展，成为三大对外贸易港口。南宋政府在这些港口设立市舶司，税收超过北宋最高额的一倍。由此可见对外贸易的繁盛已经超过了北宋，形成沟通日本、高丽、东南亚、印度、波斯、阿拉伯的海上丝绸之路。南宋政府为了防止钱币外流，明令以绢帛、锦绮、瓷器等商品交换外国舶来品，丝绸实际上就相当于一般等价物。据《诸蕃志》记载，由海路运往占城（越南中部）、真腊（柬埔寨）、三佛齐（苏门答腊）、细兰国（斯里兰卡）、故临国（印度奎隆）、层拔国（桑给巴尔）的丝绸有绢扇、绢伞、生丝、锦绫、五色绢、丝帛等。海上丝绸之路的兴旺发达，使偏安于半壁江山的南宋依然与世界各国保持密切的经济文化交流。

南宋的首都临安——杭州，是当时位居世界之冠的大都市，西方学者把它看作 9—13 世纪发生在中国的商业革命、都市革命的一个标志。日本学者斯波义信的《宋代江南经济史研究》，推定南宋的杭州城有人口 150 万，其中城内 90 万，城外 60 万。具体为：城内有皇族、官户、吏户、僧道户、军户、绅衿、工商业经营者等 74 万人，工商业及杂业劳动者 16 万；城外有军户、农户、官户、吏户、僧道户 48 万人，以及职业人口（包括工匠、商业与运输业劳动者、蔬菜专业农户）12 万人。

杭州作为首都，不可避免地带有强烈的政治色彩，但与众不同的是，浓厚的商业色彩使得政治色彩暗淡无光。这从它的城市结构便可看出。它没有一般首都皇城坐北朝南的架势，堂堂皇宫僻处城市最南端的凤凰山东麓。从皇宫的北门——和宁门往北，有一条通向市区的御街，南北向的御街与东西向的荐桥街、三桥街相交，与后市街平行，东面又有贯穿全城的市河（小河）、盐桥运河（大河）。因此，御街毫无疑问成为全城最繁华的商业街，它两侧的街面全是商店以及称为"行""市"的商业机构。正如《梦粱录》所说："自大街及诸坊巷，大小铺席，连门俱是，即无空虚之屋"；"万物所聚，诸行百市，自和宁门权子外至观桥下，无一家不买卖者"。

御街中段——从朝天门到寿安坊（俗

杭州
——世界之冠的大都市

称官巷），是商业闹市。《都城纪胜》描写道："以至朝天门、清河坊、中瓦前、官巷口、棚心、众安桥，食物店铺，人烟浩攘。其夜市，除大内前外，诸处亦然。……买卖关扑，酒楼歌馆，直至四鼓后方静。而五鼓朝马将动，其有趁卖早市者，复起开张。"商业活动通宵达旦，昼夜不绝。

拥有 150 万人口的都城杭州，服务性行业空前繁荣，酒楼、茶坊、瓦子鳞次栉比，林林总总。

酒楼大多数是私营的，如武林园、嘉庆楼、聚景楼、花月楼、双凤楼、赏心楼、月新楼等。大酒楼门前有彩绘欢门、红绿杈子，还有绯绿帘幕、描金红纱灯笼。夜市尤为热闹，灯火辉煌，人声鼎沸。

茶坊充满雅气，四壁张挂字画，安设花架。供应的香茗四季不同，冬天有七宝擂茶、葱茶、盐豉汤；夏天有雪泡梅花酒、缩啤饮、暑药冰水。这里不仅可饮茶品茗，而且是社会交际的公共场所。另有一种"花茶坊"，带有歌馆（妓馆）性质，周密《武林旧事》说，这些花茶坊"莫不靓妆迎门，争妍卖笑，朝歌暮弦"。

瓦子，又叫做瓦肆、瓦舍，是娱乐场所。杭州城内外有瓦子二十三处，城内有五处，其中北瓦最大，有勾栏（百戏演出场所）十三座，分别演出戏剧、相扑、傀儡戏（有杖头傀儡、悬丝傀儡、水鬼傀儡等）、说唱、说浑话、学乡谈、皮影戏、棍棒、教飞禽等，昼夜不息，为皇帝的"行在"——临时安定之所，营造歌舞升平的气氛，暂时忘却曾经亡国的怨恨。

杭城西南的西湖风景区，迷人的湖光山色，使它博得了人间天堂的美誉，繁华程度超过了昔日东京开封。林升《题临安邸》写道：

山外青山楼外楼，西湖歌舞几时休。

暖风熏得游人醉，直把杭州作汴州。

诗人的愤激与讥刺令人敬仰，但是，他遮蔽了这样一个事实：南宋的"偏安"延续了一百五十多年，造就了另一种辉煌，绝非醉生梦死可以解释。13 世纪末马可·波罗来到杭州，辉煌时代已经过去很久，依然为它的宏大与富庶所折服，惊叹道：他的故乡——堪称欧洲城市之冠的威尼斯，在杭州的映衬下相形见绌，"不过是一个破旧的村庄"。人们是不是要对南宋刮目相看了呢？

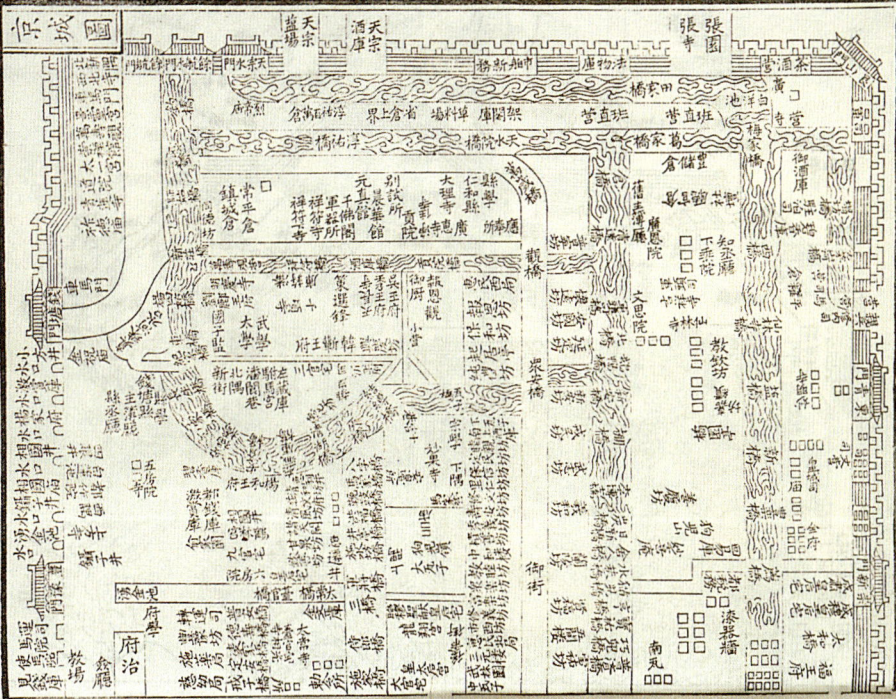

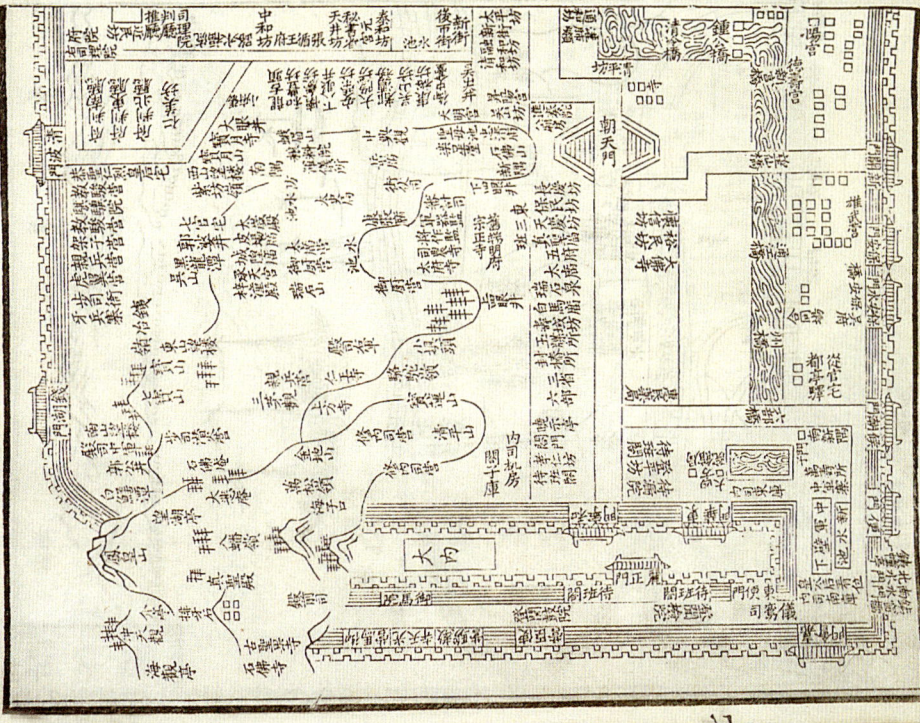

临安都城的皇宫位于城市的东南角，与传统都城皇宫坐北朝南的格局截然不同。

《咸淳临安志·京城图》。此图并未遵照上北下南规则，而是左南右北。

朱熹书翰文稿。朱熹是南宋理学大师，其书法古拙、简远。

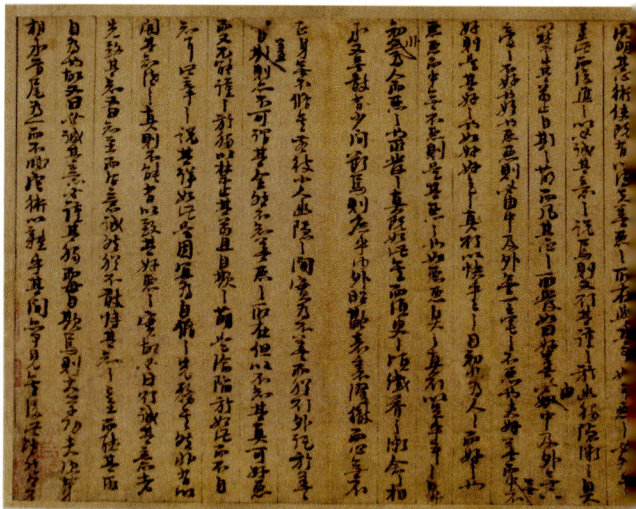

儒学复兴
朱熹与

【六】

自 从汉武帝设置五经博士以来，"五经"（《诗》《书》《礼》《易》《春秋》）成为汉唐经学的主体。朱熹的最大贡献，是把"五经"为主的体系，改造成"四书五经"体系，并且把重心从"五经"，转移到"四书"。在朱熹看来，儒家的道统在孔子、曾子、子思、孟子之间相传，因而他们四人的代表作——《论语》《大学》《中庸》《孟子》（即"四书"），理所当然成为儒家经学的主体。

朱熹，字元晦，一字仲晦，号晦庵，徽州婺源人，生活在南宋时代。绍兴十八年（1148）考取进士，担任过一些地方官，主要精力用于研究与讲授儒学。他曾经向程颢的再传弟子李侗学习程学，构筑与汉唐经学不同的儒学体系，后人称为理学、道学或新儒学，完成了儒学的复兴。朱熹是孔子、孟子以来中国最伟大的思想家、新儒学的集

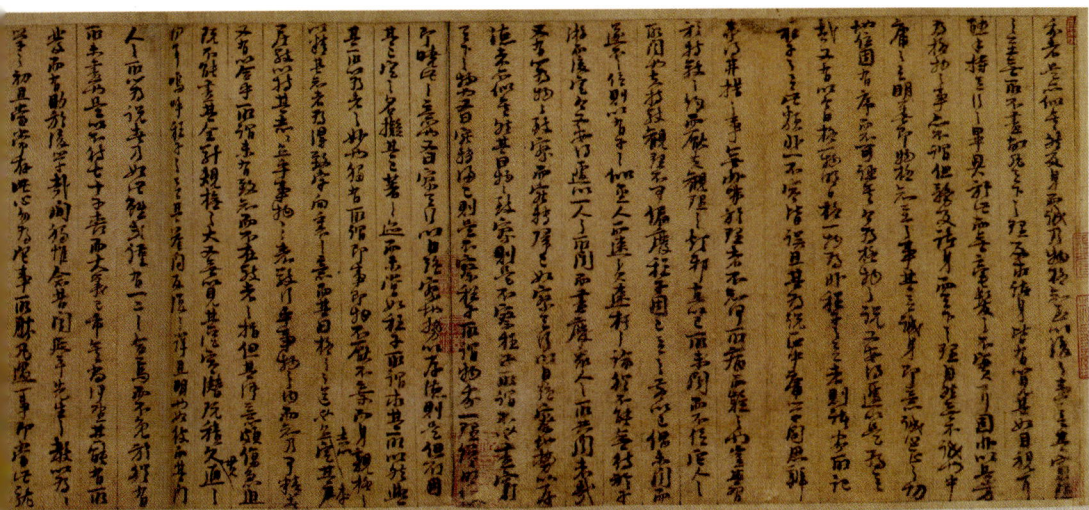

大成者，这已经成为国际学术界的共识。他的思想学说，即所谓"朱子学"，先后影响朝鲜、日本、欧洲。西方汉学家认为，朱熹对儒学世界的影响，可以与托马斯·阿奎那（Thomas Aquinas）对基督教世界的影响相媲美。

朱熹一生从事著书、讲学。他的著述极为宏富，《四书集注》等几十种著作大多流传下来；他的书信、题跋、奏疏、杂文合编为《朱子大全》121卷；他的讲学语录，编为《朱子语类》140卷。他创办白鹿洞书院、岳麓书院，培养学生，普及儒学。他的道德学问受到后世的敬仰，长期流传，渗透于社会每一个角落。

朱熹的思想学说，最为深奥的当然是关于"理"和"气"的关系，那是玄虚的哲理探讨。他的学生问他："必有是理，然后有是气，如何？"朱熹回答："此本无先后之可言，然必欲推其所从来，则须说先有是理。然理又非别为一物，即存乎是气之中，无是气，则是理亦无挂搭处……"对此，人们可以作出各种各样的解释，众说纷纭。但对于一般人而言，"理"和"气"孰先孰后，管他作甚！

朱熹对社会最大的影响，并非深奥的哲理，而是通俗的儒学教化。他把《大学》中的名言——"格物致知，正心诚意，修身齐家，治国平天下"，作了具体、通俗的阐释。他以社会基层民众的日常言行为指归，希望从基层着手，建立一个理想社会，因此，他特别重视儒学的普及化、通俗化。编著《四书集注》，用理学思想重新解释《论语》《孟子》《大学》《中庸》，是贯彻其主张的重要一步；编著儒学童蒙读物，也是为了贯彻这一主张。他的《小学集注》，旨在教育青少年遵循"三纲五常"的道德规范。他的《论语训蒙口义》《童蒙须知》，对儿童的衣着、语言、行为、读书、写字、饮食等方面都提出了行为规范。例如：

　　穿衣——要颈紧、腰紧、脚紧；

　　说话——凡为人子弟必须低声下气，语言详缓；

　　读书——要端正身体，面对书册，详缓看字；

　　饮食——在长辈面前，必须轻嚼缓咽，不可闻饮食之声。

　　按照朱熹的逻辑，如果连日常生活细节的良好习惯都难以养成，那么就谈不上正心诚意、修身齐家，更遑论治国平天下了。由此我们不难理解，朱熹为什么要强调"持敬""涵养"功夫了。一个怀抱治国平天下壮志的人，自身风度必须整肃，排除杂念，外貌与内心表里如一，达到"动容貌、整思虑、正衣冠、尊观瞻"的境界。他有一句名言："出门如见大宾，使民如承大祭。"意思是说，待人接物必须恭恭敬敬、畏畏谨谨、收敛身心，不要放纵自己。如果人人都如此讲究修身齐家，那么整个社会也就文明、和谐了。

相关阅读书目推荐

李华瑞：《王安石变法研究史》，人民出版社，2004

张家驹：《张家驹史学文存》，上海人民出版社，2010

〔美〕刘子健著，赵冬梅译：《中国转向内在：两宋之际的文化内向》，江苏人民出版社，2002

蒙元

帝国的威名

成吉思汗画像。成吉思汗统一蒙古各部，建号称汗，建立大蒙古国。

成吉思汗和他的子孙

（一）

1206 年，铁木真在斡难河源头召开最高部族会议，竖起九旄白旗，登上蒙古大汗宝座，被尊为成吉思汗。经过十多年的征战，成吉思汗终于建立起一个草原帝国。它的国号蒙古语叫做"也客忙豁勒兀鲁思"，意即"大蒙古国"。

成吉思汗是骁勇善战的军事天才，他把整个蒙古社会全盘军事化，开始了世界历史上最令人震惊的一系列征服战争。

1209 年，大举入侵位于它南面的西夏，水淹首都中兴府（今宁夏银川），迫使西夏求和。

1211 年，进攻盘踞华北的金国，金军主力被歼灭，不得不送公主与童男童女，以及马匹、金银、绸缎，乞求和平。此后金国的领土大大缩小，黄河以北之地几乎全为蒙古所有。

灭金指日可待，形势却发生了戏剧性的

变化，成吉思汗突然把矛头转向西方，派偏师去对付金国，自己率领主力西征，在灭亡了西辽后，把矛头直指中亚的花剌子模国。

成吉思汗指挥下的蒙古军队，横扫中亚、西亚、波斯、印度，于1224年启程东归。

回到漠北的成吉思汗决定一举灭亡西夏，然而战争进行得异常艰苦，尤其是围攻灵州之战，酷烈的程度为蒙古征战史中所罕见。西夏的末代统治者李睍在中兴府被蒙古军队围困半年之久，才投降献城，不仅李睍被杀，全城军民都遭到屠杀。西夏国在历史上存在了一百九十年，至此宣告灭亡。蒙古灭亡西夏，把西夏城市化为一片废墟，使得辉煌一时的西夏文明在西北大地上消失得无影无踪。

在西夏献城的前夕，成吉思汗病死于六盘山军营，结束了他威风凛凛的一生。他的第三个儿子窝阔台继承大汗，向金国发起致命的一击。金国灭亡后，南宋形势岌岌可危。窝阔台和他的父亲一样，醉心于西征，暂缓对南宋的进攻。

窝阔台汗任命拔都（成吉思汗长子术赤之子）为西征统帅，远征斡罗思（俄罗斯）、孛烈儿（波兰）、马扎儿（匈牙利），以及这一带所有未臣服的国家。蒙古铁骑摧枯拉朽般横扫这一地区，在斡罗思境内建立了钦察汗国（或称金帐汗国），把伏尔加河畔的萨莱城（今阿斯特拉罕附近）作为国都。

蒙古第四代大汗蒙哥即位后，任命弟弟旭烈兀为统帅，发动第三次西征，矛头直指阿拉伯帝国阿拔斯王朝的首都报达（巴格达）。蒙古军队用猛烈的炮火攻下了这个阿拉伯世界的都城，然后兵分三路侵入叙利亚。蒙哥死后，继任大汗的忽必烈传来旨意，命旭烈兀在阿姆河以西的波斯地面上建立伊利汗国，以蔑剌合（今阿塞拜疆的马腊格）为国都。

钦察汗国、伊利汗国，与先前的察合台汗国、窝阔台汗国，并称蒙古四大汗国，从亚洲腹地一直延伸到欧洲，成为名副其实的大蒙古国，蒙古语成为横跨亚欧大陆的官方通用语言。这些汗国的统治者，尊奉元朝皇帝为他们的大汗，称为"一切蒙古君主的君主"。这些汗国和元朝之间保持朝贡关系，使节往来不断。每一批使节都有一支庞大的商队随行，可以使用官方的驿站交通。早在窝阔台时代就设置了通往拔都营帐的驿道，以后日趋完善，使节、商队经过伏尔加河畔的萨莱，阿姆河畔的玉龙杰赤（乌尔根奇），河中地区的不花拉（布哈拉）、撒马尔罕，前往岭北行省的首府和林。

大蒙古国横跨亚欧大陆，蒙古大汗的金牌可以通行无阻地直达各地，东西方交往盛极一时。

忽必烈与大元大蒙古国

【二】

1271 年，忽必烈诏告天下，定国号为大元，正式建立元朝。第二年，把中都燕京升格为大都，作为元朝的首都。蒙古语把大都叫做"汗八里"，意即"汗的都城"。

1279 年，陆秀夫背着南宋小皇帝赵昺，在广东崖山投海而死，南宋王朝灭亡。从此，中华大地上再度出现由一个王朝一统天下的局面。

元世祖忽必烈向刘秉忠、张德辉、姚枢、许衡等文士请教儒学治国之道，他创建的元朝总体上沿用中原王朝的传统政治体制，也保留一些蒙古旧制。正如台湾元史专家萧启庆《蒙古国号考》所说，建立"大元"国号后，并没有放弃"大蒙古国"的蒙语国号，有时径称"大元大蒙古国"。元朝的皇帝对于汉族臣民而言，是皇帝；对于蒙古族臣民而言，仍然是大汗。

元朝的中央政府由中书省、枢密院、御史台组成，分别掌管行政、军事、监察大权，与历代王朝的政治体制大体一致。

中书省总理全国政务，有右丞相、左丞相、右丞、左丞、参知政事等官员。中书省又称"都省"，它的直辖区叫做"腹里"，也就是大都周围的华北地区。全国的一级行政区称为"行中书省"，"行"的称呼，意味着它是中书省的派出机构，负责地方的治理。都省以外，全国共有十一个行省：陕西行省、甘肃行省、辽阳行省、河南江北行省、四川行省、云南行省、湖广行省、

元任仁发《饮饲图》（局部）。元朝统一
后，马政成为军事管理的一项重要内容。

《卢沟运筏图》。图上的桥即为现在北京的卢沟桥，桥下的河当时叫卢沟，现称永定河。

江浙行省、江西行省、岭北行省、征东行省。前面九个行省从其名称大体可以判定地域范围，后面两个行省需略加解释。岭北行省——相当于今内蒙古、新疆一部分，以及今蒙古国全境和俄罗斯西伯利亚地区。征东行省——设于高丽（朝鲜半岛），行省丞相由高丽国王兼任，保留其原有政权机构和制度，与其他行省有所不同。地方一级行政区称为行省或省，是元朝的创制，一直沿用至今。

值得注意的是，吐蕃（今西藏）地区此时正式成为中国行政区的一部分。早在蒙古灭金前，吐蕃部分地区已对蒙古表示臣服。灭金后，窝阔台汗次子阔端和吐蕃密切接触。1247年，喇嘛教萨斯迦派首领在凉州会见阔端，表示归顺蒙古；这位首领返回吐蕃后，通告各地，确认吐蕃是蒙古大汗管辖的领土。继任萨斯迦派首领的八思巴（罗古罗思监藏），被忽必烈封为帝师，总领天下释教（佛教）。以后八思巴又被任命为总制院负责人，主管佛教和吐蕃事务。总制院后来改称宣政院，吐蕃地区是"宣政院辖地"，在那里分设三个宣慰使司都元帅府，宣慰使司都元帅是由朝廷任命的吐蕃地区最高行政长官，代表朝廷对那里实行统治。

大元大蒙古国领土辽阔，民族众多，宗教信仰各异，统治者明智地采取兼容并蓄的方针，允许自由传播信仰，使得也里可温教（基督教）、答失蛮教（伊斯兰教）、佛教、道教并行而不悖。

元朝毕竟是蒙古人建立的王朝，不可避免地带有民族歧视的色彩，人民被区分为四个等级：第一等级是蒙古人，第二等级是色目人，第三等级是汉人，第四等级是南人。蒙古人是统治民族，当时称为"国族"，享有各种特权。色目人是"各色名目之人"的简称，是指蒙古人以外的西北民族，乃至中亚、西亚与欧洲各民族，地位仅次于蒙古人。汉人又称汉儿，是指淮河以北原先金朝统治下的汉人，也包括一部分契丹人、女真人和高丽人。他们由于被征服的时间早于南人，因此地位也高于南人。地位最低的南人，又称蛮子、新附人，是指原先南宋统治下的遗民。

这种民族等级制度，也是一种身份制度。当时的史书《至正直记》说：蒙古人和色目人以高贵者自居，把南人看作奴隶。在政治生活中这种身份区别十分明显，中书省的丞相必须由蒙古人担任，平章政事多用蒙古人、色目人，各行省的丞相、平章政事也大多如此。尤其忌讳汉人掌军权，枢密院长官多数是蒙古人，只有少量色目人，绝无汉人、南人。但是，统治者也意识到，治理一个以汉人、南人为主体的国家，民族歧视是无济于事的。因此，汉人、南人中的上层分子陆续被笼络进统治集团。据《元典章》记载，大德年间（1297—1307），朝官中汉人、南人占55.23%，京官中汉人、南人占70.15%，外任官中汉人、南人占71.42%。

宋朝是科举至上的时代，知识分子都把参加科举考试、进士及第作为人生目标。蒙古贵族起于漠北，只识弯弓射大雕，不重视科举，废除科举考试近八十年。汉族知识分子的地位空前沦落。据当时文献记载，汉族人民分为十个等级，其序列是这样的：一官，二吏，三僧，四道，五医，六工，七匠，八娼，九儒，十丐。历来以天下为己任的儒生（知识分子）的地位，竟然在娼妓之下、乞丐之上，排行第九。

八思巴拜见忽必烈（扎什伦布寺壁画）。
八思巴是尊称，吐蕃人，忽必烈的帝师。

黄道婆塑像。黄道婆流落海南，向黎族妇女学习棉纺织技艺并加以改进，返回故乡，教乡人改进纺织工具，织成各种花纹的棉织品。

黄道婆的革新与乌泥泾的奇迹

棉花最早种植于印度次大陆，大约在公元前 2 世纪传入中国，但始终局限于边疆地区，直到宋代以前，没有在中原地区推广。宋末元初是棉花推广的重要时期。当时人王祯在《农书》中说，棉花本是南海诸国所产，后来福建各县开始种植，近来江南、陕西也普遍种植。随着棉花的推广，棉布作为商品的流通量逐渐增加，南方一些省份的农业税，除了粮食，还开始征收棉布，表明当时棉花种植与棉纺织业已有相当规模了。

在这一巨变中，功不可没的是黄道婆与乌泥泾。

黄道婆，松江府上海县乌泥泾镇人，年

轻时流落到海南岛崖州,学会了海南黎族的棉纺织技术,在元成宗元贞年间(1295—1297)返回故里乌泥泾,把黎族棉纺织技术传授给乡亲,她的一系列技术革新,使乌泥泾成为先进棉纺织技术的传播中心,带动了松江府及邻近地区棉纺织业的繁荣,终于掀起了被海外学者所称誉的持续数百年的"棉花革命"。

乌泥泾一带在宋末元初从闽广引进棉花,广为栽培,成为松江府各乡村中最早栽培棉花的地区。元末明初学者陶宗仪《辍耕录》说:"闽广多种木棉,纺织为布。……松江府东去五十里许,曰乌泥泾,其地土硗瘠,民食不给,因谋树艺,以资生业,遂觅种于彼。"褚华《木棉谱》补充说:"邑(上海县)产棉花,自海峤来,初于邑之乌泥泾种之,今遍地皆是。"正德《松江府志》也说:"木棉,宋时乡人始传其种于乌泥泾,今沿海高乡多植之。"因此,把乌泥泾看作"棉花革命"的策源地,是当之无愧的。

此前的棉纺织技术是相当原始的,正如陶宗仪所说,没有轧棉花(脱籽)的踏车,也没有弹棉花的椎弓,而是用手剥去棉籽,用竹弓绷上弦,在桌子上弹棉花,然后搓成棉条,再纺纱、织布。黄道婆推广了先进的技术,教农家制作擀花、弹花、纺纱、织布的器具,以及织布时的错纱、配色、综线、挈花的方法。黄道婆对棉纺织技术作了全面的革新,包括擀、弹、纺、织的全过程。根据文献记载,她从崖州引进纺车,加以改进,成为三锭脚踏纺车,当地称为"脚车",特点是"一手三纱,以足运轮"。这是对于纺纱技术的一大突破,至于织布技术的改进,就更为突出了。她把海南岛的"崖州被"(一种彩色花布),改造成"乌泥泾被"——被誉为"组雾紃云粲花草"的乌泥泾花布。此外还有乌泥泾番布、象眼布、三纱布(三梭布)、飞花布等优质棉布。

黄道婆的技术革新带动了乌泥泾镇经济起飞,刺激了邻近地区对于种植棉花和纺纱织布的积极性。到了元末明初,松江府已经成为全国闻名的棉纺织业中心,号称"绫布二物,衣被天下,虽苏杭不及"。

从乌泥泾起步的棉纺织业,导致松江府及周边地区农业经济与农家经营发生了革命性变化。一方面,棉花种植超过了传统的稻谷种植,即学者们所说的"棉作压倒稻作"。松江地区大体是"棉七稻三",嘉定地区甚至达到"棉九稻一"。另一方面,纺纱织布为农家带来了巨大的经济效益,其经济收入超过粮食作物,成为农家主要经济来源。也就是说,先前的副业逐渐上升为主业。这种"以织助耕",不同于以往的"男耕女织"那种自给自足模式，已经充分商品化、市场化，不是为自家消费而生产，而是为市场而生产。"衣被天下"的松江棉布，绝大部分是农民家庭生产的。

《农书·木绵軖床》。軖床与拨车相似，可以同时缠绕八根棉线，并使其成把，大大提高了效率。

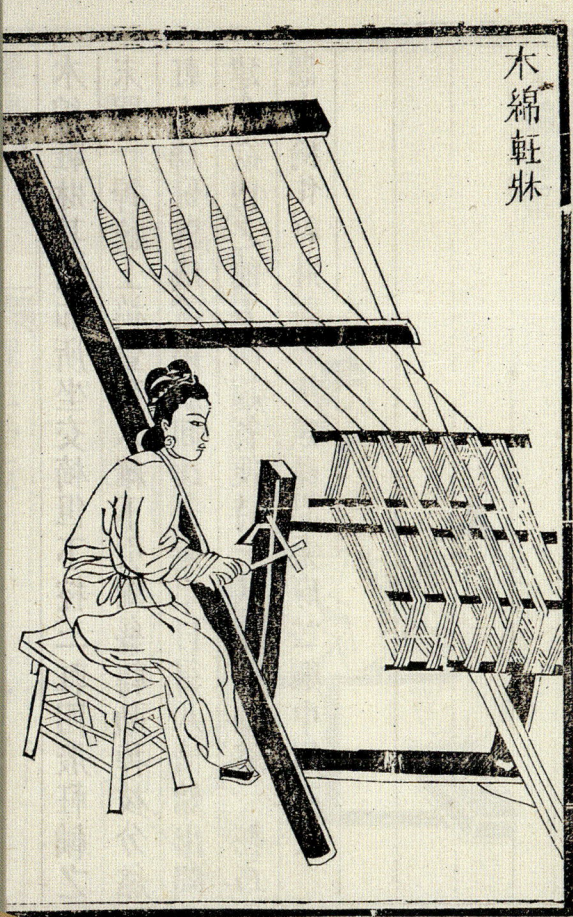

松江棉布

马可·波罗东行图

马可·波罗的
关于
争议

【四】

　　蒙元时代，东西方交往盛极一时。最有影响的西方使者，莫过于意大利人马可·波罗（Marco Polo，1254—1324）。

　　1271年，马可·波罗随威尼斯人尼哥罗兄弟，沿着丝绸之路东行，前往蒙古。他深得元世祖忽必烈赏识，出任元朝官职，游历了大都（北京）、京兆（西安）、成都、昆明、大理、济南、扬州、杭州、福州、泉州，留下了生动的记录。比如，13世纪末他来到昔日南宋都城杭州，惊叹它是"世界最名贵富丽之城"，劫后余生的杭州，依然人口众多，产业发达，市面繁荣。正是由于他的介绍，杭州这座花园城市闻名于欧洲。他的中国见闻记录如实地反映了当时的实况，比如称中国为"契丹"，称北京为"可汗的大都"，称南方的汉人为"蛮子"，称杭州为南方汉人的"行在"。

1289 年，伊利汗国大汗的妃子死去，大汗派遣使者到大都，向大元大蒙古国的皇帝请求续娶一位公主。忽必烈同意把阔阔真公主嫁给大汗，并且委派马可·波罗陪同大汗的使者，一起护送阔阔真公主前往伊利汗国。1291 年，他们一行从泉州启程，两年后到达伊利汗国。马可·波罗完成任务后，从那里动身回国，于 1295 年抵达威尼斯。

不久，马可·波罗在战争中被俘，他在监狱中讲述东方见闻，由同狱的小说家记录成书，出版后名曰《世界的描述》（一曰《世界的印象》）。冯承钧的中译本题名为《马可波罗行纪》，从中可以看到一个外国人眼中 13 世纪中国生动活泼的画面。

然而，在当时欧洲人看来，这是马可·波罗的"百万牛皮"。这一成见至今仍未消除。1981 年，英国不列颠图书馆中文部主任吴芳思（Frances Wood）女士在《泰晤士报》发表文章，认为马可·波罗没有到过中国。1995 年，她出版专著《马可波罗到过中国吗？》，结论是：威尼斯商人马可·波罗从未到过任何接近中国的地方，在历史上不朽的《马可波罗行纪》完全是杜撰之作。奇怪的是，她的这一结论居然得到几位中世纪史专家的支持。

中国的蒙元史专家杨志玖首先表示异议，在《环球》杂志 1982 年第 10 期发表文章回应。他指出，中国史籍中确实没有发现马可·波罗的名字，但并不是没有可供考证的资料。比如，护送阔阔真公主赴伊利汗国的事，在《经世大典》中有明确的记载，人名、时间都和马可·波罗所说相符。伊利汗国学者拉施特的《史集》也有相同的记载。又如，《马可波罗行纪》提到镇江附近有两所基督教堂，以及在长江边的佛教寺院（即著名的金山寺）。这些可以在《至顺镇江志》中得到印证。该书有一章专讲元朝的纸币，说它通行全国，信用度极高，特别强调"伪造者处极刑"。这一点由 1963 年出土的纸币铜版所证实，铜版正中刻有"伪造者处死"五个大字。这些目击的记录，绝不是"没有到过中国"的人可以"杜撰"出来的。

1997 年杨志玖在《历史研究》杂志发表论文——《马可波罗到过中国：对 < 马可波罗到过中国吗？> 的回答》，全面论述了他的观点：吴芳思虽多方论证，但说服力不强，《马可波罗行纪》中确有一些错误、夸张甚至虚构之处，准确可考之处也不少，若非亲见，便难以解释。

此后，有的中国史家为此写了专著，反驳吴芳思的结论。现在看来，说马可·波罗没有到过中国，显然过于武断，令人难以置信。

立于北京积水潭的郭守敬塑像

郭守敬：
中国天文学的
新高度

【三】

元初，波斯天文学家扎马鲁丁应元世祖忽必烈的征召，来到大都（北京），带来了天文仪器和新的纪年法《万年历》。至元八年（1271）设立了天文台——"回回司天台"，由扎马鲁丁总管，吸收不少西域天文学家参与工作。郭守敬与扎马鲁丁进行业务交流，对阿拉伯天文历法成就有了相当深刻的了解。

郭守敬（1231—1316），字若思，邢州（今河北邢台）人，祖父郭荣是数学家、水利学家，除了家学熏陶，他又师从天文学家、地理学家刘秉忠。1262 年，由于刘秉忠的同学、左丞张文谦的推荐，郭守敬向忽必烈面陈水利建议六条，被任命为主管全国河渠的官员，次年提升为副河渠使，此后又提升为都水少监。他的主要贡献是为元大都的城市建设奠定了基础。

元大都新城的城址，是以金朝的离宫——太宗宫附近的湖泊（即今中海和北海）为中心设计的。这一片湖泊属于高梁河水系，在此建造都城，出于长远考虑：一是金朝的都城在战乱中已遭破坏，二是莲花池水源供不应求，三是为了解决南粮北运的交通问题。元朝面临的漕运压力，比金朝更为繁重，每年要从江南运送几百万石粮食到大都。郭守敬提出改造旧闸河，另引玉泉山水来沟通漕运的计划，得到朝廷批准后，付诸实施。把水源引入西山山麓的瓮山泊，然后汇入积水潭（今什刹海），再接闸河，这就是叫做通惠河的新运河，从大都至通州全长164里，由郭守敬亲自设计施工。今日北京的给水工程用京密引水渠，从昌平经昆明湖到紫竹院西北一段，基本沿用郭守敬当初的路线。

元朝建都于北京，必须对承担漕运重任的运河加以改造，把运河的终点从洛阳、

河南登封观星台。元代由郭守敬主持建造，见证了当时世界上最先进的历法——《授时历》的测量演算历史，是中国现存最古老的天文台。

开封转移到北京。淮河以南，邗沟与江南河迭经整治，仍可通行。全线独缺山东境内泗水与御河之间一段，以及通州至北京一段。于是元朝先后开凿济州河、会通河、通惠河，沟通了从杭州直至北京的大运河。

元朝初年使用的《大明历》，误差很大，刘秉忠建议修改历法。1276年，朝廷根据刘秉忠生前的建议，任命张文谦等主持修订新历，郭守敬等奉命进行实测。1279年，太史局（天文台）扩建为太史院，郭守敬出任"同知太史院事"，主持全国范围的天文测量，设立27个观测站，最北的观测站在西伯利亚北部，最南的观测站在西沙群岛。在此基础上，编成了新历——《授时历》。郭守敬在给皇帝的报告中说，《授时历》重新测定天文数据七项，改革天文计算五项。《授时历》推算一回归年长度为365.2425日，这个数据和地球绕太阳一周的时间，只相差约26秒，与现代通用的格里高利历相同。格里高利历是1582年罗马教皇格里高利十三世制定的，比《授时历》晚了300年。郭守敬的天文成就，与三百年后的丹麦天文学家第谷（Tycho Brahe）先后交相辉映。明末来华的耶稣会士汤若望（Johann Adam Schall von Bell）称赞郭守敬为"中国的第谷"。其实，郭守敬比第谷早三个世纪，应该说第谷是欧洲的郭守敬才更确切。日本科学史家山田庆儿说，元代的《授时历》"代表了中国天文学的最高水平"。

相关阅读书目推荐

李志安：《元史十八讲》，中华书局，2014

萧启庆：《内北国而外中国：蒙元史研究》，中华书局，2007

周良宵、顾菊英：《元史》，上海人民出版社，2003

朱元璋与皇权的强化

【一】

美国历史学家范德（Edward L. Farmer）在《朱元璋与中国文化的复兴》中说："明王朝的建立，无论是对中国的政治史还是文化史，都有着意义深远的影响。在蒙古人统治了近一百年之后，明朝的开国皇帝朱元璋开始着手复兴中国的文化传统价值。在这一复兴并重新界定中国文化精髓的过程中，朱元璋制定了一系列旨在指导政府活动与规范社会生活的法律。它的立法不仅强化与稳定了明朝的君主专制体系，而且在中国政治文化上留下了深刻的印痕。"

在这方面最突出的工作是恢复传统的科举考试制度与发布《大明律令》。

洪武三年（1370），朱元璋在一道诏旨中宣布即将开科举，考经义和"四书"，论与策各一道，中试者还要经过箭术、马术、书法、算术、法律知识的测试。科举考试制度在明代达到空前完备。

《大明律令》这部法典包含 285 条律和 145 条令，以后又编了《律令直解》使之通俗化。明律简于唐律，严于宋律。又在明律之外，指定条目处以极刑，把案例编为《大诰》，颁给各级学校作为必读教材，以后又编了《大诰续编》《大诰三编》。其序言说："诸司敢不急公而务私者，必穷搜其原，而置之重典。"针对元季官吏贪冒、徇私灭公，所载都是惩治贪官污吏、地方豪强的重大刑事案件，其中凌迟、斩首、族诛的有几千条，弃市以下万余条，大都出于朱元璋亲自裁

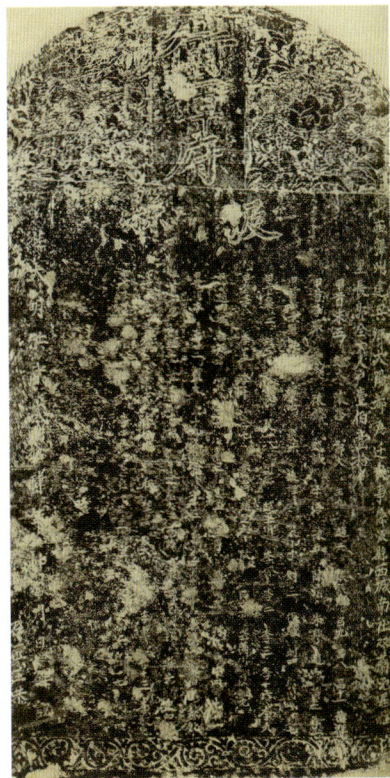

汲县移民碑。元末战乱之后，明初亟需招徕移民开垦荒地，由此带来大规模移民潮。此碑即为佐证。

定,用他自己的话来说是"治乱世用重典",对大臣擅权、武将骄横给予最严厉的打击。他下决心严惩贪污,说"此弊不革,欲成善政,终不可得",并于洪武二十五年（1392）编《醒贪简要录》,颁示天下,官吏贪赃六十两银子以上即枭首示众,再处以剥皮之刑。

洪武十五年（1382）的空印案、十八年（1385）的郭桓案,都是打击贪官污吏的重大案件,两案连坐被杀的人数以万计。

几起大案,加上严刑峻法,凌迟、斩首、族诛之外还有刷洗、秤杆、抽肠、剥皮等酷刑,虽然打击了贪赃枉法的陋习,但造成了朝廷内外极度恐怖的气氛。朝官每天黎明上朝,出门前必先与家中妻子诀别,吩咐后事,是否可以平安回家实难预料。

朱元璋对全国大小政务都要自己亲自处理,唯恐大权旁落,他不仅大权要独揽，连小权也要独揽。除严刑酷法外，推行特务政治，也是其强化皇权的一大创举。在监察机关都察院以外，设立了检校、锦衣卫，承担着监视官吏的特殊使命。

检校的职责是"专主察听在京大小衙门官吏不公不法及风闻之事"，直接报告皇帝。朱元璋自己坦率地说：有这几个人，譬如人家养了恶犬，则人怕。检校的鹰犬无孔不入，到处刺探，一举一动都报告皇帝，皇帝对大臣的一言一行了如指掌。有这样一个故事：被征去编《孟子节文》的钱宰，写打油诗发牢骚："四鼓冬冬起着衣，午门朝见尚嫌迟。何时得遂田园乐，睡到人间饭熟时。"第二天朱元璋就得知此事，对他说：昨日作的好诗，不过我并没有"嫌"啊，改作"忧"字如何？吓得钱宰出了一身冷汗，连连磕头请罪。

洪武三十一年（1398）朱元璋去世，葬在南京城外钟山，即明孝陵。他在遗诏中说："朕膺天命三十一年，忧危积心，日勤不怠，务有益于民。奈起自寒微，无古人之博知，好善恶恶，不及远矣。"颇有一点自知之明，他确实"忧危积心，日勤不怠"，但不能"好善恶恶"，过分严酷。其诛杀功臣的所谓"胡惟庸党案""蓝玉党案"以及李善长的"逆谋案"，充分反映了这一点。而其子明成祖朱棣发明的"诛十族""瓜蔓抄"则有过之而无不及。

皇权强化的另一种形式是朝贡体制。所谓朝贡，有悠久的历史，明朝把它做到了极致。历史学家王赓武说："同外部世界的关系，一切都通过进贡的形式表现出来。从官方角度来说，进贡也是唯一可行的外贸形式。……强调所有的对外关系都是臣民与君主的关系，强调所有的礼物都是送给中国皇帝的贡品，皇帝送出的礼物则被看作居高临下的皇帝赐给臣服的统治者的礼物。"

洪武三年（1370）设立的三个市舶司：宁波、泉州、广州，是朝贡的渠道，设置宾馆招待外国朝贡使节和商人。宁波的宾馆叫"安远"，泉州的宾馆叫"来远"，广州的宾馆叫"怀远"，带有居高临下的口吻——安抚与怀柔。

《大明会典》用整整五卷篇幅来写朝贡体制，把周边国家与民族称为东南夷、北狄、东北夷、西戎。明太祖朱元璋的祖训开列了"不征诸夷"：朝鲜、日本、大小琉球、安南、真腊、暹罗、占城、苏门答腊、西洋、爪哇、彭亨、百花、三佛齐、渤泥。

《明太祖实录》说："海外诸番与中国往来，使臣不绝，商贾随之。"

郑和铸铜钟。这是郑和第七次下西洋前，
为祈求出海航行平安而铸。

郑和下西洋
——大航海时代的序幕

〔二〕

199
明朝与
大航海时代

明朝永乐三年六月十五日（1405 年 7 月 11 日），郑和率领 27800 多人，分乘 208 艘木制帆船，由太仓刘家港出发，开始了持续二十八年之久的下西洋的壮举，因此而彪炳史册。他创造了世界航海史上的新纪录，曾到达亚洲、非洲三十多个国家和地区，航线之长、持续时间之久，在当时世界上无人可以与之比肩。郑和的第一次远航，比哥伦布首航美洲早八十七年，比达·伽马开辟东方新航路早九十三年，比麦哲伦从美洲航行到菲律宾群岛早一百一十六年。因此，把郑和下西洋称为大航海时代的序幕，是当之无愧的。

《明史·宦官传》对郑和身世的介绍只有很简单的一句话："郑和，云南人，世所谓三保太监者也。"根据其他史料人们才知道，他本姓马，名三保，父亲名叫马哈只。最有价值的史料是，永乐年间礼部尚书李至刚为他父亲所写的《故马公墓志铭》。几十年来，现代史家根据《马哈只墓志》《郑和家谱》《赛典赤家谱》的考证认为，马哈只、马三保父子，是元朝政治家、中亚布哈拉贵族赛典赤·赡思丁的后裔，也就是说，郑和是赛典赤的六世孙。那么，赛典赤是何许人也？

《元史·赛典赤赡思丁传》说："赛典赤赡思丁一名乌马儿，回回人，别庵伯尔之裔，其国言赛典赤，犹华言贵族也。"据专家解释，"别庵伯尔之裔"专指伊斯兰教先知穆罕默德的后裔。如此说来，郑和应该是穆罕默德的后裔。

美国《百科全书》关于郑和的家世有简明清晰的介绍：15 世纪初期的中国将领郑和，几乎于葡萄牙人乘船绕过非洲抵达印度一百年前，就率领海军对印度洋做过七次远征。郑和为一名去麦加朝圣过的伊斯兰教徒（马）哈只之子，约在 1371 年生于云南省昆明，取名马三保。郑和家自称为一名早期蒙古的云南统辖的后代，并系布哈拉国王穆罕默德的后裔。马姓来源于中文对穆罕默德的音译。

1988 年，明史专家周绍泉对此提出质疑，他在《郑和与赛典赤·赡思丁关系献疑》一文中，对《赛氏总族谱》《赛典赤家谱》《马氏家乘》《故马公墓志铭》《郑氏家谱》进行了考证，对郑和是赛典赤·赡思丁后裔的说法表示怀疑，认为"很可能出于中国人追祖名人的习惯心理，二者实无家系渊源"。百家争鸣是学术研究题中应有之义，对成说提出质疑，表明这个问题还可以继续讨论。

随着研究的深入，郑和下西洋的谜团和争议逐渐露出水面。郑和船队的某些小分队是否到过澳洲、美洲，就是最引人注目的话题。

郑和下西洋到过哪些地方？随行的马欢、费信、巩珍所写的《瀛涯胜览》《星槎胜览》《西洋番国志》以及《郑和航海图》，都有比较明确的记录，除了东南亚邻国，就是印度洋、阿拉伯、东非各国，诸如越南、柬埔寨、泰国、文莱、印度尼西亚、菲律宾、斯里兰卡、马尔代夫、孟加拉、印度、伊朗、也门、沙特阿拉伯、索马里、肯尼亚等国。

这是以往人们的共识。近些年来情况有了变化，某些西方学者认为，郑和船队的小分队，可能到达了澳洲，也可能绕过了非洲最南端的好望角，进入大西洋，甚至到达了美洲。对于这些新论，见仁见智，众说纷纭，是正常的现象。历史研究讲究实证，一切凭事实说话，我们不妨以冷静的态度来对待这种探索，不必匆忙下结论。

宣德号沉船瓷器图。陶瓷外输到明代以青花瓷为主。可惜很多船未能到达目的地而沉没于海底。

印尼三宝垄市，三宝庙。

正如明史专家南炳文所说：当前最为迫切需要搞清的问题之一，是郑和航海的活动范围，至于是否绕过好望角，进入大西洋，实现环球航行，应当进一步审核，确定真相。

目前看来，到达澳洲的可能性较大。

最早提出这一假说的是澳大利亚学者菲茨杰拉尔德（C. R. Fitzgerald），他

泰国暹罗，三宝庙。

在 1950 年代就发表文章《是中国人发现澳洲吗？》。美国学者李露晔（Louise Levathes）关于郑和的专著《当中国称霸海上》，继续对此进行考证。1879 年，在澳洲达尔文港附近的一棵两百年的榕树下，发现了中国道教三星之一——寿星的雕像，带有明代风格，可能是郑和船队带去的。而李露晔在中国文献中也找到一些蛛丝马迹：《星槎胜览》记载，郑和船队的船只曾经到过达尔文港北方的吉里地闷岛，就是今日的帝汶岛；《郑和航海图》中有一个叫做"哈甫泥"的地方，可能是南太平洋的科尔圭兰岛。这些迹象表明，郑和船队到达了南半球。

中国学者郑一钧的《郑和全传》也有类似的观点。另有中国学者推论，抵达澳洲的小分队，是郑和部下专门绘制航海图的杨敏率领的。永乐十一年四月初四，杨敏在安得蛮洋遭遇飓风，沿苏门答腊岛漂流南下，到了澳大利亚西海岸。几十年前，中西交通史专家向达在清初抄本残卷中发现有关"三宝信官杨敏漂流"的记载。近来发现的《太上老君说天妃救苦灵验经》中写道："大明国奉圣内官杨敏……于永乐十一年四月初四日，行至安得蛮洋，遇飓风大作"云云。因此，有的学者把杨敏称为"澳洲大陆发现者"。

最为令人震惊的是，2002年3月英国学者孟席斯（Gavin Menzies）在英国皇家地理学会上发表他的研究成果：郑和的船队比哥伦布早七十二年到达美洲大陆，比麦哲伦早一个世纪实现了环球航行。2002年10月，他出版了专著《1421：中国发现世界》，全面论证郑和船队率先发现美洲"新大陆"的观点。他说，1421年3月，郑和率领107艘船第六次下西洋，11月，郑和率一支船队返回，其余船队由洪保、周满、周闻率领继续航行。他们绕过非洲南端的好望角，沿非洲西海岸到达大西洋佛得角群岛的圣安唐岛，沿大西洋赤道洋流向西航行，然后分道扬镳。洪保船队从佛得角抵达加勒比海、南美洲东岸，然后通过麦哲伦海峡，经澳洲西北海岸、爪哇返回中国。周满、周闻船队的航线稍有差异，但都到达美洲，然后环球航行，返回中国。

这些话听起来似乎有点匪夷所思，却并非信口开河。这位孟席斯不是历史学科班出身，是一名退役海军军官。令人敬佩的是，为了研究郑和航海事迹，他到过120多个国家的900多个博物馆收集资料，书中附录的几十幅历史地图，以及历史文物与遗迹的照片，就是其中的一部分。

孟席斯的观点引起了学术界的热烈争论，也成为新闻界的热点话题。毫无疑问，有人赞成，有人反对，针锋相对的争论还会继续下去。

1 5世纪末至16世纪初，世界历史出现了大变局，历史学家称为大航海时代或地理大发现时代。它的标志是：欧洲航海家越过大西洋发现了美洲新大陆；欧洲航海家发现了绕过非洲好望角，通往印度和中国的新航路；欧洲航海家完成了横渡大西洋、太平洋、印度洋的环球航行。一个大航海时代来到了，中国当然不可能置身事外。葡萄牙人绕过非洲好望角进入印度洋，占领印度西海岸的贸易重镇果阿、东西洋交通咽喉马六甲，以及香料群岛。从1524年起，他们在中国东南沿海进行贸易。他们获得澳门贸易的许可，使澳门成为沟通东西方经济的重要商埠，也成为晚明中国在大航海时代与全球经济连成一体的中介。它的意义，不仅对于葡萄牙，而且对于中国，都是不可低估的。1580年代，澳门进入了黄金时代，一跃而为葡萄牙与印度、中国、日本贸易的重要枢纽港口。以澳门为中心的几条国际贸易航线把中国商品运向全球各地：

澳门——马六甲——果阿（印度）——里斯本（葡萄牙）航线；

澳门——长崎（日本）航线；

澳门——马尼拉（菲律宾）——阿卡普尔科（墨西哥）航线。

澳门的转口贸易，把中国卷入全球贸易的网络之中。葡萄牙人把中国的生丝、丝织品、黄金、铜、水银、麝香、朱砂、茯苓、瓷器等商品，从澳门运往果阿，其中数量最大的

中国与全球化贸易

[5]

是生丝。从果阿运回澳门的商品有白银、胡椒、苏木、象牙、檀香等，而以白银为大宗，以至于当时的欧洲商人说，葡萄牙人从里斯本运往果阿的白银几乎全部进入了中国。葡萄牙人以澳门为中心来安排远东贸易，每年五六月份由果阿启航的商船，装载印度等地出产的香料以及墨西哥、秘鲁出产的白银抵达澳门，在澳门买进中国的生丝、丝织品、棉布等商品，于第二年前往日本。在那里换回日本的白银及其他商品，返回澳门，买进中国的生丝、丝织品、瓷器等，在第三年秋天返回果阿。

与此同时，西班牙人以马尼拉为中心的大帆船贸易悄然兴起。1580 年以后，运到马尼拉的以生丝、丝织品为主的中国商品找到了一条通往墨西哥的航路。此后二百多年，"马尼拉大帆船"横渡太平洋，前往墨西哥。这就是名闻遐迩的沟通马尼拉与阿卡普尔科的大帆船贸易。

随着"马尼拉大帆船"与"太平洋丝绸之路"的蓬勃发展，东南沿海的中国商人纷纷移民马尼拉，形成著名的"生丝市场"。史家评论说：马尼拉不过是中国与美洲之间远程贸易的中转站，"马尼拉大帆船"是运输中国货的大帆船。一部论述"马尼拉大帆船"的专著称：中国往往是大帆船贸易货物的主要来源，就新西班牙（按：指墨西哥及附近地区）的人民来说，大帆船就是中国船，马尼拉就是中国与墨西哥之间的转运站。在墨西哥的西班牙人无拘无束地谈论菲律宾的时候，犹如谈及中华帝国的一个省那样。马尼拉大帆船运去的中国商品，特别是生丝和丝织品，在墨西哥、秘鲁、巴拿马、智利都成了抢手货，并且直接导致西班牙美洲殖民地以本地蚕丝为原料的丝织业的衰落。

引人注目的是，无论葡萄牙、西班牙，还是后起的荷兰、英国，在与中国的贸易中，无一例外地都处于贸易逆差之中。正如西方学者弗兰克（Andre Gunder Frank）《白银资本》所说："'中国贸易'造成的经济和金融后果是，中国凭借着在丝绸、瓷器等方面无与匹敌的制造业和出口，与任何国家进行贸易都是顺差。"他进一步发挥道："16 世纪的葡萄牙、17 世纪的尼德兰（荷兰）或 18 世纪的英国在世界经济中根本没有霸权可言。""丝—银对流"的结果，源源不断的白银资本流入中国。历史学家全汉昇从大量第一手资料中提炼出这样的结论：1571 年至 1821 年间，从美洲运往马尼拉的白银，共计四亿西元（比索），其中二分之一或更多一些经过贸易途径流入了中国。弗兰克的研究结论是：16 世纪中期至 17 世纪中期，中国通过"丝—银"贸易，获得了世界白银产量的四分之一至三分之一。这无疑是前近代中国颇为耀眼的辉煌。

日本屏风画中
的葡萄牙大黑
船。日本将在
南洋活动的西
班牙、葡萄牙等
称为"南蛮",
将与之贸易称为
"南蛮贸易"。

西班牙银元

荷兰银元

墨西哥银元
——鹰洋

耶稣会士与西学东渐

【四】

徐光启与利玛窦

随着欧洲商人的步伐，天主教耶稣会士远渡重洋，来到东南亚，通过澳门这个中西经济文化交流的渠道，进入中国。他们在传教的同时，向中国人特别是士大夫传播文艺复兴以来先进的欧洲科学文化，不仅使中国在文化上融入世界，而且培养了第一批"放眼看世界"的先进中国人。

耶稣会士前来中国传教，总是先到澳门，寓居圣保禄教堂（俗称三巴寺），学习中文及中国文化。被誉为"中国传教事业之父"的范礼安（Alexandre Valignani）、中国传教事业实际开创者罗明坚（Michel Ruggieri）、被中国士大夫称为"西儒利氏"的利玛窦（Matteo Ricci），都是如此。

意大利人利玛窦，十九岁加入耶稣会，精通天文、数学、神学，经由印度果阿来到澳门。1583 年，他与罗明坚在广东肇庆建立第一所天主教堂，掀开东西方文明交流的新篇章。为了让士大夫乐意接受，他尽量把天主教教义与儒家学说相比附，找到其中的共同性，博得士大夫的好感和崇敬。他写的《天主实义》，在《圣经》与"四书五经"之间求同存异。徐光启说，他读了《天主实义》以后，竟然没有发现天主教与儒学有任何抵触之处。他的传教活动取得了极大的成功，瞿太素、冯应京、徐光启、李之藻、杨廷筠等知名人士先后皈依天主教，也得到了沈一贯、曹于汴、冯琦、李戴等官僚的支持，能够破天荒地进入北京，并且在北京建造教堂。美国学者邓恩的著作《从利玛窦到汤若望》，把利玛窦的成功比喻为"登上了'月球'"。在他看来，晚明时期耶稣会士在中国的成就，应该被列为天主教传教史上最伟大的成就之一。据《利玛窦中国札记》描述，万历皇帝看到耶稣受难十字架，惊奇地高声说"这才是活神仙"，把它放在自己的房间里。几天以后，他派人向传教士询问有关欧洲的每一件事情。这种宽容精神，为天主教及欧洲科学文化的传播，提供了良好的氛围。

利玛窦在中国居留二十八年，绘制了多种世界地图，其中影响最大的，是万历三十年（1602）由李之藻为之刊印的《坤舆万国全图》。它打破了中国传统的"天圆地方"观念，开拓了士大夫的视野：天朝大国原来在世界上仅占区区一角，改变了中国人的世界观。这种世界地图把地处远东的中国画在最东面的边缘，使得一向以"中央之国"自居的中国人难以接受。利玛窦为了迎合"中央之国"的观念，把子午线向西移动一百七十度，使中国正好出现在地图中央。目前中国出版的世界地图，中国居于世界中央，就是利玛窦发明的权宜之计，想不到沿用了几百年而不改，与其他国家的世界地图截然不同。

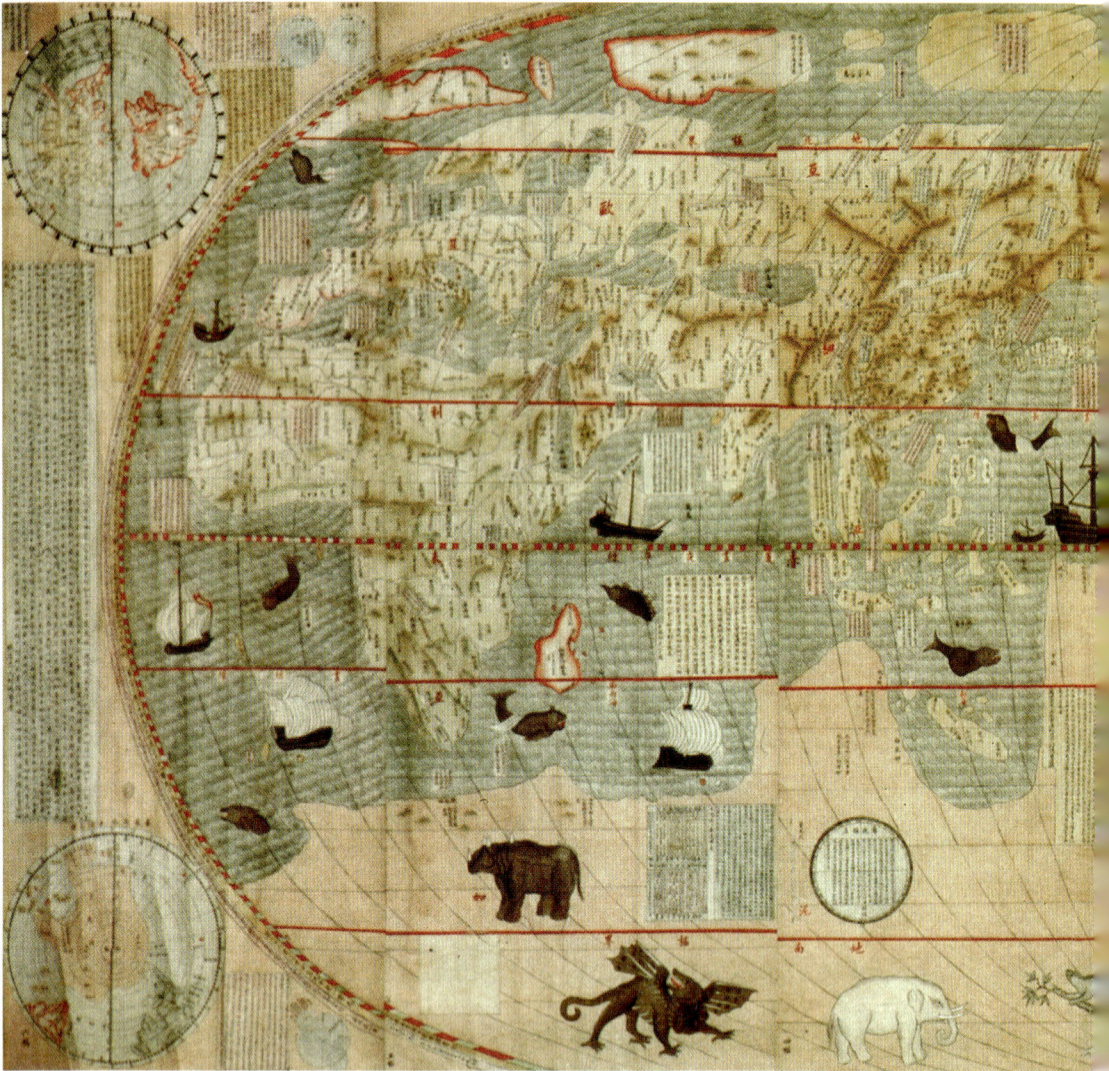

《坤舆万国全图》。这幅中文版世界地
图，把中国放在地图的中心，是当时世界
上最全、最科学的世界地图。

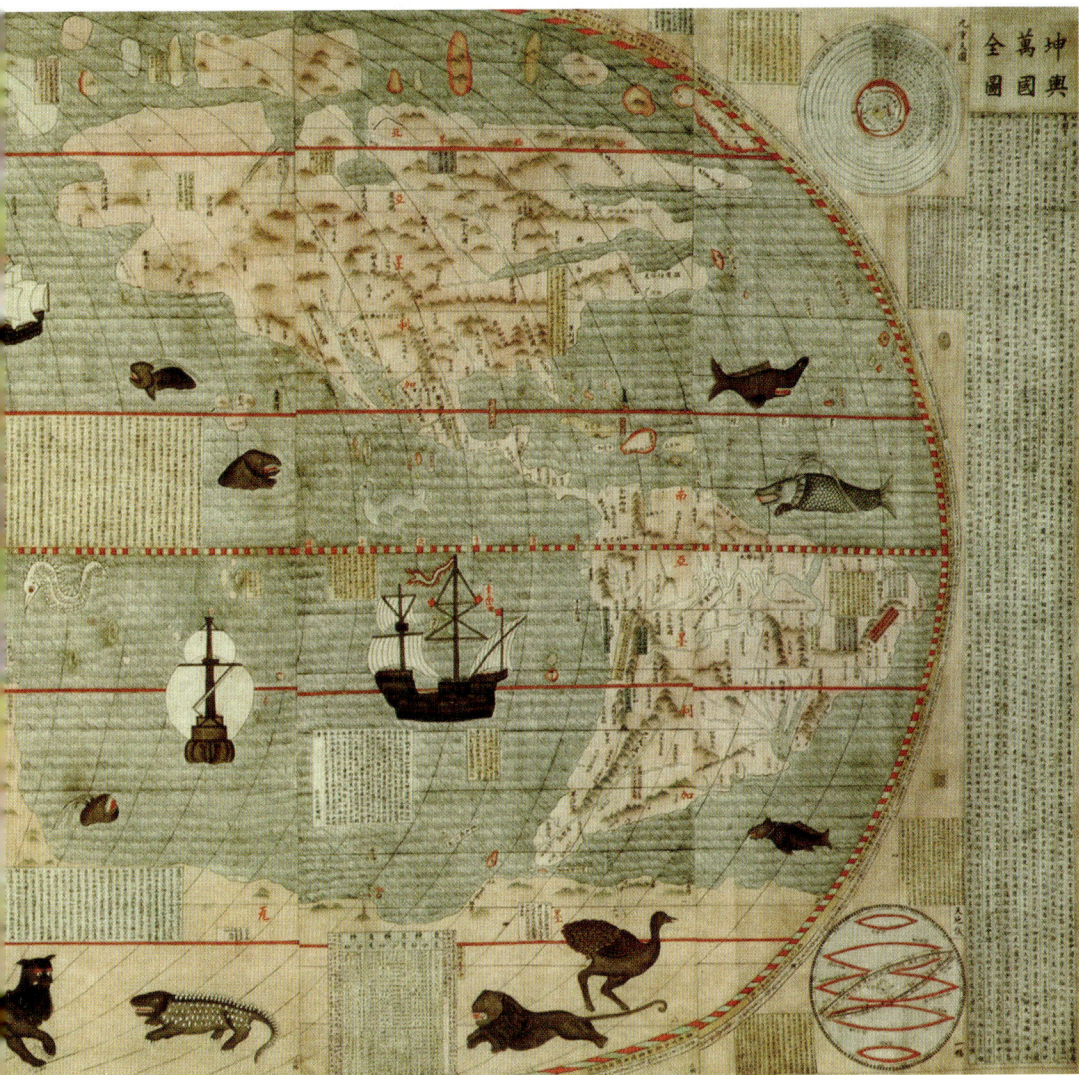

西方传教士所绘《汤若望与顺治帝》

阿姆斯特丹荷兰东印度公司码头

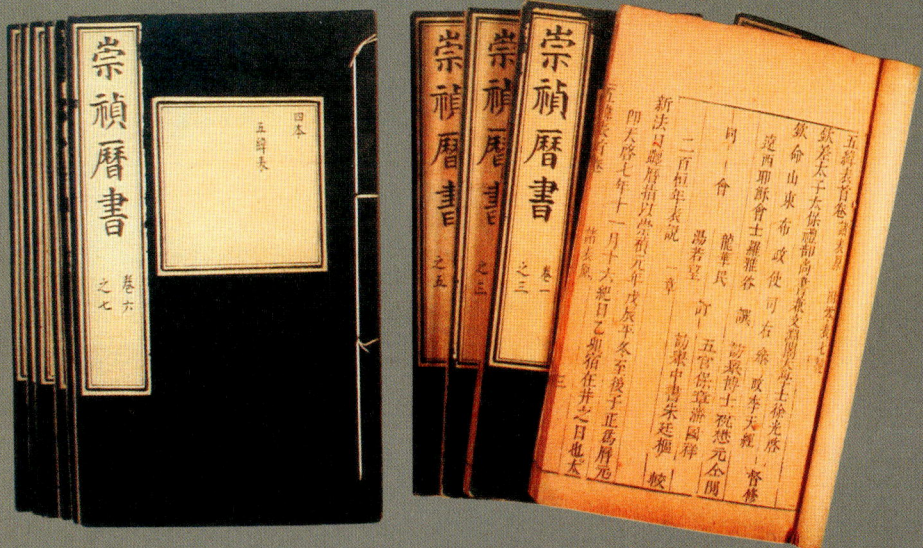

《崇祯历书》书影

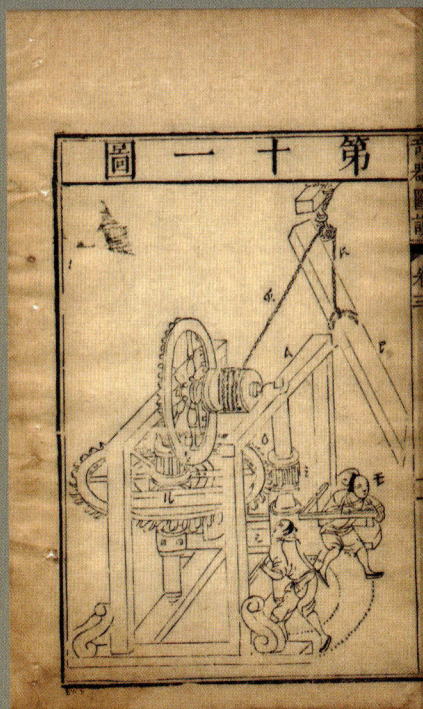

《奇器图说》

皈依天主教、教名保禄的徐光启，在北京与利玛窦频繁交往，在探讨教义之余，努力学习西方科学文化。他们两人合作翻译欧几里得几何学教科书，这就是利玛窦口授、徐光启笔录的《几何原本》。此书的价值除了弥补中国传统数学的不足之外，更重要的是引进了一种科学思维与逻辑推论方法，正如徐光启在序言中所说，可以"祛其浮气，练其精心"。

崇祯二年（1629），朝廷任命礼部侍郎徐光启修订历法。徐光启聘请耶稣会士龙华民、邓玉函、罗亚谷、汤若望等人参加，编译成137卷的巨著《崇祯历书》，详细介绍了第谷、托勒密、哥白尼、开普勒等人的天文学知识。清初，由汤若望删改，以《西洋新历法》为题，颁行于世。它的意义在于，使得中国从此告别传统历法，开始迈入近代天文学的门槛。科学史专家江晓原说，《崇祯历书》编成的时候，中国跟欧洲天文学的差距很小。但是此后两百多年几乎不变，完全脱离了欧洲天文学的进程，而欧洲在这两百年间天文学发展迅猛。《崇祯历书》使得我们有一个机会跟国际接轨，却很快脱轨，最终等到鸦片战争结束，西方天文学第二次大举进入的时候，我们中国人几乎不认识它了，因为我们落后了两百年。

天主教徒王徵与耶稣会士邓玉函合作编译的《奇器图说》，在物理学、机械工程学方面的贡献，在当时无人能出其右。台湾学者方豪认为，王徵译述《奇器图说》，其功不在徐光启、李之藻之下，其巧思则非二人所能及。他不仅能著书立说，还能动手制作各种器物，如自行车、自转磨、轮壶（自鸣钟）、连弩、运重机器、西洋神器测量定表等。有人质疑他从事"末流之学"，他答辩道："学原不问精粗，总期有济于世人；亦不问中西，总期不违于天。兹所录者，虽属技艺末务，而实有益于民生日用、国家兴作甚急也！"显示了超前的科学眼光。

西学东渐是多方面的。1614年耶稣会士金尼阁返回罗马教廷述职，募集到各类图书7000册，运回中国。这批图书中的一部分翻译成中文，通过各种途径流布于全国各地，向中国人宣传西方科学、文化、宗教。它们大部分保存在天主教北堂图书馆，现今仍可在国家图书馆看到其身影。这些被圈内人士称为"摇篮本"的西方古籍，即使在欧洲也极为珍稀，它们印证了西学东渐的一段佳话，令人缅怀、感慨。

以利玛窦为代表的耶稣会士，用欧洲的科学文化培育了一大批放眼看世界的先进中国人，其中的佼佼者，就是徐光启、李之藻、杨廷筠。天主教中国传教史研究的奠基者方豪，把徐、李、杨三人推崇为"明末天主教三柱石"，是恰如其分的。

徐光启，字子先，号玄扈，松江府上海县人。他的科举之路并不顺利，万历二十五年（1597）三十六岁时才成为举人，七年之后四十三岁才成为进士。正是这样的经历，使得他在踏入仕途之前，有机会接触耶稣会士，了解天主教和西学。万历二十八年（1600），徐光启在南京遇见利玛窦，他忙于赶回上海，来不及深谈皈依问题。三年后，他在南京拜会罗如望神父，拜读了利玛窦撰写的《天主实义》后，接受洗礼，成为天主教徒，教名保禄。

徐光启进士及第后被选为庶吉士，历任翰林院检讨、少詹事兼河南道御史、礼部尚书兼文渊阁大学士。在此后三十多年中，他运用自己的才智与影响，支持并推动天主教会活动，所以利玛窦称赞他是天主教在中国的"柱石"。万历四十四年（1616），礼部侍郎署理南京礼部尚书沈㴶向朝廷上疏，主张禁止天主教。徐光启挺身而出，写了《辨学章疏》，维护天主教，认为它可以"补益王化，左右儒术，救正佛法"，在南京教案中力挽狂澜。

万历末年，明朝在辽东屡遭败绩，徐光

明末天主教三柱石：徐光启、李之藻、杨廷筠

启多次上疏，建议在辽东、蓟州城堡以及京师外围，建设墩台，引进西洋的红夷大炮，大量制造。崇祯二年（1629），他再次建议铸造西洋大炮，聘请西洋人担任教练，皇帝采纳，立即付诸实施，在保卫北京的战争中，发挥了意想不到的作用。

李之藻，字振之，又字我存，号淳庵居士，一号淳园叟，杭州府仁和县人。万历二十六年（1598）进士及第，次年开始与利玛窦交往，为利玛窦的人格魅力所折服，赞美利玛窦是科学与美德的完美结合。他在万历二十九年（1601）年亲眼目睹利玛窦的世界地图，认为那是"万世不可易之法"。他为利玛窦重刻《坤舆万国全图》，这幅四米宽、一点米七高的巨幅世界地图，给国人以震撼感。他在序言中说，这幅地图再一次印证了"东海西海，心同理同"的道理，赞扬欧洲地图以南北极为经，赤道为纬，周天经纬三百六十度，令人可以俯仰天地，开阔眼界。

万历三十五年（1607），汪孟朴在杭州重刻《天主实义》，李之藻为之作序，对利玛窦的传教事业给予高度评价："利先生学术，一本事天"，"而特于知天事天大旨，乃与经传所纪如券斯合"，认为天主教教义与儒家学说不谋而合。他对天主教的信仰十分虔诚，经过整整九年，一直到利玛窦去世前两个月，才在北京接受洗礼，正式成为天主教徒。

李之藻在西学东渐运动中的贡献，可与徐光启相媲美。他与耶稣会士合作编译《同文算指》《圜容较义》《混盖通宪图说》《乾坤体义》《简平仪说》《名理探》《寰有诠》等西学名著，编辑出版第一部天主教丛书《天学初函》，为后世学术界开启接受西学的门径。故而方豪说："西学传入我国，徐、李并称始祖。"李之藻放眼看世界，他的贡献不仅在科学史上，而且在思想史上，都刻下了深深的烙印，留下了丰富的遗产。法国学者裴化行说得好：没有他，17世纪末、18世纪初，诸如顾炎武、阎若璩等大学者，就无从发展思想。

杨廷筠，字仲坚，号淇园，杭州府仁和县人。万历二十年（1592）进士及第，仕途生涯都在地方基层度过，政绩卓越，颇得百姓好评。

他与李之藻是同乡挚友，关系密切，但是两人接受天主教与西学的心路历程，截然不同。他有深厚的佛学修养，皈依佛门，使得他难以超脱，难以割舍。作为虔诚的佛教徒，他深受晚明三大高僧之一——云栖寺的袾宏法师影响，熟读《华严经》《金刚经》《法华经》《维摩经》《药师琉璃经》，要由佛教徒转变为天主教徒，并非易事。

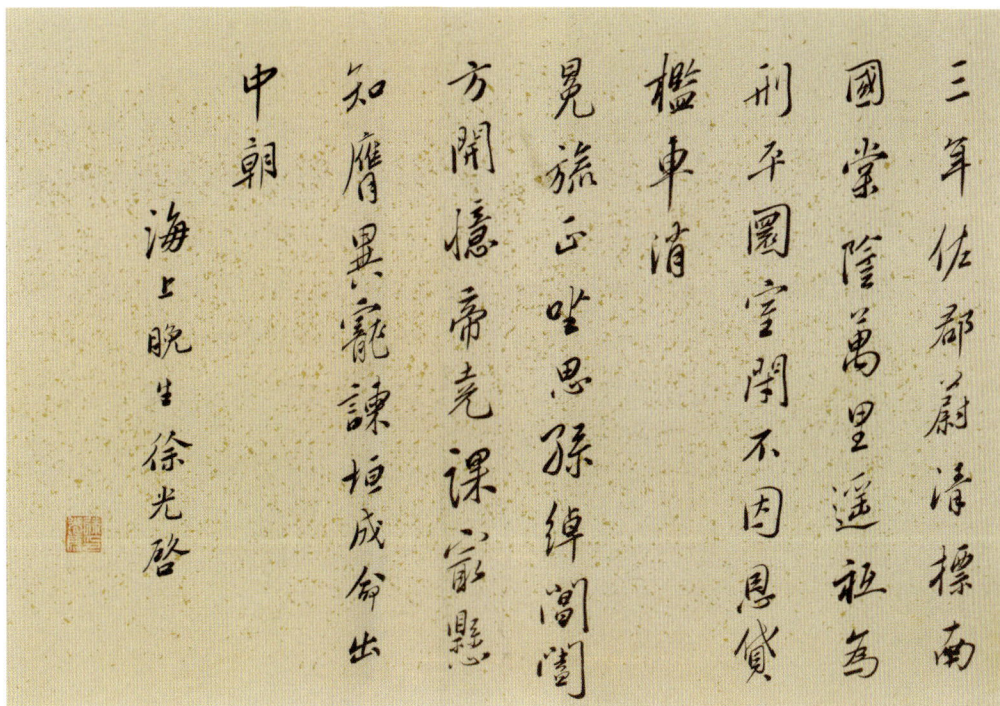

徐光启题陆万言《琴鹤高风图》手迹

　　万历三十九年（1611），李之藻丁忧回到杭州，郭居静神父、金尼阁神父同行。杨廷筠前往李府吊唁时，遇见郭、金两位神父，表示非常乐意倾听天主教的奥妙。当杨廷筠向神父表示希望立即接受洗礼时，金尼阁没有答应，因为他除了妻子，还有一个侍妾，并且为他生了两个儿子。传教士希望拯救别人，不愿意破坏教规。杨廷筠刹那间顿悟，改正错误，休了侍妾，依照教规行事。传教士目睹他的诚意，为他举行洗礼，教名弥额尔。

　　一旦成为天主教徒，他就义无反顾地宣扬教义与西学，写了《代疑编》，主张儒者不必把天主教看作异端，在"畏天命""事上帝"方面，天主教徒与儒者是一致的。在为耶稣会士庞迪我著作《七克》所写的序言中，他说天主教教义与儒家学说是"脉脉相符"的。他写的《天释明辨》，站在天主教徒立场批评佛教徒："今学佛者，或为窘迫事故，或为利人衣食，全非慕道之心。"

　　耶稣会士艾儒略的两本著作《西学凡》和《职方外纪》，与杨廷筠有着密切的关系。天启三年（1623），艾儒略按照文科、理科、医科、法科、教科、道科六部分，把欧洲学校的课程编成《西学凡》。杨廷筠为之作序，阐明自己的观点：一千六百年来中国传统的天学，几近晦暗，利玛窦等耶稣会士带来西学，使得天学重放光明。《职方外纪》是一本世界地理著作，是在杨廷筠协助下编成的，所以它的明刻本首页写道："西海艾儒略增译、东海杨廷筠汇记"，所谓"汇记"，有加工润饰的意味。

由于他主张儒道佛三教的宇宙观与天主教基本一致，被反天主教阵营攻击为背叛传统思想；在天主教阵营内部，又被指责为异端。真是左右为难，进退维谷。

相关阅读书目推荐

吴晗：《朱元璋传》，人民出版社，1998

樊树志：《晚明大变局》，中华书局，2015

陈梧桐：《明史十讲》，中华书局，2016

[德]贡德·弗兰克著，刘北成译：《白银资本：重视经济全球化中的东方》，中央编译出版社，2008

思想解放
与
启蒙运动

第十二章

姚江黄梨洲先生著

明儒学案

慈谿二老阁藏板

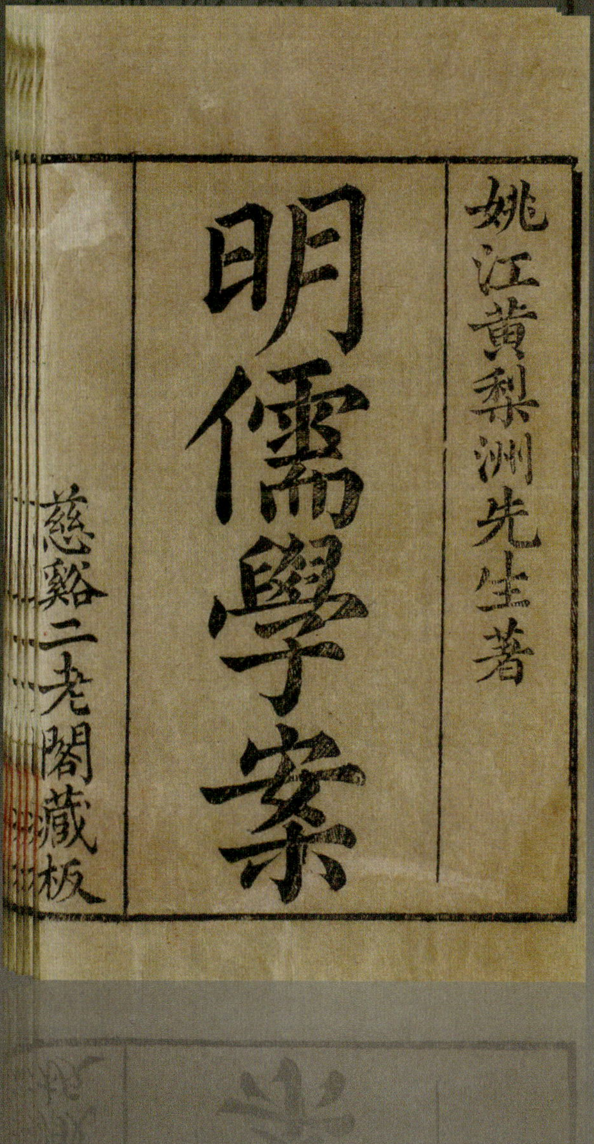

王文成

王阳明：从伪学邪说到从祀孔庙

（一）

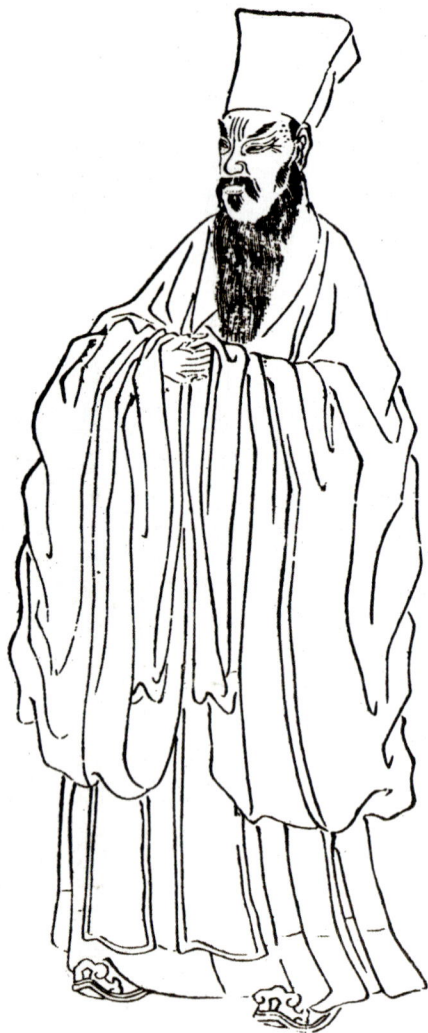

王阳明像（清代版画）

明朝前期的思想界沉闷而僵化，科举取士都以大儒朱熹的《四书集注》作为考试课本和标准答案。考生们一味死记硬背，写毫无主见的八股文。人人都以孔子的思想为思想，以朱子的思想为思想，没有自己的思想。正如杜维明所说："结果，朱熹的宋代儒学版本成了科举考试不可分割的一部分……不幸的是，这种融合'往好处说是鼓励人们去关心只言片语、孤立的细节、无关紧要的东西；往坏处说则导致死记硬背、照本宣科而不是追求意义和价值的习惯'。一旦朱熹广博的道德形而上学被转变成纯经院式，'批判精神、创造性思想、道德目的和活力就逐渐消失了'。"

有独立思想的知识人对此是不满意的。首先出来打破僵化沉闷空气的是陈献章，他提倡"小疑则小进，大疑则大进"。王守仁继承并发扬这种怀疑精神，推动了一场轰轰烈烈的思想解放运动。

王守仁，幼名云，字伯安，浙江余姚人，因在阳明洞讲学而号阳明子，人称阳明先生。王阳明的事功与学问都令人刮目相看，既是一个思想家，也是一个政治家、军事家，平定宁王宸濠叛乱、赣南叛乱、广西叛乱，战功卓著，无人可以与之比肩。对于后世最大的影响，毫无疑问是他的思想，即阳明学。

今人对他的思想各取所需，有的强调"致良知"，有的强调"知行合一"，我的切入点是解放思想的启蒙意义。有两点最值得注意：

——夫道，天下之公道也；学，天下之公学也，非朱子可得而私也，非孔子可得而私也。

——夫学贵得之心。求之于心而非也，虽其言之出于孔子，不敢以为是也，而况其未及孔子者乎！求之于心而是也，虽其言之出于庸常，不敢以为非也，而况其出于孔子者乎！

这两段话，气魄宏伟而又逻辑严密，极具震撼力与说服力。在王阳明的前辈与同辈之中，难以看到如此锋芒毕露的言词，如此深刻大胆的思想。他的可贵之处在于，敢于向孔子、朱子大声说不，敢于发出不同的声音，挣脱无形的网罗，强调无论求道还是求学，都应该出于自己的心得，独立思考，不要以孔子的是非为是非，不要以朱子的是非为是非。

他写的《大学古本》与《朱子晚年定论》，都是向朱熹发出质疑，认为作为科举考试标准答案的《四书集注》，是朱熹中年未定之说，有不少谬误，朱熹自己也觉

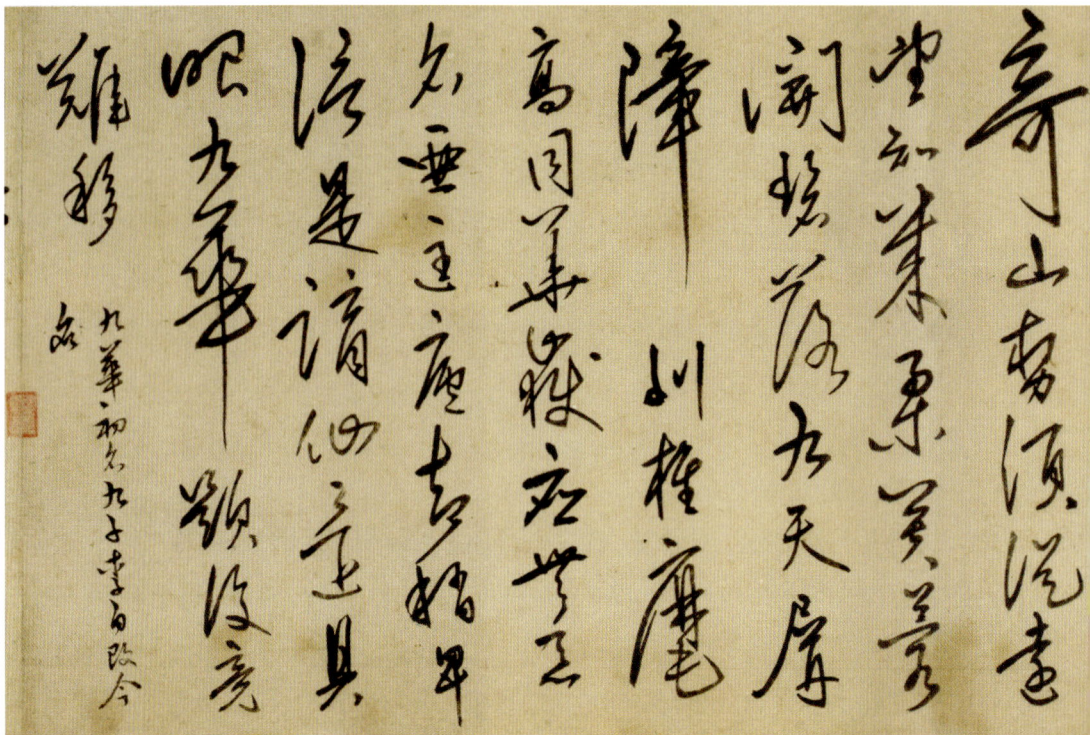

王阳明手迹

今是而昨非。目的是引起人们的反思，不要盲目崇拜朱熹。扩而大之，他对传统经学给予有力的批判：有的崇尚功利、邪说，是"乱经"；有的专注于训诂、背诵，沉溺于浅闻小见，涂抹天下之耳目，是"侮经"；有的侈淫辞，竞诡辩，掩饰奸心盗行，自以为通经，简直是"贼经"。阳明先生目光犀利，言词深刻，"乱经""侮经""贼经"六个字，使那些经学家的面目暴露无遗。

嘉靖七年（1528），王阳明去世。别有用心的政客，发起一场对王阳明的诬陷运动。鉴于王阳明事功显赫，无法否定，便从学术下手，诬蔑阳明心学是"伪学邪说"。这种手法令人想起南宋时朱熹的遭遇，他的政绩卓著，无可指责，政敌便把他的学说诬蔑为"专门曲学""欺世盗名"，并且罗织一个子虚乌有的"伪学逆党"，无情打击。从学术观点看，王阳明的心学与朱熹的理学很不一样，遭遇却惊人地相似。学术问题竟然要由皇帝来当判官。嘉靖皇帝听信佞臣的谎言，下达圣旨，以"伪学邪说"为借口，禁止传播学习阳明心学。

詹事府詹事黄绾顶着压力向皇帝上疏，为阳明先生的事功与学术辩护，直指要

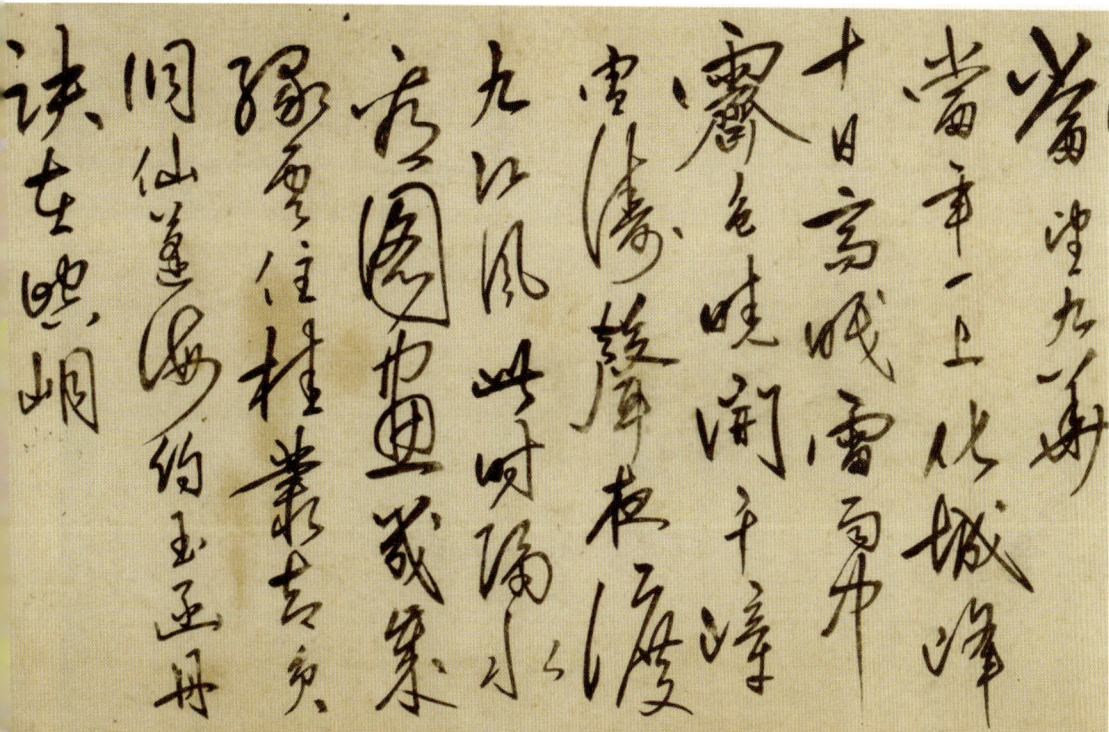

害：“功高而见忌，学古而人不识，此守仁之所以不容于世也。”给事中周延与黄绾相呼应，批评皇帝“以一眚尽弃平生，非所以存国体而昭公论”。皇帝刚愎自用，不予理睬。

直到嘉靖四十三年（1564），内阁首辅徐阶力挽狂澜，态度鲜明地褒扬阳明先生的学问与事功，为之平反昭雪。由于他的努力，隆庆皇帝即位后，公开宣布王阳明“学术纯正”“事功显赫”，恢复他的封爵，赐予文成公谥号。有识之士普遍认为，阳明先生继承并发扬孟子的学问，应该从祀孔庙，可惜迟迟未能付诸实施。直到万历十二年（1584），由于内阁首辅申时行的努力，才得以实现。

都察院左副都御史耿定向写了《议从祀疏》，力挺从祀孔庙。早在隆庆元年（1567），他就题请王阳明从祀孔庙，未蒙采纳。如今他旧事重提，主张王守仁与陈献章一并从祀孔庙。申时行赞成耿定向的意见，向皇帝呈上题为“遵明旨析群疑以成盛典事”的奏疏，一锤定音。这位有深厚儒学功底的苏州才子，写起学术文章来，驾轻就熟，议论风生，把先前的“伪学邪说”诬陷批驳得体无完肤：

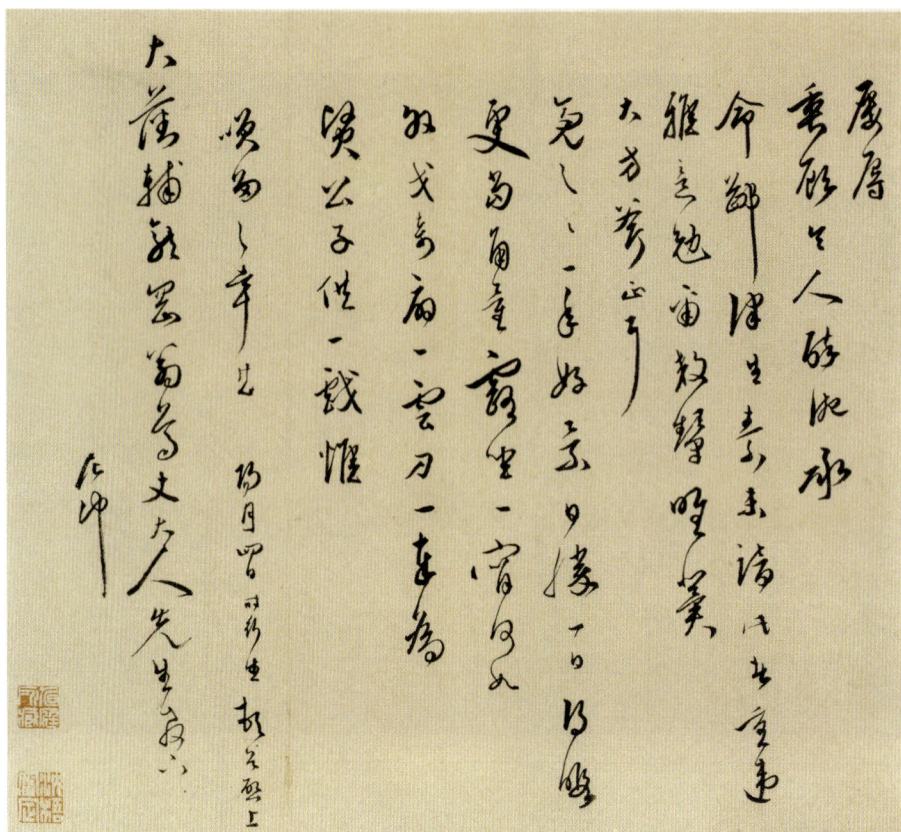

申时行手迹

若守仁言致知出于《大学》，言良知本于《孟子》。献章言主静沿于宋儒周敦颐、程颢，皆祖述经训，羽翼圣真，岂其自创一门户耶？

其谓崇王（守仁）则废朱（熹）者，不知道固互相发明，并行而不悖。盖在宋时，朱（熹）与陆（九渊）辩，盛气相攻，两家子弟有如仇隙。今并祀学宫，朱氏之学，昔既不以陆废，今独以王废乎？

有鉴于此，申时行主张王阳明、陈献章、胡居仁三位学者，都应该从祀孔庙，以此来纠正近世儒学的流弊——病于拘曲、狃于见闻，明真儒之有用，明实学之自得。

皇帝采纳申时行的意见，批准王阳明、陈献章、胡居仁从祀孔庙。学者型官员邹元标为申时行《赐闲堂集》写序，对此高度评价："从祀三大儒，使人知学有宗源，濂、洛、关、闽，有宋不得擅美。华亭（徐阶）所欲为未遂者，公（申时行）毅然行之，非天下之至文耶？"

王艮像

心齋王先生遺像

李贽　王艮　王畿

[二]

王阳明的弟子王畿、王艮把他的思想推
向极致。

王畿，字汝中，号龙溪，绍兴府山阴县人。
他的思想精彩之处在于，始终坚信"学须自
证自悟，不从人脚跟转"。如果不能自证自悟，
一味跟着前贤的脚跟转，重复前贤的语录，
是没有出息的。如果执着于师门权法，不敢
逾越，那就没有发展，没有创新，思想岂不
成一潭死水！自从宋儒把《论语》等"四书"
奉为"经"以来，"四书"的地位节节攀升，
大有凌驾于"五经"之上的趋势。知识人对

它顶礼膜拜,只敢亦步亦趋地注释,少有批评。王畿反其道而行之,直率地指出"《论语》有病",并非"传神手笔","只记得孔子皮肤影像"。

因此王畿被朝廷斥责为"伪学小人"。黄宗羲《明儒学案》这样形容王阳明的弟子和再传弟子:"非名教之所能羁络","诸公掀翻天地,前不见有古人,后不见有来者"。《明史》和《四库全书》的编者都持否定的评价。从长时段的历史眼光看来,王畿的思想是难能可贵的,"掀翻天地""打破牢笼"恰恰是他的最大贡献。李贽称赞这位前辈"人天法眼,白玉无瑕,黄金百炼",可谓独具只眼。

王艮,初名银,阳明先生把他更名为艮,字汝止,号心斋,泰州安丰场人。王门弟子中,王艮是最奇特的一个,出生于卑微的灶丁之家,文化程度不高。师从阳明先生以后,卓然成为大家,创立名闻遐迩的泰州学派,主张"以悟释经",强调自己的领悟。耿定向解释道:"先生自童不娴文义,无所著述,乃其深造自得,所谓六经皆注脚矣。"坚持正统思想的人,对王门弟子非议最多的也正是这一点——"六经皆注脚"。

顾宪成是一位正直的学者,对此也不以为然:"其势必至自专自用,凭恃聪明,轻侮先圣,注脚六经";还把"注脚六经"具体化为"六经注我,我注六经"。如果站在经学的正统立场,"六经注我,我注六经"显然有悖于经学的本义,或者说有离经叛道之嫌。其实,这是一种"原教旨主义",势必导致抱残守缺,思想僵化。要打破牢笼,自由思想,"六经注我,我注六经"是必然的选择。经典的生命力在于与时俱进,随着时代的前进,不断赋予新的解释,也就是王阳明所说,应当为我所用,不至于成为束缚思想的桎梏。

晚明思想解放的潮流,到李贽那里,推向了高峰。

李贽,初名载贽,字宏甫,号卓吾,泉州府晋江县人,其地又称温岭,故士人又称他李温岭。他虽然不是王阳明的及门弟子,也可归入"掀翻天地"的王门弟子行列,他是王艮之子王襞的门生,可以算作王阳明的三传弟子。

李贽认为,千百年来无是非可言,原因就在于,"咸以孔子之是非为是非耳,故未尝有是非耳",因此不必把孔子的是非作为衡量是非的标准。他还说:"天生一人,自有一人之用,不待取给于孔子而后足也。若必待取足于孔子,则千古以前无孔子,终不得为人乎?"逻辑严密,一举击中要害。李贽对那些假道学深恶痛绝,他们开口闭口声称"天不生仲尼(孔子),万古如长夜",李贽嘲讽道:"怪得羲皇以上圣人

李氏焚書目錄

七言八句

自武昌渡江宿大別

曉行逢征東將士却寄梅中丞

晚過居庸

元日極樂寺大雨雪　　九日極樂寺聞袁中郎且至

讀羊叔子勸伐吳表　　雨中塔寺和袁小修

瑠璃寺　　讀劉禹錫金陵懷古

望魯臺孔禮謁二程　　赴京留別雲松上人

李氏焚書卷之一

書答

○答周西巖

天下無一人不生知無一物不生知亦無一刻不生
知者但自不知耳狀又未嘗不可使之知也惟是土
木瓦石不可使知者以其無情難告語也賢智愚不
肖不可使知者以其有情難告語也除是二種則雖
牛馬驢駝筆當其深愁痛苦之時無不生知又有人不生
語以佛乘也據渠見處恰似有人生知又有人不生

李贽《焚书》书影

227

思想解放
与启蒙运动

尽日燃纸烛而行也！"那些假道学把孔子比作太阳，没有他就漆黑一片，与前面所说"千古以前无孔子，终不得为人乎"，遥相呼应，嬉笑怒骂皆成文章。

李贽把王艮的"六经皆注脚"，发展为"六经皆史"。一般以为，"六经皆史"是清朝人章学诚提出的，殊不知李贽早已领先一步，章学诚不过重复而已。在李贽看来，六经本来就是史书，被后人尊奉为"经"，披上了神圣外衣，应该还它本来面目——"经史一物"。

当时的假道学打着周、程、张、朱的幌子，贩卖私货，嘴上讲仁义道德，心里想升官发财，他极为反感，讽刺道，这些人"心存高官，志在巨富"，"既已得高官巨富矣，仍讲道德说仁义自若"。在他看来，假道学的要害是"假"，扮"假人"，说"假言"，做"假事"，写"假文"。

他的"快口直肠，目空一切"，触怒了一大批实权人物，指责他"敢倡乱道，惑世诬民"，把他逮捕入狱。他在狱中自刎而死，用坚贞不屈的斗志表达最后的抗议。明末清初的名士张岱说，李贽"不死于人，死于口；不死于法，死于笔"，他没有犯法，仅仅是他的"口"和"笔"闯了祸，成为专制体制所不容的思想犯。他的著作在万历、天启年间多次禁毁，却始终在民间流传。顾炎武在《日知录》中如实地说："士大夫多喜其书，往往收藏。"反映了民间舆论的取向，并不以官方的意志为转移，要喜则喜，要藏则藏，有思想有活力的书是禁不了的。

值得注意的是，李贽与利玛窦的交往。他在给朋友的信中提到利玛窦（他称为利西泰），"今尽能言我此间之言，作此间之文字，行此间之仪礼，是一极标致人也"。看得出来，一向以狂狷著称的李贽，对利玛窦是推崇备至的，他们已经"三度相会"。出于心仪，李贽赠诗给利玛窦：

> 逍遥下北溟，迤逦向南征。
>
> 刹利标名姓，仙山纪水程。
>
> 回头十万里，举目九重城。
>
> 观国之光未？中天日正明。

《利玛窦中国札记》也有他们二人"三度相会"的记录，利玛窦称赞李贽是"中国人罕见的范例"。

"五四"新文化运动中，高喊"打倒孔家店"的吴虞，对李贽推崇备至，写了洋洋万言的《明李卓吾别传》，称赞李贽学说与理想极其高妙，不肯依傍他人，对孔子屡有微词。自从东汉的王充《问孔》以后，两千年来，直斥孔子，他是唯一的人。吴虞"打倒孔家店"，显然受到李贽思想的影响。由此看来，晚明思想解放的潮流，一直影响到"五四"新文化运动。现在有些人企图否定"五四"新文化运动"打倒孔家店"的历史意义，他们混淆了孔子与孔家店的区别，孔子思想经过汉儒和宋儒的改造，已经面目全非，"孔家店"贩卖的货色，并非孔子思想的本来面貌。不打倒"孔家店"，如何建立新思想新文化？如何迎接"德先生""赛先生"？

方以智，字密之，号曼公，又号浮山愚者，安庆府桐城县人。崇祯十二年（1639）举人，崇祯十三年（1640）进士，授翰林院检讨，是颇有名气的青年才俊，与侯方域、冒襄、陈贞慧并称"明末四公子"。他出身名门，祖父方大镇、父亲方孔炤都是高官，自然算得上公子哥儿，却没有侯朝宗与李香君、冒辟疆与董小宛那样的风流韵事。他追随徐光启、李之藻，服膺耶稣会士和他们带来的西学，却不是天主教徒，晚年皈依佛门，出家为僧。

他的巨著《通雅》洋洋五十二卷，从写于崇祯十四年（1641）的序言推断，此书应该写于此前几年。四库馆臣将此书定位为"考证名物、象数、训诂、音声"之作。其实方以智的本意是强调"读书必开眼，开眼乃能读书"，他自己真的做到了"读书必开眼"，不仅开眼读书，而且开眼看世界。

他的《通雅》多次提及利玛窦，说利玛窦带来的西学，纠正了对传统天文学的误解，令人大开眼界，他把利玛窦称为利西江，说"至利西江入中国，而畅言之，自地而上为月天、金天、日天、火天、木天、土天、恒星天"，所说的就是月球、金星、太阳、火星、木星、土星、恒星。他又说，日轮（太阳）大于地球一百六十五倍又八分之三，大于月轮（月球）六千五百三十八倍又五分之一，而地球大于月轮三十八倍又三分之一。真是大开眼界了！

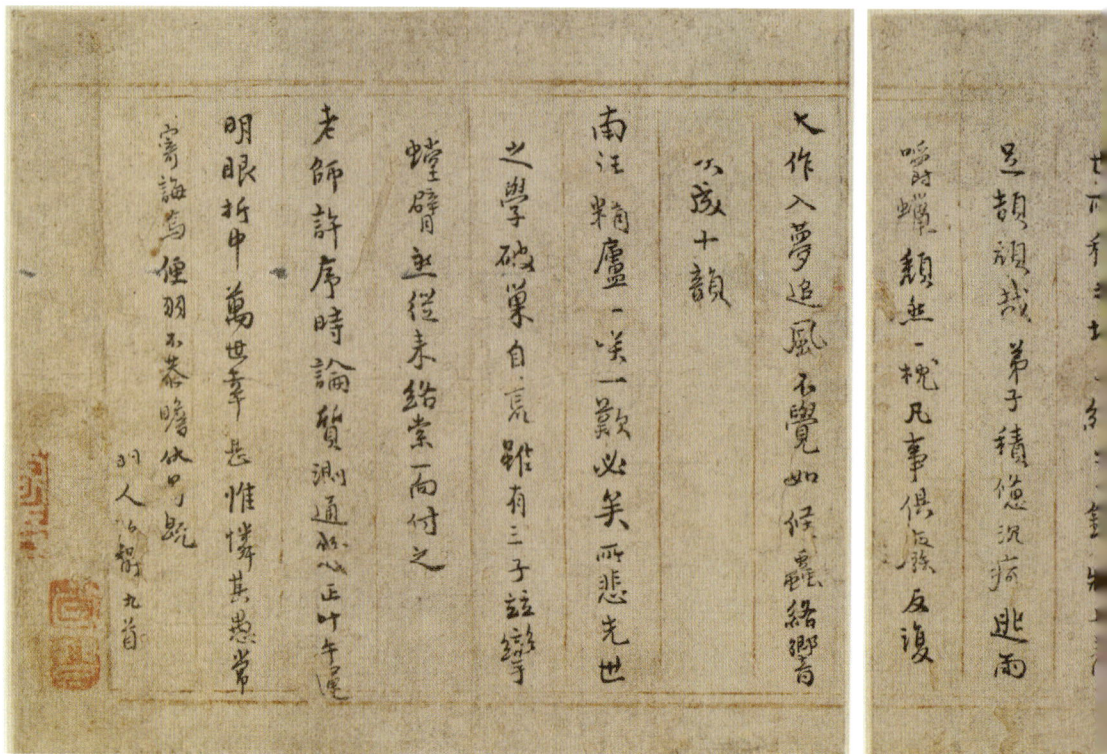

方以智手迹

　　谈到崇祯年间设局修历，分析中国历法不及西方历法的原因——中历沿用久远，焉得无差？而西历用最新的三角对数法测量，"算惟随时，测之乃准"。关于《崇祯历书》，他提及徐光启，也提及父亲方孔炤："自徐元扈（引者按：应为徐玄扈）奏立历官，而《崇祯历书》成矣。老父以学者从未实究，故作《崇祯历书约》。"反映了父子两代对徐光启的崇敬之情。他从利玛窦的著作中了解到，"地与海本是圆形，而同为一球"，地球有南北二极，有经度纬度，有赤道，美洲在"中国对足处"。再一次大开眼界！

　　日本东京工业大学教授刘岸伟指出，方以智始终追求新的学问，访问耶稣会士毕方济，询问欧洲的历算与奇器。他的名著《物理小识》引用耶稣会士艾儒略《职方外纪》的文字五十处。其实，他不仅在《物理小识》中引用《职方外纪》，此前的《通雅》已经多次引用此书，最显著的例子，即关于五大洲的知识，就来自该书。他写于南京时代的《膝寓信笔》提到利玛窦，对这位西洋学者渡海来到中国，读中国书，

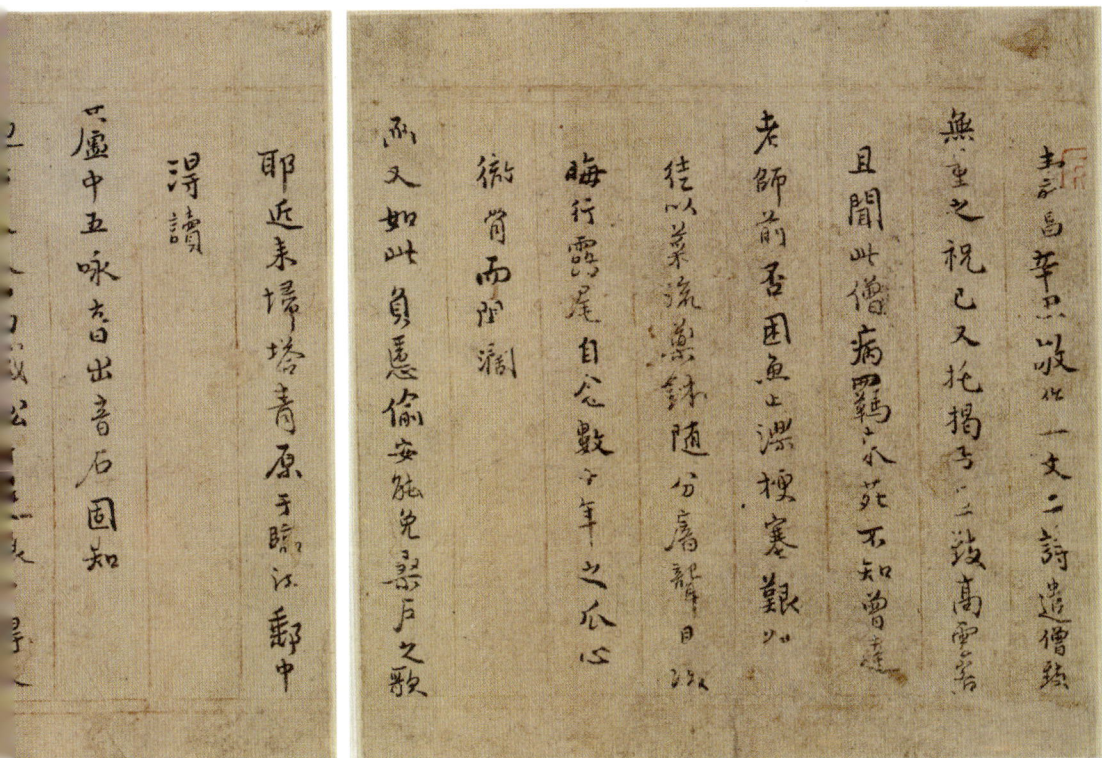

感服孔子，表示钦佩。又说，自己读过李之藻编的《天学初函》，还和精通西学、著有《格致草》的耶稣会士熊明遇讨论过此事。因此，方以智自己把《物理小识》归结为吸收西学，"读书必开眼"的结果。

容肇祖《方以智和他的思想》写道：方以智早年留心西洋科学，后来，他和汤若望友好，对于西洋天文算学亦精，有他儿子的话为证。他的儿子方中通《与西洋汤道未先生论历法》诗注："先生崇祯时已入中国，所刊历法故名《崇祯历书》，与家君交最善。家君亦精天学，出世后绝口不谈。"由此可见，他承认西洋科学的精确，但以为中国学问亦有贯通和先识的长处，颇有后来"中学为体，西学为用"的意味。

侯外庐、邱汉生、张岂之主编的《宋明理学史》，从理学的角度品评方以智。一则说："方以智与理学家不同的另一点，是他注重自然科学的思想，以自然科学为基础，不但形成了他宇宙观上的唯物主义，而且在认识论上，他反对不可知论，强调人的主观能动性。"再则就"舍心无物"和"舍物无心"评论道："'舍心无物'，是指人的认识能力能够认识客观事物"，"'舍物无心'，是指不接触客观事物则无所认识"。三则说："他从认识论的角度指出了朱学与王学的各自偏颇。"

崇祯十七年（1644），京师陷落，方以智乘间脱归，前往南京。由于五年前曾参与复社诸君子《留都防乱公揭》，揭发阉党余孽阮大铖真面目，遭到已在弘光小朝廷掌权的阮大铖报复，不得已亡命广东。南明唐王、桂王都欲任用为高官，他婉言谢绝。转侧于洞壑间，艰苦备至，旋即落发为僧，法号弘智，字无可。父亲去世，他回归桐城，庐墓三载，与弟子讲业论道，闭口不谈清初世事。

《物理小识》书影

【四】几社与复社

晚明文人结社风气很盛，可以看作启蒙运动的一个侧面。顾炎武说："万历末，士人相会课文，各取名号，亦曰某社某社。"言下之意，文人结社风气始于万历末年。朱彝尊认为，诗人结社宋元以来就有，"至于文社，始于天启甲子（天启四年）"，指的是常熟的应社。不过具有全国性影响的是几社与复社。

成立于松江的几社，不仅仅满足于科举制艺的训练，更强调振兴绝学，它的名称就由此而来："几者，绝学有再兴之几。"最初的骨干是几社六子：陈子龙、夏允彝、徐孚远、周立勋、李雯、彭宾，以后多了五子：朱灏、顾开雍、宋存楠、王元玄、宋存标。他们以文会友的成果《几社壬申合稿》，"即不得官，可不大声慷慨"，急切地想大声发出声音，纠正时弊，即使"与儒者不合"，也在所不惜。他们的文章谈的是历史，触及的是时事。夏允彝写的《拟皇明宦官列传论》，针对几年前的魏忠贤阉党专政，批判宦官干政——"在内者分相权，在外者管将权"，看起来是在分析历史——"本朝之势专利宦官"，其实他所处的崇祯时代何尝不是如此，他是有感而发的。李雯《朋党论》的现实针对性更加明显，"朋党者何？君子小人之分也"，"汉唐以后，朋党之名恒在君子"。小人用"朋党"来整肃君子，而皇帝不分是非，一概打击"朋党"，其结果必然是"小人受其福，而君子蒙其祸"，这一点已为天启、

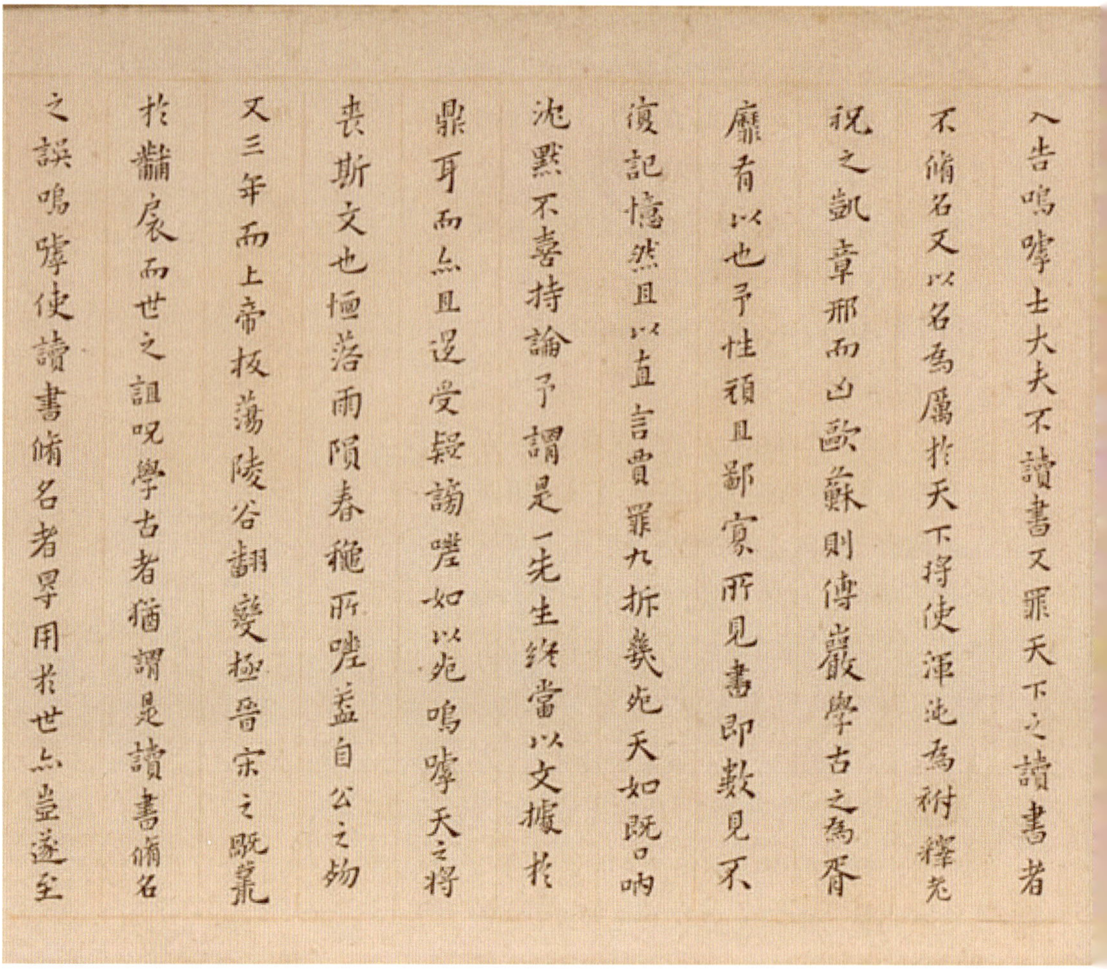

入告鸣嚼士大夫不讀書又罪天下之讀書者

不脩名又以名為屬於天下將使渾沌為袴宪

祝之凱章邪而凶歐蘇則傅嚴學古之為脣

廉者以也予性頑且鄙寡所見書即數見不

復記憶然且以直言賈罪九折羹苑天如既口呐

沈黙不喜持論予謂是一先生終當以文擅於

鼎耳而乭且逆受緊譎譬如以苑鳴嚼天之將

衰斯文也恆落雨隕春稬所噬盖自公之物

又三年而上帝技蕩陵谷翻變極晉宋之既羔

於黼宸而世之詛呪學古者猶謂是讀書備名

之誤鳴嚼使讀書備名者畢用於世乭豈遂至

黄道周书《张溥墓志铭》

崇祯之际的党争所证明。何况当时有人指责几社也是"朋党",李雯当然要辩个一清二楚。

几社诸子合力编成的《皇明经世文编》五百卷,一举震惊文坛,把几社的影响力扩展至全国。这些青年才俊主张学问必须经世致用,在王朝走向末路的危难之际,把本朝两百多年积累的经世致用文章汇编成书,供当朝执政者借鉴,正如编者徐孚远所说:"当国者览此书,以为有裨于盐梅之用。"陈子龙在序言中强调的是,此书企图纠正三患:朝无良史、国无世家、士无实学,宗旨不但是"益智",更在于"教忠",担负起天下的兴亡。这一点得到封疆大吏的认同,松江知府方岳贡认为,该书的特

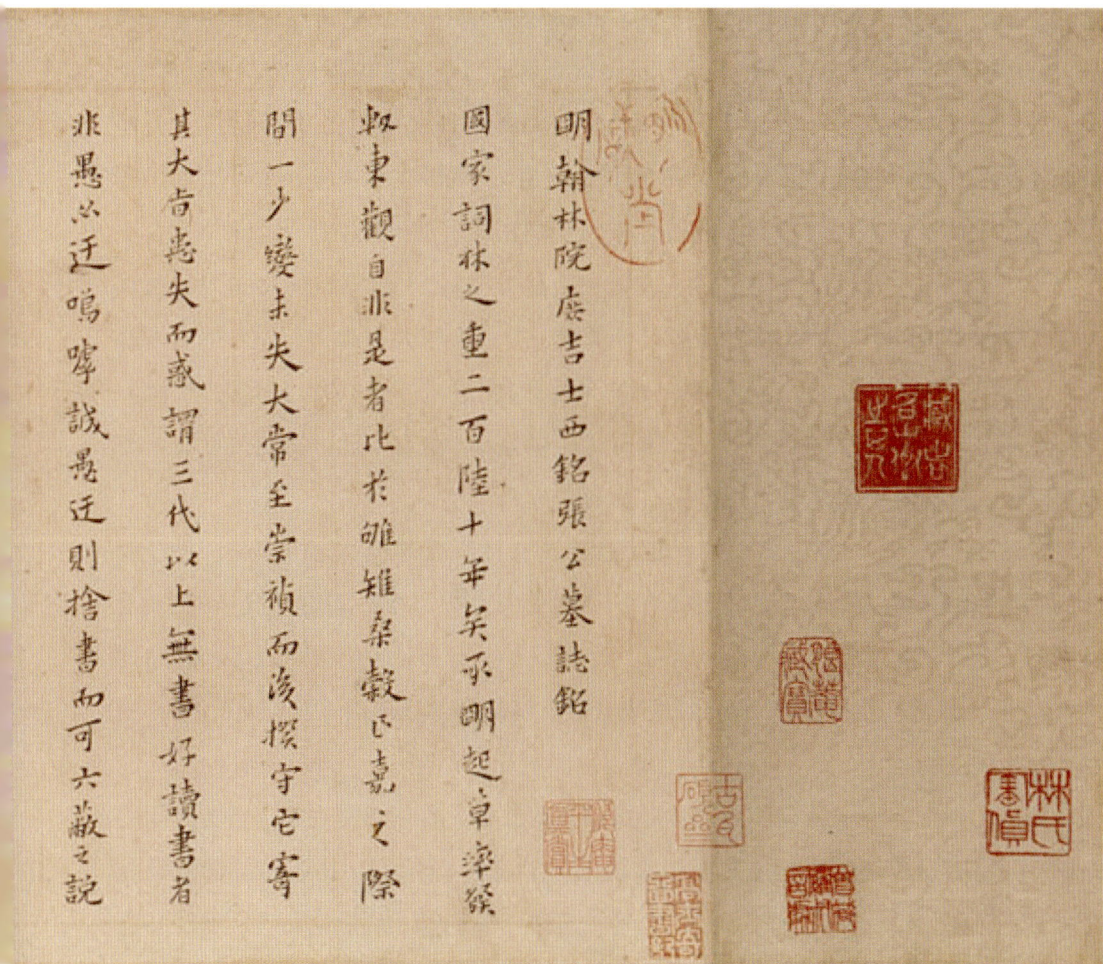

明翰林院庶吉士西銘張公墓誌銘

國家詞林之重二百陸十年矣承明起草率襲

軼東觀自非是者比茀雜雜桑毅正嘉之際

閒一少變未失大常至崇禎而後摞守宦寄

其大旨憂失而藏謂三代以上無書好讀書者

非愚必迂鳴嚛誠愚迂則捨書而可六藝之說

色可以概括为八个字："关于军国，济于时用。"应天等十府巡抚张国维认为，此书显示了"通达淹茂之才""济世安邦之略"。以"社弟"自称的张溥盛赞此书，打通"读经""读史""读古""读今"的界线，编成"明兴以来未有"的大书，目的在于"治世"。

复社成立之后，几社和其他文社都以团体成员加入，不过他们自身的活动是有分有合的。此后几社成员扩大至一百人左右。

晚明文社中规模最大、名气最响的无疑是复社，它有狭义和广义之分：前者是众多文社之一的复社，后者是众多文社联合体的复社。复社的领袖人物是太仓名士张溥、张采，人称"娄东二张"。关于复社名称的由来，张采的说法是："世教衰，兹其复起，名曰复社。"张溥的说法是："期于四方多士共兴复古学，将使异日者务为有用，因名曰复社。"合起来看，可以概括为十二个字：提振世教、兴复古学、务为有用，其中洋溢着经世致用的家国情怀。因此张溥极力主张"正风俗"，关键在于整顿士子的作风与气节，他无限感慨地写道："风俗之不古也，士子为甚。逆珰之乱，献媚造祠者倡于松江；奴酋之横，开城乞降者见于永平。于是天下争言士子之变沦胥已极，几甚于尧时之洪水，周初之猛兽。"把士风的败坏比喻为洪水猛兽，其愤激之情溢于言表。在复社诸君子那里，整顿士风是身体力行的，他们痛感于"士子不通经术"，满足于道听途说，一知半解，因此进入仕途以后，上不能"致君"，下不能"泽民"，必须大声疾呼。几次复社大会的宗旨，就在于此。因此复社的声誉日益高涨，民间舆论称之为"小东林""东林之中兴"。

崇祯二年（1629）的尹山大会，是复社成为文社联合体的标志性事件。由于复社的宗旨得到各地文社同志的拥护，参加尹山大会人数之多，堪称盛况空前。《复社纪略》记录了参加此次大会人员名单，日本学者小野和子《明季党社考》据此列出统计表，我把它简化为文字：南直隶234，浙江168，江西123，湖广64，福建40，山东20，广东14，河南8，山西4，四川3，陕西1，贵州1，共计680人。张溥在会上，把各地文社合而为一，立规条，定课程，重申兴复古学、务为有用的宗旨，并且决定把与会成员的文章汇编成册，定名为《国表》，由各府县的社长先行审稿，苏州、松江等府由周钟、杨廷枢、杨彝、顾梦麟、周勒卣负责，浙江各府由钱楠、吴昌时负责，安庆等府由吴应箕、沈寿民、刘诚等负责，江西各府由陈际泰、罗万藻、艾南英负责，湖广各府由易道暹负责，福建各府由陈燕翼、陈元纶负责。

崇祯三年（1630）的金陵大会，崇祯六年（1633）的虎丘大会，参加会议的成员飞速增加几倍之多，令世人刮目相看。日本学者井上进广泛收集资料，进行考订，著成《复社姓氏校录》，统计出复社总人数为3043人，遍及全国各地；主要集中于太湖周边的苏州、松江、常州、镇江、嘉兴、杭州、湖州七府之地，有1226人；其中又以苏州府为最多，有506人。

崇祯六年的虎丘大会，使得复社盛极一时。《复社纪略》如此描述当时的盛况："癸酉（崇祯六年）春，（张）溥约社长为虎丘大会，先期传单四出。至日，山左、江右、晋、楚、闽、浙，以舟车至者数千余人。大雄宝殿不能容，生公台、千人石，鳞次布席皆满。往来丝织游于市者，争以复社命名，刻之碑额。观者甚众，无不诧异，以为三百年

虎丘千人座

来从未有此也！"

　　三百年来从未有过的盛举，引起了当局的警觉，一些别有用心的人炮制各种政治谣言，诽谤复社。更有甚者，对复社怀恨在心的宵小之徒，捏造复社十大罪状，一时间闹得沸沸扬扬，大有黑云压城城欲摧之势。张溥、张采挺身为复社辩白，地方长官主持公道，查明确系诬构。崇祯皇帝终于明白真相，下达圣旨："书生结社，不过倡率文教，无他罪，置勿问。"尔后再次明确批示："朝廷不以语言文字罪人，复社一案准注销。"这是崇祯皇帝办得最漂亮的一件事，敢于表态"朝廷不以语言文字罪人"，非常了不起，值得点赞！

　　后期复社在青史留名的事件，首推《留都防乱公揭》。阉党余孽阮大铖，潜入南京，成立群社，招揽名流，为自己造势，妄图东山再起。复社成员吴应箕、顾杲（顾宪成之孙）和陈贞慧识破阮大铖的阴谋，决定揭露阮大铖阉党余孽的老底，起草檄文——《留都防乱公揭》。这篇檄文分头寄给复社成员，获得绝大多数人的支持。

崇祯十二年（1639），复社人士乘金陵乡试之机，在冒襄（辟疆）的淮清桥桃叶渡河房召开大会,正式发布《留都防乱公揭》,声讨阮大铖,在"公揭"上签名的有 142 人,领衔的是东林弟子代表顾杲，以及天启被难诸家代表黄宗羲。

"公揭"揭露阮大铖种种劣迹和野心，最后写道："（顾）杲等读圣贤之书，附讨贼之义,志动义慨,言与愤俱,但知为国除奸,不惜以身贾祸。若使大铖罪状得以上闻,必将重膏斧锧，轻投魑魅。即不然，而大铖果有力障天，威能杀士，杲亦请以一身当之，以存此一段公论，以寒天下乱臣贼子之胆，而况乱贼之必不容于圣世哉！"

阮大铖慑于清议的威力，不得不躲进南门外牛首山。他仍不甘心，想到了刚刚来到南京的侯方域，企图用他来缓解与复社的关系，由亲信王将军代他出面，用重金撮合侯公子与秦淮名妓李香君。李香君慷慨激昂地说：以公子之世望，安得曲从阮公？侯方域顿悟，立即写信给阮大铖，表明严词拒绝的立场。这一情节，孔尚任写入了《桃花扇》传奇，令人感叹不已。

相关阅读书目推荐

侯外庐、邱汉生、张岂之主编：《宋明理学史》，西北大学出版社，2018

容肇祖：《明代思想史》，河南人民出版社，2016

〔意〕利玛窦、〔比〕金尼阁著，何高济等译：《利玛窦中国札记》，中华书局，2010

由盛世到
末路
第十三章

张居正
与万历新政

[一]

早在隆庆年间（1567—1572），内阁大臣张居正就在《陈六事疏》中阐述了治国理念与改革主张，强调"谋在于众，断在于独"。他成为内阁首辅以后，立即展开雷厉风行、大刀阔斧的改革，从万历元年（1573）持续到万历十年（1582）病逝，始终本着"嫌怨有所弗避，劳瘁有所弗辞"的心态，革故鼎新。

首先进行的，就是以"考成法"为中心的政治改革，重点是整顿吏治，清除官场的颓靡之风。

万历通宝。万历年间制造，有青铜、黄铜、铁、银四种材质，面值二钱、四钱、五钱不等。

戥子。刻度精良，称重准确，用来称金银、药品等贵重物品。

　　长期以来，官员们沉溺于安逸，官场污泥浊水日积月累，官僚主义、文牍主义泛滥，使得朝廷的威福权柄成为互相酬谢报答的资本。对于吏治的败坏，海瑞概括为八个字："一味甘草，二字乡愿。"意思是说，官员们不肯尽心治理国家，开出的药方是"一味甘草"——吃不死人，也治不好病；他们不求有功，只求无过，奉行明哲保身的"乡愿"哲学。

　　在张居正看来，不对此痛加针砭，力挽狂澜，新政根本无从谈起。万历元年六月，他提出了整顿吏治的有力举措——考成法，规定：凡是六部等中央政府部门，把各类公文以及皇帝谕旨，转发给地方政府各衙门，规定处理程序与期限，都要办理注销手续。至于朝廷要求覆勘、议处、查核等事项，必须另外编制处理文册，一份送六科注销，一份送内阁查考。在这个流程中，如果省级官员拖延耽搁，由六部举报；如果六部在注销时弄虚作假，由六科举报；如果六科在向内阁报告时隐

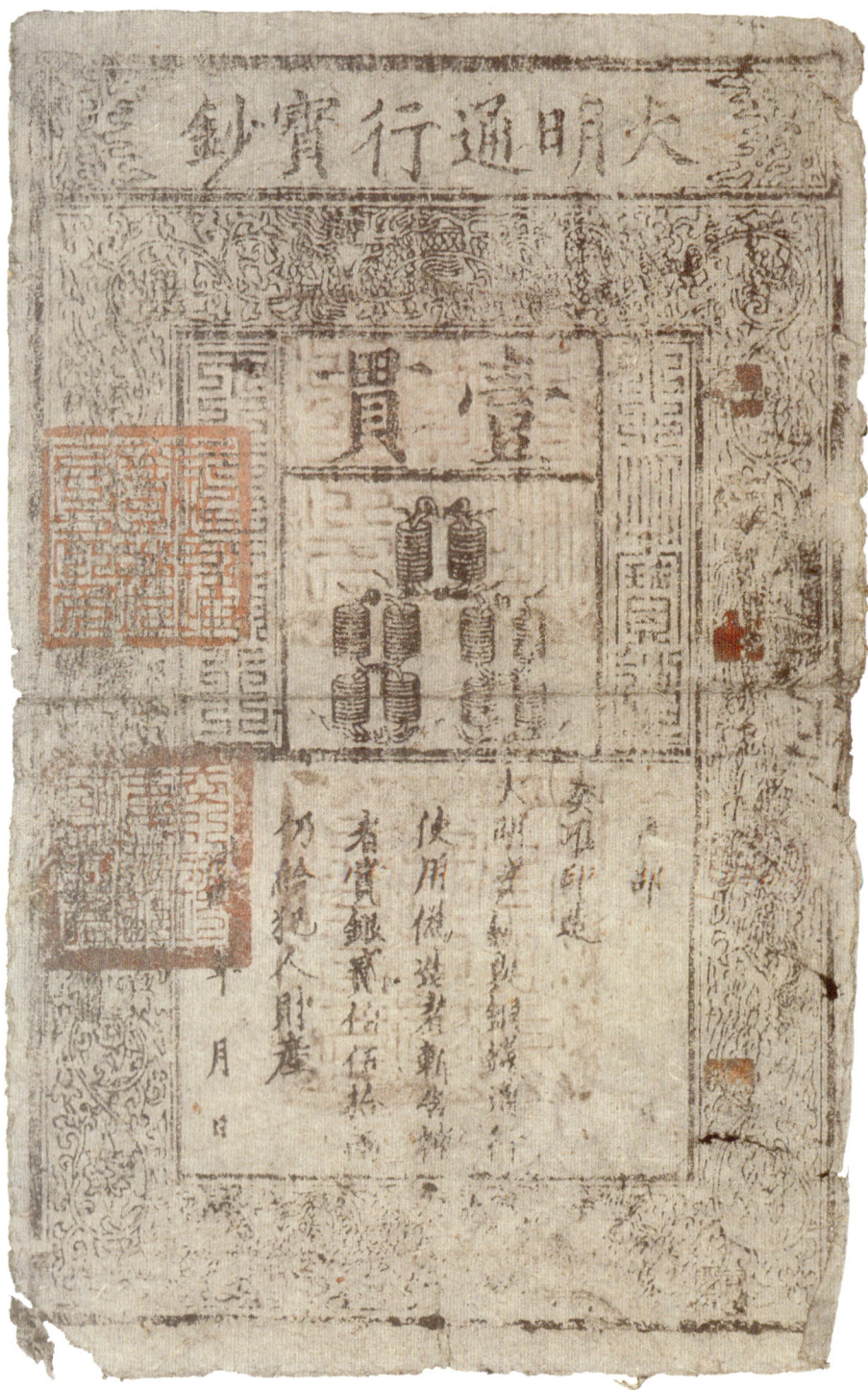

"大明通行宝钞"壹贯钞。面额壹贯的宝
钞所值多少，在明初是变化的。

瞒欺骗，由内阁举报。

总的说来，成效是显著的。正如当时人所说："万里之外，朝下令而夕奉行，如疾雷迅风，无所不披靡"；"大小臣工，鳃鳃奉职，中外淬砺，莫敢有偷心"。事实证明，在强大的政治压力下，任何根深蒂固的积弊都是可以改变的。

从宏观视角来看，考成法只是整顿吏治的一个方面，在张居正的改革方案中，包括"公铨选""专责成""行久任""严考察"各个方面，考成法仅仅是"严考察"题中应有之义。

万历新政从政治改革入手，意在扭转颓靡的官场风气，从制度与人事方面保障财政经济改革的顺利进行。

财政经济困难由来已久，嘉靖、隆庆的几十年间，几乎年年出现财政赤字，年年亏空。为了摆脱困境，开源与节流双管齐下，张居正提出"不加赋而上用足"的理财方针，具体化为两点："惩贪污以足民"和"理逋负以足国"，也就是杜塞贪污与逃税两大漏洞，使财政收入步入正常轨道，不必加税，财政收入自然增加。

改革力度最大的是清丈田粮，就是丈量耕地与清理赋税，其关键在于改变"豪民有田无粮，穷民无田有粮"的状况。万历六年（1578），张居正通令全国，在福建省首先试行"清丈田粮"，目的是改变"田粮不均，偏累小民"的状况，所以又叫做"丈地亩，清浮粮"。万历八年（1580）九月，福建的清丈工作完毕，清查出隐瞒逃税耕地二十三万亩。也就是说，不必增加赋税，只要把隐瞒逃税的那部分征收上来，就可以增加国库收入。此后清丈田粮的工作向全国推广，各省都查出了数量巨大的隐匿田地——规避赋税的田地。从全国来看，清查出隐匿逃税田地一亿八千万亩，与清丈前的田地总面积五亿一千八百万亩相比较，增加了35%左右。这个35%的耕地并不是凭空冒出来的，也不是新开垦的荒地，而是清查出来的隐瞒田地。

如此大的动作，阻力之大是可想而知的，只有在张居正这样的铁腕宰相的主持下才能展开。他自己也意识到这一点，在给山东巡抚的信中说："清丈之议，在小民实被其惠，而于官豪之家，殊为未便也。"又说："清丈事实百年旷举，宜及仆在位，务为一了百当。"表明他对此项改革措施的重视，只有凭借他的权力与威望，才能顺利完成，才能"一了百当"。

另一财政经济改革，是把南方部分地区实行的一条鞭法推广到全国各地。"一条鞭法"的创造性贡献在于，把赋税（夏税、秋粮）与徭役（正役、杂役）都折算成货币——白银来缴纳。这样就使得原先十分复杂的赋役征收方式——一个是以粮食为主的实物，一个是劳动力本身，统一为货币，对于地方政府而言，可以简化征收方法，合并为一次征收，仿佛把几股麻绳编为一条鞭子，所以叫做一条鞭。更值得注意的是，一条鞭法开始把一部分人丁负担分摊到田亩上，为清朝的"摊丁入地"奠定了基础。

张居正在财政经济方面的改革，成效是显著的，不仅消灭了赤字，而且有所盈余。《明实录》说，中央政府的仓库储存的粮食几年都吃不完，积余的银子达到四百万两。万历时期成为明朝最为富庶的几十年，绝不是偶然的。

"金花银"银锭。这是一枚福建建宁上交给户部的金花银。金花银是明代中后期折收税粮的银两。

顾宪成像（东林党）

万历二十二年（1594），吏部员外郎顾
宪成，因议论"三王并封"和会推阁
员事宜，与内阁大佬意见不合，被革职为民，
回到家乡无锡。他的兄弟顾允成、朋友高
攀龙，也脱离官场回到无锡。他们与士子
们一起讲求学问。万历三十二年（1604），顾、
高等得到常州知府、无锡知县的支持，恢
复宋代大儒杨时的讲学场所，这就是以后
名噪一时的东林书院。

　　顾宪成为东林书院草拟的院规，仿效
朱熹白鹿洞书院的学规，强调尊重儒家经
典，以"孔子表彰六经，程朱表彰四书"为
榜样，纠正"六经注我，我注六经"的不良
风气。

顾宪成与东林书院

〔一〕

高攀龙《与弟书》

东林书院的日常功课与议论焦点，不在政治，而在学术。影响巨大的东林讲会，每年一次的大会，每月一次的小会，并不像以往人们想象的那样，似乎是群情激昂地抨击朝政。那么，东林书院到底议论些什么呢？

东林书院的"会约"明确规定："每会推一人为主，主说'四书'一章，此外有问则问，有商量则商量。"事实上也是如此，大家聚集在一起，研读《论语》《孟子》《大学》《中庸》中一章，互相切磋，加深理解。顾允成每一次进入讲堂，侃侃而谈，远必称孔子、孟子，近必称周敦颐、程颐、程颢；如果有人发表"新奇险怪之说"，他立即脸色大变，严词拒绝。由此可见，东林讲会只是书生气十足地研讨"四书"，从孔孟一直谈到程朱。

其中缘由是可以理解的。顾宪成、高攀龙等人罢官下野，对于政坛的争斗已经厌倦，摆脱喧嚣，归于宁静，以创办书院来寄托心志，只谈学问，不谈政治。万历三十六年（1608），皇帝下达圣旨，任命顾宪成为南京光禄寺少卿，希望他出山为朝廷效力。顾宪成立即写了辞呈，表面的理由是"目昏眼花，老态尽见"，深层的理由是早已进入深山密林，不再关心朝廷的"安危理乱"。他在给挚友李三才的信中流露了这种心声：日出而起，日中而食，日入而寝，专注于诗书文字，"门外黑白事寂置不问"，"应酬都罢，几如桃花源人，不复闻人间事"。在这一点上，他与高攀龙是默然契合的。高攀龙说："世局如此，总无开口处，总无著心处，落得做个闲人。"因此，东林书院的院规，明确禁止"评有司短长"，"议乡井曲直"。

长期以来，人们用"以今律古"的心态去理解东林书院，把它误解为一个议论政治的讲坛、改革政治的团体，甚至把它误解为一个政党。确实，当时曾经有过"东林党"的说法，问题是，此党非彼党。中国历史上常见的"党"，如东汉的"党锢之祸"、晚唐的"牛李党争"、南宋的"伪学逆党"，无一例外都是朋党，或者是被诬陷为朋党的。东林党也不例外。黄仁宇在《剑桥中国明代史》第九章写到"东林书院和朋党之争"时明确指出："东林党不是这个用语的现代意义的政治党派。翻译为'党派'的'党'字有贬义，在意义上更接近诸如'派系''宗派'或'帮伙'一类的词。成员的身份没有固定的标准，开始时，'党人'从他们的敌人得到这个称号。"这是对于史料有了精深理解之后的准确表述。

其实东林无所谓"党"，"党"是它的政敌强加的。万历四十五年（1617）五月，顾宪成在一片诽谤声中与世长辞，触发了正直人士为他辩护的激情。以讲学为宗旨的东林书院被看作一个"党"，无异于重演南宋禁锢朱熹的"伪学逆党"之禁。当时有的官员忧心忡忡地指出，"伪学逆党"之禁是不祥之兆——"伪学之禁网益密，宋之国祚亦不振"，是前车之鉴。

不幸而被言中，以后的党争愈演愈烈，终于导致国祚不振。万斯同《明史》回顾这一段历史，一唱三叹："（顾）宪成既没，攻者犹未止。诸凡救（李）三才者，争辛亥京察者，卫国本者，发韩敬科场弊者，请行勘熊廷弼者，抗论张差梃击者，最后争移宫、红丸者，忤魏忠贤者，率指目为东林，抨击无虚日。于是朋党之祸中于国，历四十余年，迄明亡而后已。"对晚明党争的分析，鞭辟入里。"朋党之祸中于国"七个字，振聋发聩！

「阉党」
专政

§

所谓"阉党",其实并不是什么"党",而是天启年间（1621—1627）司礼监太监兼东厂总督太监魏忠贤为首的帮派。魏忠贤这个太监头子，掌控宫廷内外大权，利用皇帝的昏庸，网罗亲信，结帮拉派。《明史·魏忠贤传》说，太监中有王体乾、李永贞、涂文辅等三十多个亲信骨干；文臣中有政府高官崔呈秀、田吉、吴淳夫、李夔龙、倪文焕为之出谋划策，号称"五虎"；武官中有掌管锦衣卫等特务部门的田尔耕、许显纯、孙云鹤、杨寰、崔应元专门镇压反对派，号称"五彪"；又有吏部尚书周应秋、太仆寺少卿曹钦程等，号称"十狗"；此外还有"十孩儿""四十孙"等爪牙，盘踞各个要害部门。从内阁、六部到各省总督、巡抚，都有魏忠贤的死党。这个死党，就是人们通常所说的"阉党"，以专权乱政为能事，把政局搞得一团糟。

天启四年（1624），都察院左副都御史杨涟挺身而出，向明熹宗进呈长篇奏疏，弹劾魏忠贤，列举二十四条罪状，掀起声势汹涌的"倒魏"风潮。杨涟果然是一个"大刀手"，明知山有虎，偏向虎山行，他的弹劾奏疏尖锐泼辣，无所顾忌，指责魏忠贤依仗皇帝宠幸，作威作福，专权乱政，恳请皇上立刻予以查办。为此，他揭发二十四条罪状：

——假传圣旨，三五成群勒逼喧嚷，致使朝堂成为喧闹的集市，败坏了祖宗二百

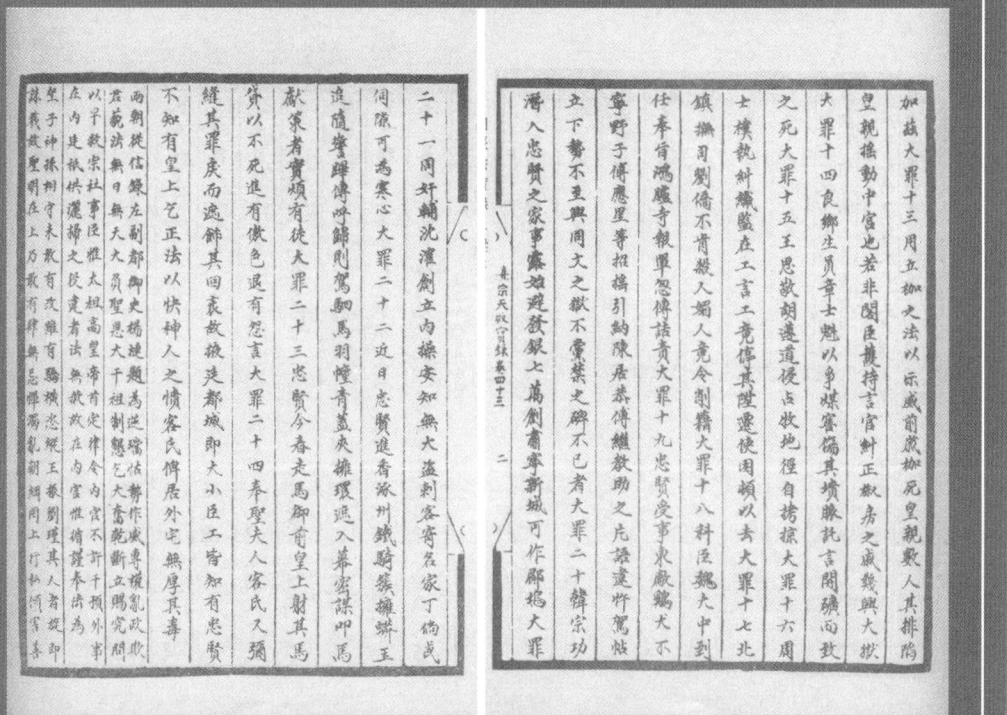

《明熹宗实录》关于"杨涟弹劾魏忠贤二十四大罪"的记载

余年的政体；

——一手操纵朝廷增补阁员的头等大事，排斥先进分子，安插亲信，企图形成"门生宰相"的局面；

——勾结奉圣夫人客氏（皇帝的奶妈），联手害死皇后所生的长子，假传圣旨勒令怀孕的妃子自尽，致使皇帝无嗣绝后；

——利用东厂，假公济私，陷害忠良，网罗密布，官民如有片言违忤，立即逮捕，关入东厂严刑逼供，比当年权阉汪直的西厂有过之而无不及；

——祖宗法制，宫内不许屯驻军队，原有深意，魏忠贤在宫内擅自组建称为"内操"的军队，究竟意欲何为？

在奏疏的末尾，杨涟写下了这样的警策之句："掖廷之内知有忠贤，不知有皇上；都城之内知有忠贤，不知有皇上；即大小臣工……亦不觉其不知有皇上，而只知有忠贤。"有鉴于此,他劝谏皇上:"生杀予夺岂不可以自主,何为受制幺麽小丑?"希望皇上立即把魏忠贤就地正法,把奉圣夫人客氏驱逐出宫。

杨涟的大无畏精神极大地鼓舞了正直官员的斗志,掀起了声势浩大的"倒魏"浪潮,左光斗、魏大中、高攀龙、缪昌期、黄尊素等人接二连三弹劾魏忠贤。不可一世的魏忠贤毕竟心虚,不得不向皇帝提出辞去东厂总督太监之职,然后示意内阁大学士魏广微草拟一道圣旨,予以挽留。风声一过,便疯狂反扑,大开杀戒,先后有"六君子之狱""七君子之狱"。官场上下一片肃杀恐怖气氛。

与此形成鲜明对照的是,拜倒在魏忠贤脚下的无耻官僚,演出了一幕幕个人崇拜的丑剧。标志性事件是为他建造生祠。始作俑者是浙江巡抚潘汝桢,他在天启六年(1626)向皇帝建议,应该为功德无量的魏忠贤建立生祠,永久纪念。皇帝还特地为生祠题写"普德"匾额,用明白无误的姿态为生祠运动推波助澜。短短一年中,一共建造了魏忠贤生祠四十处。值得注意的是,生祠之内供奉的魏忠贤"喜容"(偶像)完全是一副帝王相;在他的身边悬挂着镏金的对联,写着这样的溢美之词:"至圣至神,中乾坤而立极;乃文乃武,同日月以长明。"硬要把一个政治小丑打扮成"至圣至神"模样,如同乾坤日月一般,可见对魏忠贤的个人崇拜已经发展到如痴如醉的地步。

魏忠贤的"无上名号"愈来愈多,愈来愈离奇,有什么"厂臣""元臣""上公""殿爷""祖爷""老祖爷""千岁""九千岁"等。把"千岁""九千岁"这些皇室勋戚的尊称用于一个太监,已经够出格了,然而魏忠贤似乎还不满意。因而有些人干脆叫他"九千九百岁爷爷"。如果明熹宗不是在天启七年(1627)死去,对魏忠贤的个人崇拜将会发展到何种地步,是难以预料的。

由于明熹宗绝嗣,由他的弟弟信王朱由检继位(即明思宗),首先遇到的棘手问题,就是如何处置专擅朝政、气焰嚣张的魏忠贤。在与魏忠贤的较量中,朱由检显示了独特的胆识、魄力和韬略,即位不到三个月,就干净利落地除掉了元凶魏忠贤,以及他的帮凶,进而清查"阉党逆案"。崇祯二年(1629)以皇帝谕旨的形式公布"钦定逆案"名单,惩处阉党分子三百多名,除首恶魏忠贤、客氏已明正典刑外,其中"首逆同谋"崔呈秀等六人斩首,"交结近侍"田吉等十九人斩首。

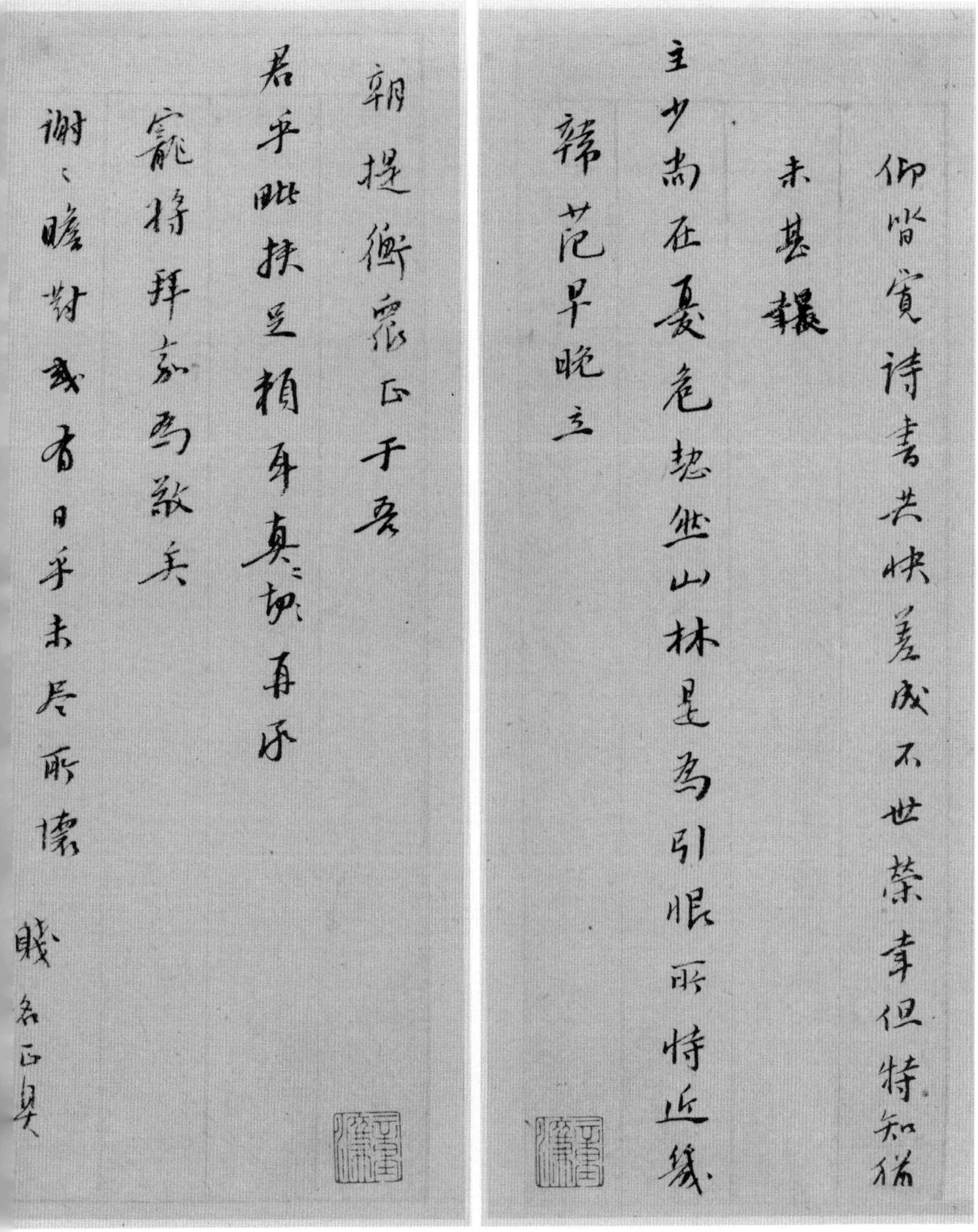

御賞詩書共快差成不世榮幸但特知猶
未甚耀
主少尚在憂危愁坐山林是為引眼所特近幾
韓范早晚立
朝提衡寵正于吾
君乎毗扶足賴耳真之切再承
寵將拜家為敬矣
謝謝瞻對或有日乎未盡所懷
賤名正具

杨涟手迹

崇祯十七年（1644）初，农民军领袖李自成在西安称王，国号大顺，年号永昌，正式表明分庭抗礼、取而代之的政治动向，他的军队从陕西渡过黄河，横扫山西。崇祯皇帝朱由检在御前会议上，面对即将到来的灭顶之灾，显得悲凉而无奈，向大臣

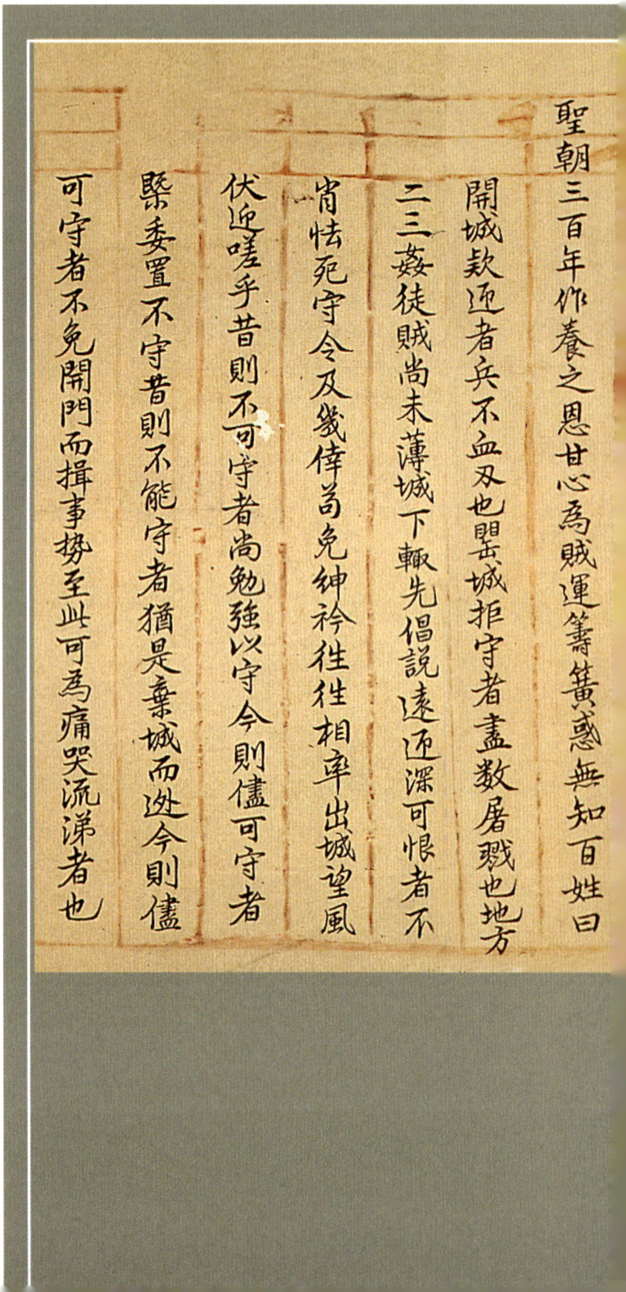

崇祯：并非亡国之君的亡国悲剧

【四】

聖朝三百年作養之恩甘心為賊運籌簧惑無知百姓曰
開城欵迎者兵不血刃也嬰城拒守者盡數屠戮也地方
二三姦徒賊尚未薄城下輒先倡說遠迩深可恨者不
肯怯死守令及幾倖茍免紳衿往往相率出城望風
伏迎嗟乎昔則不可守今則儘可守者
縶委置不守昔則不能守者猶是棄城而逃今則儘
可守者不免開門而揖事勢至此可為痛哭流涕者也

们道出了思虑已久的心里话："朕非亡国之君，事事乃亡国之象。祖宗栉风沐雨之天下，一朝失之，将何面目见于地下？"

"朕非亡国之君"，寥寥六个字，是对"无可奈何花落去"、内心有所不甘的自然流露。在明朝十七个皇帝中，他是可以和太祖、成祖相提并论的励精图治的皇帝。清朝国史馆编纂的《明史》对他的评价就很不错："在位十有七年，不迩声色，忧勤惕厉，殚心治理。"可见他的自我评价——"朕非亡国之君"，并不是文过饰非的夸

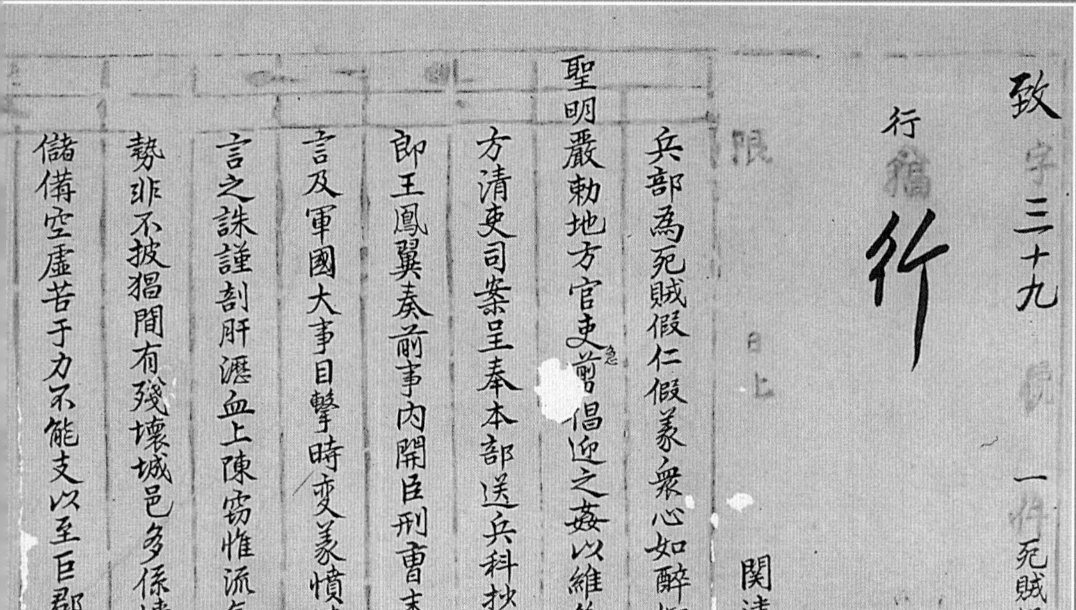

致字三十九　一件　死贼假仁假义等事

行稿　行

兵部为死贼假仁假义蠹心如醉如痴仰恳事

限　日上

关津好智辑　单成谟

聖明嚴勅地方官吏曾倡迎之奸以维节义以固封疆事職

方清吏司案呈奉本部送兵科抄出刑部四川司员外

即王鳳翼奏前事内开臣刑曹末吏山右迁儒不宜

言及军国大事目擊時变叢憤填胸逐不顾倨侮妄

言之誅謹剖肝瀝血上陳窃惟流氛發難数年以前其

势非不披猖閒有残壞城邑多係墙垣矮薄居民寥落

儲備空虛苦于力不能支以至巨郡大邑高城深池人煙

不攻自破

明兵部报告李自成活动情况行稿（局部）

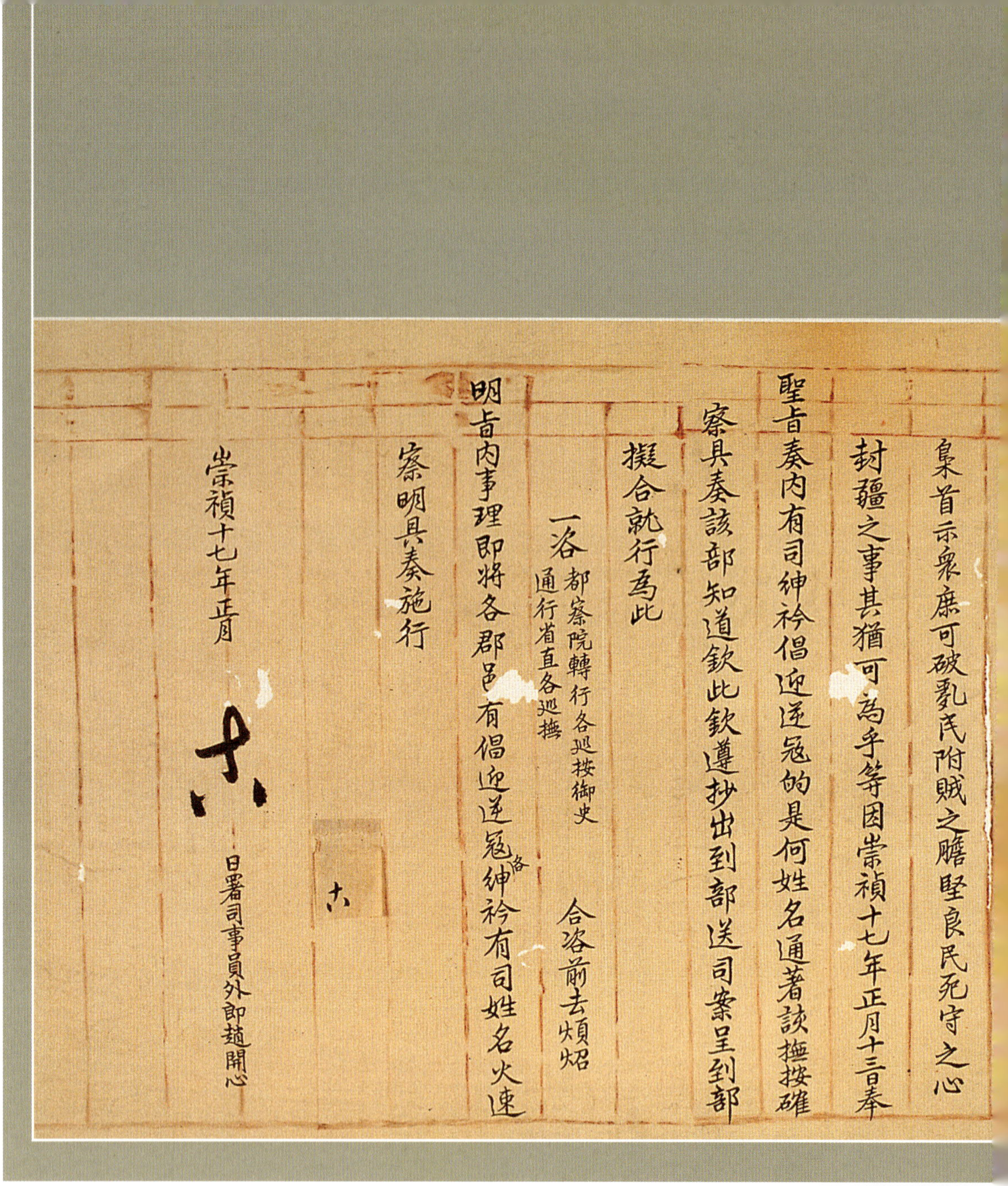

枭首示衆庶可破乱民附贼之膽堅良民死守之心

封疆之事其猶可為乎等因崇禎十七年正月十三日奉

聖旨奏内有司绅衿倡迎逆寇的是何姓名通著読撫按確

察具奏該部知道欽此欽遵抄出到部送司案呈到部

擬合就行為此

一咨都察院轉行各巡按御史　　合咨前去煩炤
　通行省直各巡撫

明旨内事理即將各郡邑有倡迎逆寇绅衿有司姓名火速

察明具奏施行

崇禎十七年正月　六　日署司事员外郎赵開心

张之词。人们只能感叹他生不逢时。

　　朱由检自己多次说："朕自御极以来，夙夜焦劳。"面对一个烂摊子，"夙夜焦劳"并没有收到什么效果。李自成向黄河以东各地发布一道檄文，用明白无误的语气喊出："嗟尔明朝，大数已尽。"形势的发展似乎证实了这一点，战略重镇太原、宁武、大同、宣府等地守军，竟然不堪一击，一触即溃。这是长期积累的弊政导致的总崩

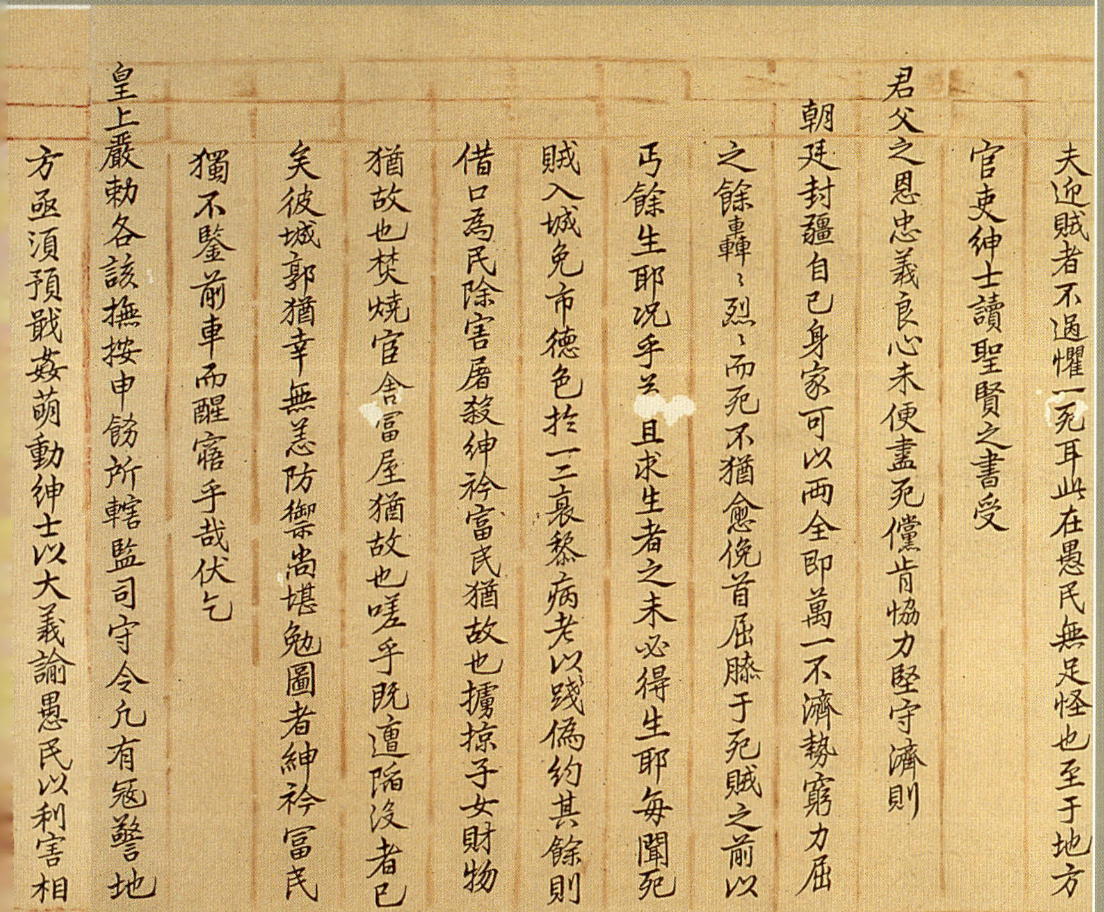

夫迎賊者不過懼一死耳此在愚民無足怪也至于地方

官吏紳士讀聖賢之書受

君父之恩忠義良心未便盡死償肯恊力堅守濟則

朝廷封疆自已身家可以兩全即萬一不濟勢窮力屈

之餘轟轟烈烈而死不猶愈俛首屈膝于死賊之前以

丐餘生耶況乎且求生者之未必得生耶每聞死

賊入城免市德色於一二衰病老以踐儒約其餘則

借口為民除害屠殺紳衿富民猶故也擄掠子女財物

猶故也焚燒官舍富屋猶故也嗟乎既遭隔沒者已

矢彼城郭猶幸無恙防禦尚堪勉圖者紳衿富民

獨不鑒前車而醒寤手哉伏乞

皇上嚴勅各該撫按申飭所轄監司守令凢有寇警地

方亟須預戢姦萌動紳士以大義諭愚民以利害相

溃，就好比摧枯拉朽，秋风扫落叶一般。

崇祯十七年三月十二日，农民军逼近北京郊区。皇帝朱由检召集大臣询问对策，大家一筹莫展，说些无关痛痒的话，例如关闭城门、禁止出入之类。次日，他再次召开御前会议，大家一言不发，他气愤地大骂兵部尚书张缙彦，张缙彦索性掼纱帽，乞求罢官。这种精神状态，除了坐以待毙，还会有什么出路呢？

三月十七日，农民军东路进至高碑店，西路进至西直门外，开始炮轰城墙。李自成在彰义门外向城楼喊话，希望和平谈判。负责守城的襄城伯李国桢在城楼上大声回话：我到你的军营做人质，你派人和皇上当面讲。李自成回答：不用人质。当即派遣已经投降的太监杜勋向皇帝传话，具体内容是：割让西北地区，听任李自成建国称王；犒赏军队银子一百万两。朱由检征求内阁首辅魏藻德的意见，老奸巨猾的魏藻德害怕承担责任，一声不吭，一味鞠躬低头。无可奈何的朱由检只得命令杜勋向李自成传话："朕计定，另有旨。"用一种居高临下的姿态，否定了和谈的可能性。

李自成得到杜勋的答复，下令全线攻城。守城太监曹化淳按照事先已经商定的"开门迎贼"的公约，首先打开彰义门，接着，德胜门、平则门也随之打开，北京外城不攻而下。守卫宣武门的太监王相尧，守卫正阳门的兵部尚书张缙彦，守卫齐化门的成国公朱纯臣等，也按照"开门迎贼"公约，打开城门投降。三月十八日夜里，农民军控制了整个内城，离紫禁城只有一步之遥了。

朱由检确信内城已经陷落，返回乾清宫布置应急善后事宜，他要在自己殉国之前，命令家属先殉国；并且安排他的三个儿子——太子、定王、永王，化装潜逃。然后在司礼监太监王承恩的陪同下，来到煤山（景山），在寿星亭附近一棵大树下，上吊自尽，王承恩随后也上吊殉葬。他们两个在黑暗阴冷的夜空中，形影相吊，告别"皇祖爷"一手打下的天下——大明王朝，时间是：崇祯十七年三月十八日后半夜，也就是十九日黎明前的子时。

根据发现遗体的太监描述，野史中留下了朱由检殉国的大致情况。文秉《烈皇小识》写道：二十二日在后苑山亭中看到先帝遗体，与王承恩面对面自缢。先帝用头发覆盖面孔，身穿蓝袍、白夹衣、白绸裤，一只脚鞋袜脱落，另一只脚穿着绫袜和红色复底鞋。袖子上写着一行字："因失江山，无面目见祖宗于天上，不敢终于正寝。"

三月十九日黎明，马匹喧嘶，人声鼎沸，李自成的农民军大队人马进入北京。中午时分，头戴毡笠、身穿缥衣、骑在乌驳马上的李自成，在一百多名骑兵护卫下，进入德胜门，由太监曹化淳引导，从西安门进入大内。这是改朝换代的一瞬间，意味着明朝的灭亡，紫禁城已由"大明"易主为"大顺"。

张岱（号陶庵）写的《石匮书后集》，对崇祯皇帝的评价颇有独到之处。他说：自古以来亡国之君形形色色，有的以酒而亡，有的以色而亡，有的以暴虐而亡，有的以奢侈而亡，有的以穷兵黩武而亡。朱由检并非如此，他"焦心求治，旰食宵衣，恭俭辛勤，万几无旷，即古今之中兴令主，无以过之"。当然这位陶庵先生对"先帝"也不是一味推崇，指出了他的两大失误：一是把"内帑"——宫廷内部的财政积蓄看作命根子，不肯轻易动用，以解燃眉之急。结果，九边军队多年欠饷，饥寒交迫，怎么指望他们来保家卫国？二是"焦于求治，刻于理财，渴于用人，骤于行法"。结果，十七年来三翻四覆，朝令夕改，一言以蔽之，叫做"枉却此十七年之励精！"

然而历史学家对此另有一种解读，当初北京危急时，一些颇有见识的大臣向皇帝建议南迁——迁都南京，崇祯皇帝本人也有此意。综观当时形势，南迁是摆脱岌岌可危困境的唯一出路，但是内阁首辅陈演害怕留下骂名，坚决反对，致使时机稍纵即逝。美国学者魏斐德（Frederic Fvans Wakeman）在《洪业——清朝开国史》中说：这对后来清兵占领北京的形势产生了深远的影响。清朝比较完整地接管了明朝的中央政府，遂拥有了他们颇缺乏的东西，由此接管几乎全部汉族官吏，依靠他

清人绘《直隶长城险要形势图》之"喜峰口"

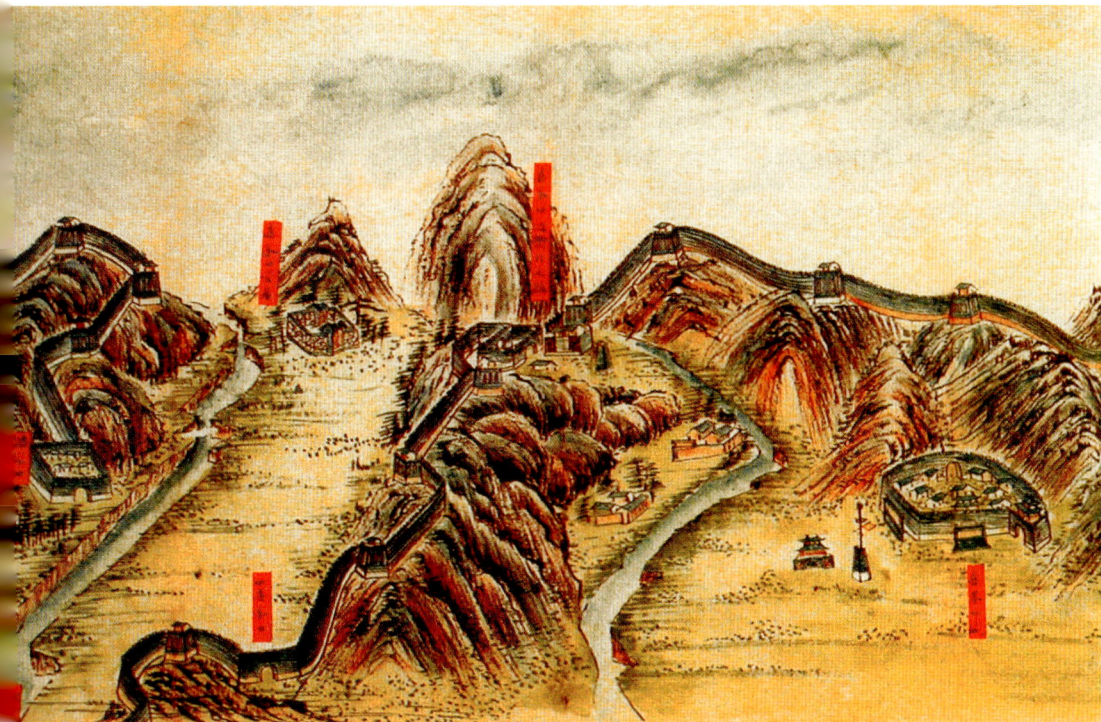

们接管天下并最后征服南方。崇祯皇帝的决定还导致诸多皇室宗亲之继承权利的暧昧不定，以致派系倾轧削弱了南明政权。此外，复明阵营也因此少了一批立志恢复失地、渴望对清朝发动反攻以便光复家园的北方人。崇祯皇帝这一自我牺牲的决定，就这样最终毁灭了后来复明志士坚守南方的许多希望。

魏斐德的见解是深刻的。当初如果南迁，把中央政府和军队迁到江南，那么重现划江而治的南宋局面，是可能的。

相关阅读书目推荐

朱东润：《张居正大传》，百花文艺出版社，2000

樊树志：《万历传》，人民出版社，2001

樊树志：《崇祯传》，人民出版社，1997

〔美〕牟复礼、〔英〕崔瑞德编，张书生等译：《剑桥中国明代史（1368—1644年）》（上卷），
　　　中国社会科学出版社，2007

清
爱新觉罗王朝

改朝换代
与士大夫气节

[一]

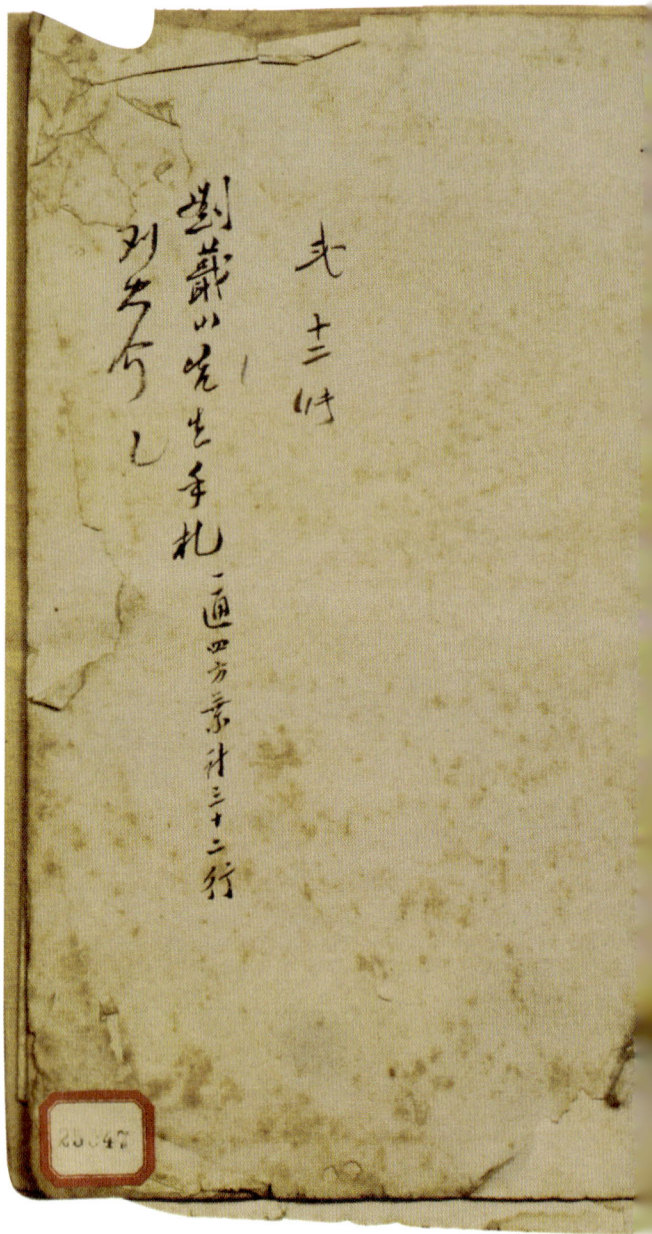

刘宗周手札

短短四十几天，紫禁城两度易手，先是由"大明"易主为"大顺"，接着是由"大顺"易主为"大清"。改朝换代的压力，犹如雷霆万钧，明朝官僚集团迅速分化瓦解。

李自成进入北京后，一部分崇尚士大夫气节的人，选择了杀身成仁的归宿。黄宗羲《南雷文定》谈到明末系天下安危的六位名臣：刘周宗、黄道周、范景文、李邦华、倪元璐、徐石麒，推崇备至："崇祯末，大臣为海内所属望，以其进退卜天下之安危者，刘蕺山、黄漳海、范吴桥、李吉水、倪始宁、徐隽李，屈指六人。北都之变，范、李、倪三公攀龙髯上升，则君亡与亡。蕺山、漳海、隽李在林下，不与其难，而次第致命。蕺山以饿死，漳海以兵死，隽李以自罄死，则国亡与亡。所谓一代之斗极也。"

户部尚书倪元璐在京城沦陷后，向北跪拜皇宫，为自己身为大臣不能报国而自责；又向南跪拜，辞别住在南方的母亲，换上便服，在案头题字："南都尚可为，吾死分也。"（南京大有可为，死是我的本分）然后对家人说：必须等到大行皇帝殡殓，才可以给我收尸。随即在厅前自缢。仆人想上前解救，老管家哭着劝阻：主翁再三嘱咐，不要阻拦他殉难。他的儿子遵照父亲遗愿，直到先帝殡殓后，才给父亲合棺下葬。李自成的部下得知这一情况，表彰为"忠义之门""真忠臣"。倪元璐杀身成仁，决非一时冲动之举。他在崇祯元年上《论国是疏》时，就留下诗篇，表明以身许国的决心：

> 世局枭卢喝，以官注者昏。
> 黄师呵自了，孔子击夷蹲。
> 谁任千秋担，公推五父樽。
> 无将忠义死，不与吃河豚。

与顾予咸一起编辑《倪文正公遗稿》的会稽门人唐九经，如此注释这首诗："落语收住通篇，生平品概不觉骨露，先生殉节之志，熟且久矣。"由此可见，他的以身殉国并非无奈，而是深思熟虑的抉择——"无将忠义死"，"熟且久矣"。所以黄宗羲把他与范景文、李邦华三公，推为"攀龙髯上升，则君亡与亡"。

大学士范景文眼看大势已去，感叹自己身为臣子不能为天子出力，深感愧疚，从此绝食。十九日京城沦陷，传闻皇上驾崩，叹息道：只有一死，报答陛下。随即在妻子灵堂前自缢，被家人救下后，赋诗明志："谁言信国非男子，延息移时何所为？"纵身跳入古井中。他是内阁大学士中唯一为国殉难者。

都察院左都御史李邦华，十八日率领御史上城巡逻，遭到太监阻挡，归途遇见同僚吴麟征，握手挥泪，互相鼓励，誓死国难。次日获悉"国难"，抱头痛哭，拿了印信、官服，前往吉安会馆，祭拜文天祥，题写绝命诗："人生自古谁无死，留取丹心照汗青。今日骑箕天上去，儿孙百代仰芳名。"随即自缢而死。

像他们那样殉难的还有兵部侍郎王家彦、刑部侍郎孟兆祥、都察院左副都御

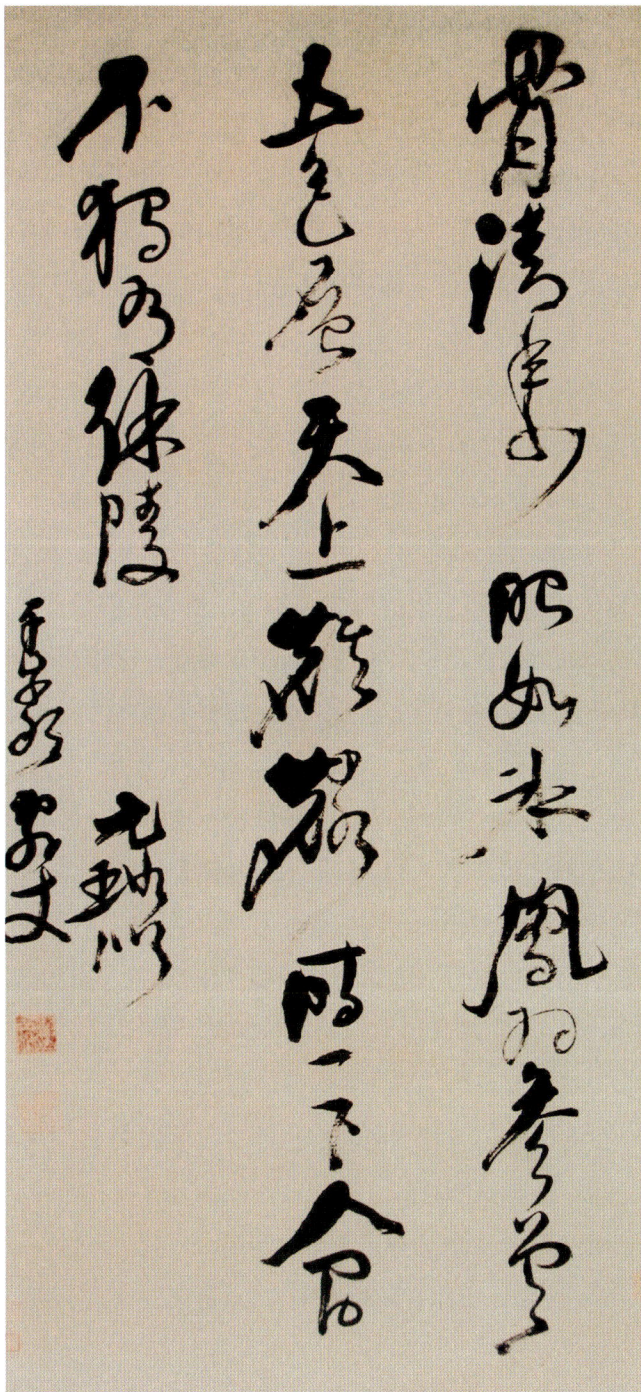

倪元璐书唐杜牧七绝诗《赠李秀才是上公孙子》。
"骨清年少眼如冰，凤羽参差五色层。天上麒麟时
一下，人间不独有徐陵。"

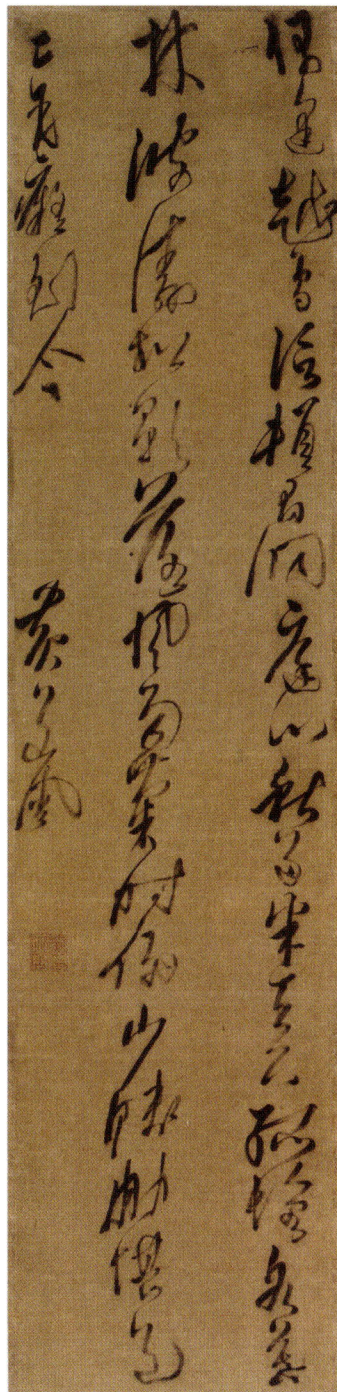

黄道周手迹

史施邦曜、大理寺卿凌义渠、太常寺卿吴麟征等。值得注意的是，清朝的顺治皇帝对于为明朝殉难的大臣予以高度评价，要求政府部门为范景文、倪元璐、李邦华、王家彦、施邦曜、凌义渠、吴麟征等二十人建造祠堂，给予祭祀。

与此形成对照的是另一些高官的见风使舵。

内阁大学士魏藻德、陈演等领袖人物，在李自成入主紫禁城的第二天，就前往拜谒，表示改换门庭之意。李自成训斥魏藻德：你受皇帝重用，应当为社稷而死，为何偷生？魏藻德连忙叩头说：如果陛下赦免，一定赤胆忠心相报。对于这些朝秦暮楚的人，李自成不屑一顾，下令囚禁起来。其他降官一千二百多人，身穿青衣，头戴小帽，前往会极门集合，等待录用。李自成对处理此事的牛金星说：官员们在城破之日能够为国殉难，才是忠臣，怕死偷生者都是不忠不孝之人，留他干嘛？

前任都察院左都御史刘宗周在家乡绍兴获悉京师沦陷，徒步前往杭州，要求浙江巡抚为已故先帝发丧，并且发表声讨李自成的檄文。不久，福王在南京监国，建立弘光小朝廷，给刘宗周恢复原官，他表示：大仇未报，不敢受职。一年后，清军南下，南京弘光政权崩溃，杭州潞王投降。正在吃饭的刘宗周推案痛哭，从此移居郊外绝食。朋友相劝，他沉痛地说：北都之变，可以死可以不死，因为自己罢官在野，寄希望于南明中兴。南都之变，主上（福王）自弃其社稷，当时可以死可以不死，因为还希望后继有人。现在浙江投降了，老臣不死，还等什么呢？

罢官在家的黄道周，被唐王政权任命为大学士，临危受命，他主动请缨，前往江西招募抗清义旅，在婺源遭遇清军，战败被俘。清军把他押解到南京，路过东华门，他坐地不起，淡然地说：此地离高皇帝陵寝最近，就死在这里吧。监刑官把他就地处死。

晚明四公子之一的方以智，在南明桂王政权官至礼部侍郎、东阁大学士，因病辞归，在回乡途中被清军俘获，清军大帅试图招降，让他在左面的官服和右面的利刃之间选择升官还是死亡。方以智毫不犹豫地选择了右面的利刃——死亡。这一举动使得清军大帅顿生礼敬之意，释放了他。方以智随后出家为僧，更名宏智，字无可，别号药地。

改朝换代之际，士大夫表现出忠臣不事二主的操守，形式有所不同，指归却是一致的。他们都在以自己的生命，践履儒家伦理最为珍视的气节，宁为玉碎，不为瓦全，因而被后世视为楷模，甚至连清朝皇帝都慷慨地给予表彰，确实值得三思。

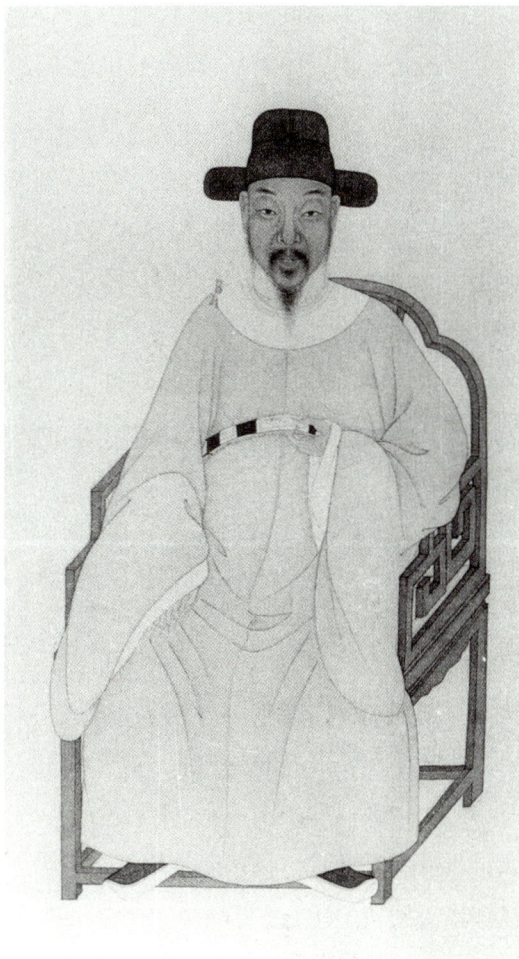

史可法像

清军攻陷北京后，迅速南下。
南明弘光小朝廷的马士英排挤史可法，命他出镇扬州。又忌惮他的威名，欲削夺他的兵权，令史可法从扬州移镇泗州。史可法考虑防守泗州也是当今急务，便率部北上。岂料刚到天长，盱眙、泗州就已失守，不得已率副将史得威退回扬州，登城设守。

清朝豫王多铎送来信函，信封上写着"豫王致书史老先生阁下"，史可法原封不动上交朝廷。及至兵临城下，降将李遇春拿着豫王信函，前来劝降；又有父老二人奉豫王之命在城下劝降，史可法统统不予理睬。

当时李成栋驻扎高邮，刘泽清驻扎淮安，都拥兵不救。扬州外援断绝，粮草不继，守将李栖凤欲绑架史可法投降，史公坦然说："扬州吾死所，君等欲富贵，各从其志，不相强也。"

弘光元年（1645）四月十九日，形势紧急，史公召见副将史得威，相持痛哭，说道："吾为国亡，汝为我家存。吾母老矣，而吾无子女，汝为吾嗣，以事吾母。我不负国，汝无负我。"随即写了几封信，分别给弘光皇帝、豫王、太夫人、夫人等，交代后事。叮嘱史得威："吾死，汝当葬我于太祖高皇帝之侧，其或不能，则梅花岭可也。"然后提笔起草遗书："可法受先帝恩，不能雪仇耻；受今上恩，不能保疆土；受慈母恩，不能备孝养。遭时不造，有志未伸，一死以报国家，固其分也，独恨不从先帝于地下耳！"

二十五日，清军攻城愈急，史公登城拜天，用大炮轰击，击毙清兵几千人。清兵用大炮轰塌城墙西北角，蜂拥而入。史公持刀自刎，参将许谨救下。史得威、许谨扶持史公至小东门，许谨身中数十箭而死。史可法大呼：吾史可法也！清兵一拥而上，把他押赴城楼见豫王。豫王仍想劝降，史可法断然拒绝，当即"尸裂"处死。史得威被俘，大呼：吾史可法子也！几天后获释，史得威赶紧前去收尸，由于天气炎热，许多尸体堆积在一起，腐烂不可辨识。次年三月，史得威在扬州郊外梅花岭，为史可法建造衣冠冢，把史公遗书带往南京，交给太夫人。

史可法给太夫人的信写道："儿仕宦凡一十有八年，诸苦备尝，不能有益于朝廷，徒致旷违定省。不忠不孝，何以立天地间？今日殉城，死不足赎罪。望母委之天数，勿复过悲。副将史得威完儿后事，母以亲孙抚之。"给夫人的信写道："可法死矣！前与夫人约，当于泉下相俟也。"

豫王多铎用惨无人道的屠城来报复扬州人，大开杀戒，一手制造"扬州十日"的惨剧。事后寺庙僧侣负责焚尸，一一登记造册，记录焚尸数目。据史家统计，扬州焚尸八十万，令人震惊之极！

弘光元年六月，豫王多铎下令，江阴限三月薙发。常州府发来公文，其中有"留头不留发，留发不留头"字句。诸生许用等人在文庙明伦堂大声高呼："头可断，发不可薙！"一时间，北门乡兵奋袂而起，四城内外十万人响应，要求发放兵器火药。徽商程璧捐献银子三万五千两，提供军饷。前任都司周瑞龙率领船队驻扎江口，典

属蒙

大笔我足不以烦渎见罢欤也何如翰客

面酬适交人持扇恳舍弟不得已又特

爱奉

颦眉惟

鉴谅不胜惭荷

君宁姻契兄玉画　　申浑石麒顿首

徐石麒手迹

祁彪佳手迹

史陈明遇邀请前任典史阎应元为主将，乡兵拥戴入城。

江阴军民用"见血封喉弩"、大炮、火药守城，一再重创清军。清军在城下连遭败绩，乞求增援，七王、八王、十三王率领将校千名、马步兵十万，围攻江阴城。

七月初九日，阎应元出任守城总指挥，把城外十万乡兵引入城内，与城内守军在城墙上分工防守。城墙上有火药三百瓮，铅弹一千担，大炮一百门，鸟机一千张，铜铁器一万枚。

七月十一日，清军攻打北门，守军一举击毙七王等骁将。清朝两名都督勃然大怒：我打北京、镇江、南京，未尝惧怯，未尝费力，江阴拳大的地方，就如此费力？当即命令步兵三万，扎云梯十张，分十处攻城。一场惨烈的决战之后，进攻北门的两名都督死在城下。

七月二十八日，清军炮轰北城，角城开裂，夜半立即修复，清军以为有如神助。其实是阎应元号召军民，每人缴纳砖石一块，顷刻间堆积如山，很快砌成一道石城。清军见北城牢不可破，改攻南城。炮声震天，百里外都能听见，一昼夜用去火药一万五千斤。清朝十王在城外搭建点将台，指挥亲兵手持狼烟喷筒，施放烟雾，然后一百门大炮齐发。城墙上烟雾呛人，难以招架，阎应元命令在十字街头布置大炮，亲自瞄准，点火燃放。但见火光一闪，点将台上的十王和将领、亲兵，顿时灰飞烟灭，唯有黄伞一把在半空旋转，一只带靴的脚，从空中落下。
江阴军民坚守八十日，巍然屹立。八月二十一日，城墙坍塌，清兵蜂拥而入。

最后的时刻到来了。阎应元在城东敌楼门上题字："八十日带发效忠，表太祖十七朝人物。十万人同心死义，留大明三百里江山。"随即带领军民上马格斗，身中三箭，对随从说：为我谢百姓，吾报国事毕矣！毅然自刎而死。

清军进城后，疯狂报复，屠城三日，到二十三日封刀，死亡十七万人。江阴是个小县城，竟然死亡十七万，当时人惊呼"满城尽杀"！

嘉定民众抵抗清军，死守十二日，与江阴守城八十日相比，似乎气势上略显逊色，然而影响却大得多，后人常把"嘉定三屠"与"扬州十日"相提并论。清末革命家为了制造反满舆论，多次提及此事。邹容《革命军》写道："吾读《扬州十日记》《嘉定屠城记》……为吾言以告我同胞曰：扬州十日，嘉定三屠，是又岂当日贼满人残汉人一州一县之代表哉？夫二书之记事，不过略举一二耳。想当日，既纵焚掠之军，又严薙发之令，贼满人铁骑所至，屠杀掳掠，必有十倍于二地者也。有一有名之扬州、嘉定，有千百无名之扬州、嘉定。吾忆之，吾恻动于心，吾不忍而又不能不为同胞告也。"

确实，像侯峒曾、黄淳耀死守嘉定，视死如归的不屈遗民，在江南比比皆是。

夏允彝获悉南京陷落，闻友人侯峒曾、黄淳耀殉国，乃于八月中赋绝命诗，投深渊而死。陈子龙为他写挽诗："志在春秋真不愧，行成忠孝更何疑。"自己投身抗清运动，参与策动降清明将吴胜兆反正。由于事机泄露而失败，吴胜兆处死，陈子龙被捕，在押解途中，投河殉国。

清军逼近嘉兴，清军大帅派信使劝降前吏部尚书徐石麒，遭到严词拒绝。徐石麒大义凛然回答："大抵一代之兴，必有攀龙附凤之臣；霞蒸云变，亦必有云鏊鲐背之老。敦《诗》说《礼》，据梧而稿，盖以不有出者，谁共功名？不有处者，谁明节义？"嘉兴城陷落，徐石麒身穿朝服自缢于天宁寺，他以一死表明服膺的节义。

清军抵达杭州，派员到浙东招抚，下令薙发。前苏松等处巡抚祁彪佳，誓死不从。闰六月初六日深夜，潜出寓所，行至放生碣下，纵身投入池中。临死前留下遗书："某月日，已治棺寄戢山戒珠寺，可即殓我。"

先前，清军大帅抵达杭州，前都察院左都御史刘宗周与祁彪佳相约起兵，没有成功。祁彪佳死后两天，同乡刘宗周绝食而死，时在闰六月初八日，留下绝命诗一首：

> 留此旬日生，少存匡济志。
>
> 决此一朝死，了我平生事。
>
> 慷慨与从容，何难亦何易。

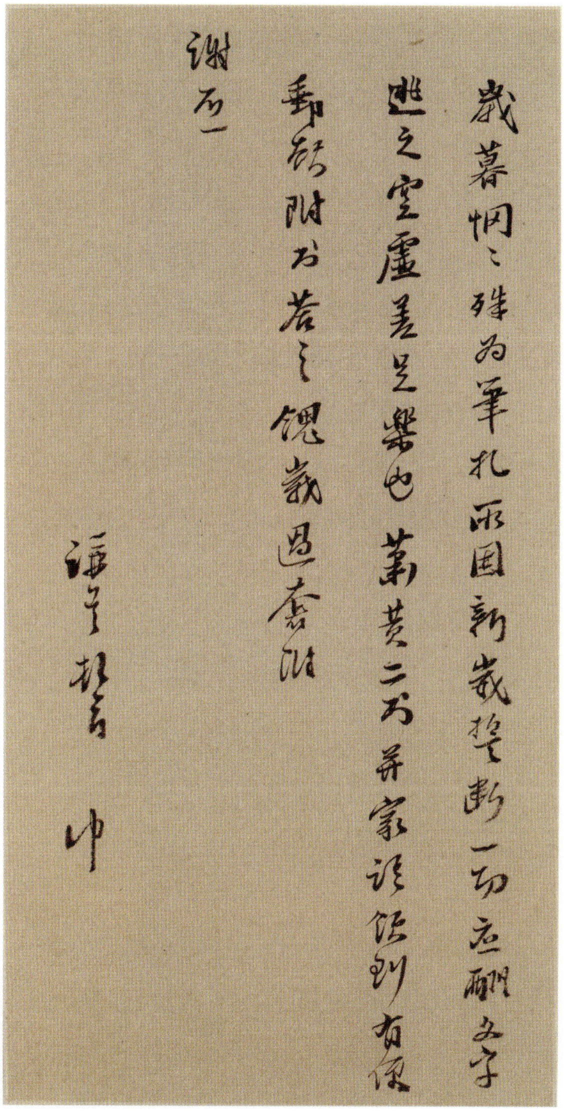

岁暮怅惘，殊为笔札，而因新岁挚断一切，应酬文字
进之空虚，差足辔也，萧黄二公异赏，推论到有余
邮筒附书若之，锻炼过奢附

谢石一

海牙樗老 叩

钱谦益手迹

奏销案
科场案
哭庙案

清军席卷江南，遭到具有民族气节的志士仁人的抵抗，吴江的吴易、吴兆奎，苏州的陆世钥，嘉定的侯峒曾、黄淳耀，松江的沈犹龙，昆山的王永祚，宜兴的卢象观，常熟的严拭，嘉兴的钱栴、钱棅，虽然人少力弱，持续时间很短，却产生了很大的政治影响。

抗清运动失败以后，一些激进分子秘密策划，图谋复辟明朝。顺治四年（1647）的吴胜兆反正事件就是一例。清朝当局极为震惊，乘机把陈子龙、夏完淳为代表的持不合作态度的知名人士，一网打尽。但是江南士绅中的不合作倾向依然存在。就连钱谦益、吴伟业为代表的一派，被迫出来做官，也郁郁不得志，牢骚满腹。

清朝当局势必要在江南采取大动作，实施制裁政策，"奏销案"是一个突破口。

顺治十五年（1658），朝廷抓住江南拖欠钱粮（赋税）的积弊大做文章，明确宣布：乡绅、进士、举人、生员及衙役，如果拖欠钱粮，按照数量的多少，分别治罪。在苏州、松江、常州、镇江四府及江宁府溧阳县，查处拖欠钱粮者一万三千多人，革去功名或官职，还要施加刑罚，一时间"鞭扑纷纷，衣冠扫地"。牵连这一案件的，大多是吹毛求疵，借题发挥。例如昆山人叶方蔼，顺治十六年（1659）进士一甲第三名，俗称"探花"，他家拖欠钱粮银子一厘，约合制钱一文，被革去功名，民间哀叹"探花不值一文钱"。又如太仓人吴伟业，顺治十年（1653）被迫赴京，出任国子监祭酒，始终悔恨失节，借口"丁忧"辞官归乡，以微不足道的钱粮拖欠，被纳入"奏销案"，革去官职。对于吴伟业而言，如释重负。孟森评论道："梅村终身以再出为恨，实出至诚，当其就征之日，即有吊侯朝宗诗：'死生总负侯嬴诺，欲滴椒浆泪满樽。'朝宗于前数年，即以梅村名重，勖以韬晦。至是卒为门户计，不免一行。因奏销案而落职，实在是求之不得。"

奏销案造成了江南"庠序一空"的局面，能够继续保持进士、举人、贡监、生员头衔的人，寥若晨星。显然，当局并非着眼于区区的欠税，而是以政权的威慑力量，迫使江南乡绅士子就范。

与奏销案相伴而来的科场案，目的也在于此。科场舞弊是科举考试中司空见惯的现象，历来习以为常。清朝当局大兴问罪之师，不过是以此为把柄，打击江南士子以及他们所依托的家族与社会网络。

明清两代，每隔三年在省城举行一次"举人"的选拔考试，叫做乡试。由于传统的关系，南京的江南乡试与北京的顺天乡试往往成为全国士子荟萃之地，在科

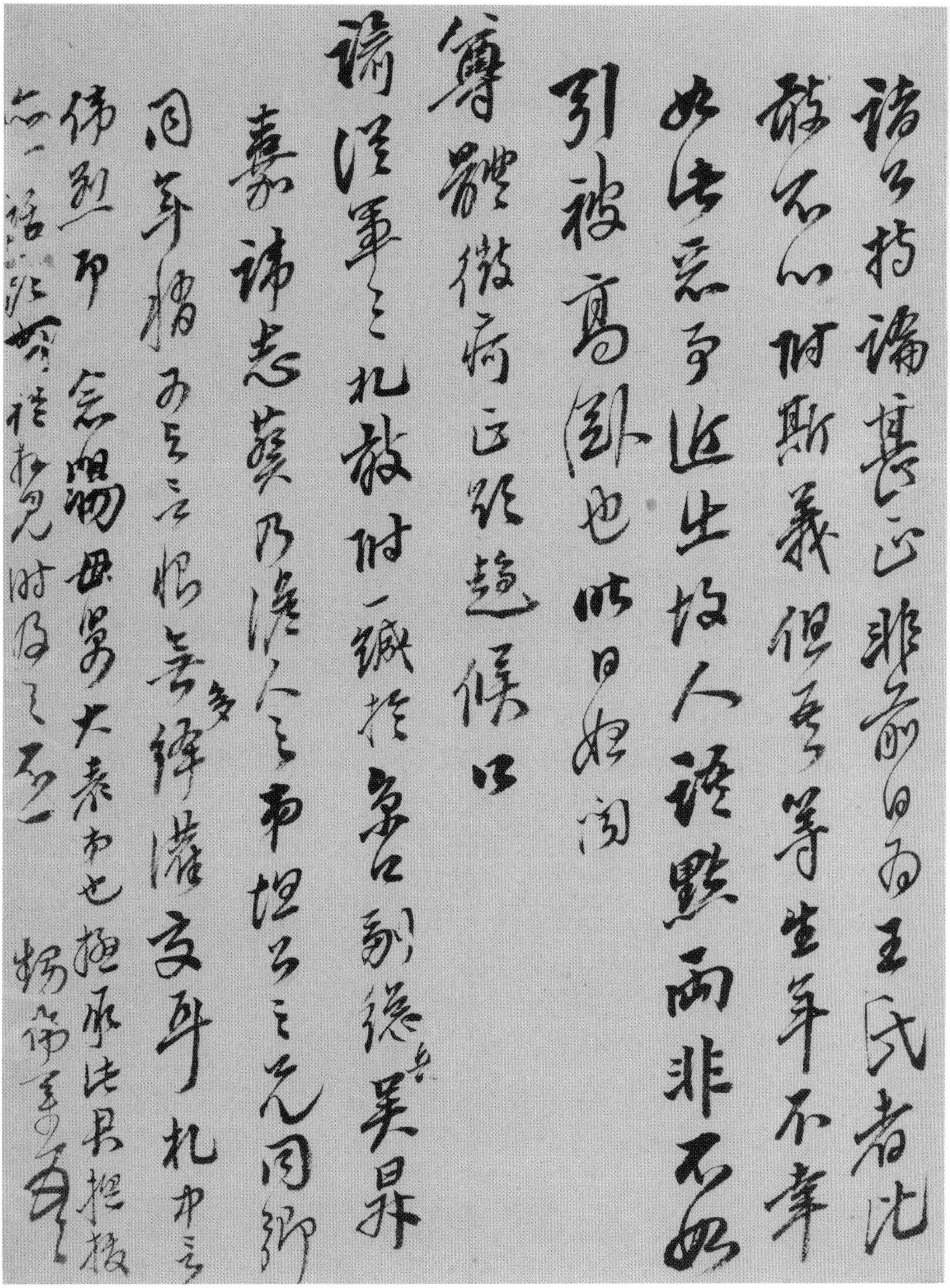

语子指论甚正 非前日而王氏者沈

群石公时斯義 但吾等生年不幸

如此意吾近出坊人语默两非石而

簿体微病正疾趋候口

引被高卧也此日粗闲

嘉讳志蕘乃渡人名而坦名之兄同乡

请涯军之札敬时一缄指多剜德吴昇

同年牆西言惺吾绎灌友弄札中三

伟烈印 念锡母冑大秦市也栖承徒具担授

左三语比荅信枕克时乃乃之至

杨荇堂手启

273
清：爱新觉罗王朝

吴伟业手迹

举考试中的地位远远凌驾于一般省城之上。科场案的打击重点就是江南乡试与顺天乡试。江南乡试的应考者无疑是江南士子，顺天乡试的应考者大多是旅居京城一带的江南籍子弟，因而科场案的矛头所向，主要是针对江南人士的。

顺治十四年（1657）的丁酉乡试案，处分之严酷令人不寒而栗。顺天乡试的主考官李振邺等，录取举人田耜等，都被处死。江南乡试舞弊的处分有过之而无不及，两名主考官斩首，十八名副考官全部处以绞刑，他们的家产充公，妻子籍没为奴。参与舞弊的考生，银铛入狱，发配充军。桐城方拱乾、方孝标父子，以及他们的兄弟、妻子，受科场案牵连，全部发配东北边境的宁古塔，被视为科举史上骇人听闻的咄咄怪事。处分之不近人情，孟森认为"可与靖难之役后的瓜蔓抄相比拟"。

杜登春《社事始末》回忆这一案件的后果时说，江浙文人一向兴旺的社团活动，从此萧肃，几乎停息。一年之间，人们忙于为囚车送行李，为躲藏者送衣食，没有消停的日子。

随着形势的变化，矛盾渐趋缓和。康熙三年（1664）正式下令豁免顺治元年至十五年的拖欠钱粮，使"奏销"问题无形之中趋于淡化，对江南士大夫在政治上笼络，成为朝廷首选的国策。体现这一政策的典型事例，就是康熙时期昆山徐家一门三及第，为江南士子津津乐道。徐元文是顺治十六年的状元，康熙九年（1670）担任皇帝的经筵讲官，官至户部尚书；徐乾学是康熙九年的探花，官至刑部尚书；徐秉义是康熙十二年（1673）的探花。王士禛《池北偶谈》说："同胞三及第，前明三百年所未有也。"受到朝廷重视的江南士子还有叶方蔼、张廷书等人，康熙十七年（1678）的博学鸿词科与十八年（1679）的明史馆，都是他们促成的。顾炎武的学生潘耒、晚明四公子之一陈定生之子陈维崧，以及尤侗、朱彝尊等通过博学鸿词科而进入官场；黄宗羲之子黄百家、学生万斯同等进入明史馆，奉命为前朝修史。原先消极对抗的因素无形之中趋于消解，清廷与江南文人学士的关系稍显融洽。

"皇帝之宝"玉印。清朝皇帝颁发诏书，就要钤上这方印，这是皇权的象征。由专门的机构——尚宝司管理。

武功与文治

康熙的

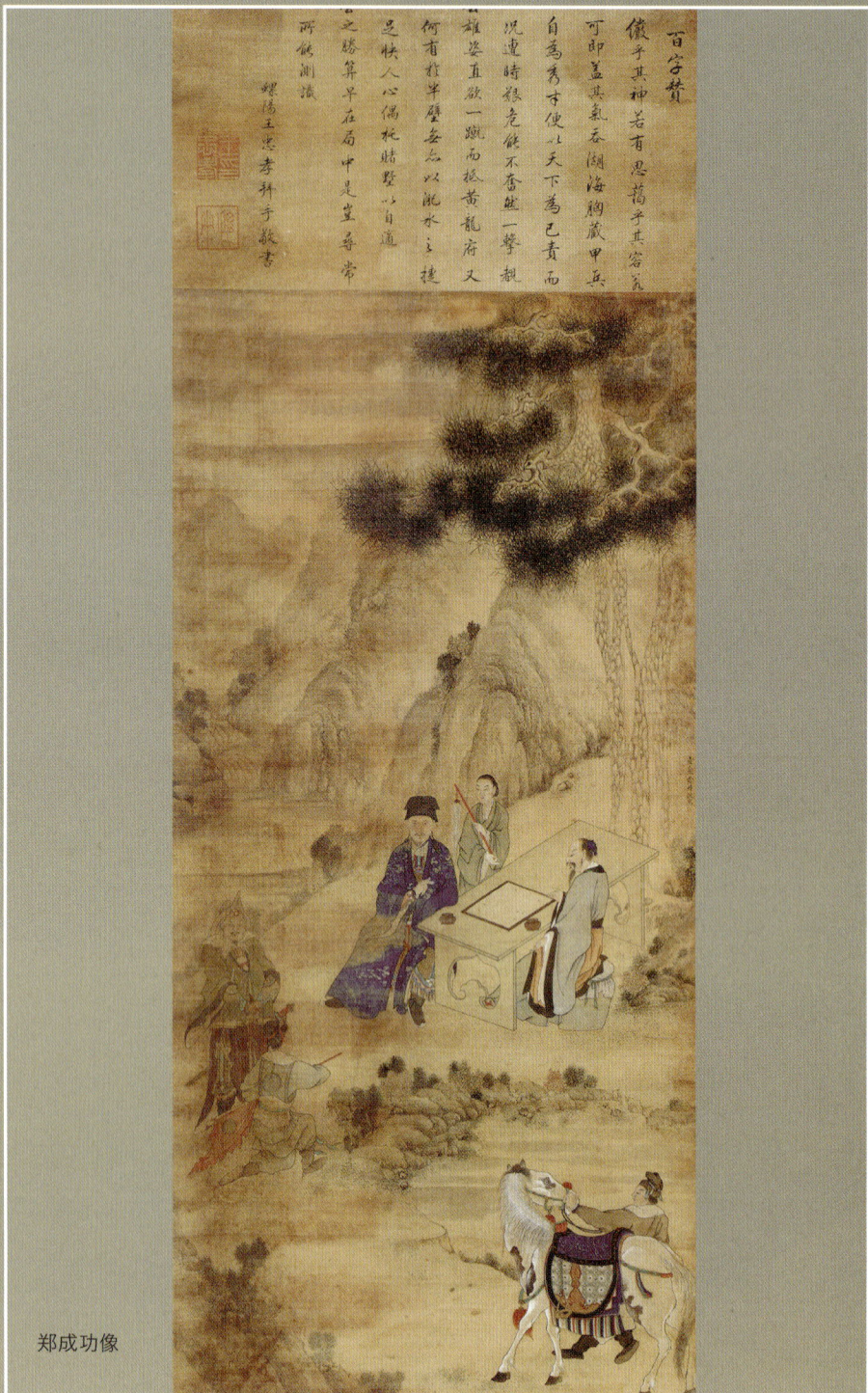

百字赞

儀乎其神 若有思焉乎其容兮
可即盖其氣吞湖海胸藏甲兵
自為寿寸使人天下為已責而
況連時銀克然不香此一擊桅
雄姿直欲一颖而挺黄龍府又
何有惟半壁岌岌以洗水之捷
足快人心偶把晴整以目道
之膽算早在局中足堂尋常
所識測讀

蠑陽王忠孝科手敬书

郑成功像

清

圣祖玄烨是有清一代最值得赞誉的贤明君主，武功与文治都无与伦比。武功方面，有四件大事值得注意。

一是统一台湾。

顺治三年（1646），郑成功因阻止父亲郑芝龙降清无效，起兵抗清。顺治十八年（1661），他派儿子郑经留守厦门，自己率领军队前往台湾，经过激战，迫使荷兰总督投降。郑成功收复台湾后，设置承天府，下辖天兴、万年两县，建立政府，招徕移民，收容抗清人士。他死后，儿子郑经继续抗清。

为了对付郑氏集团，清朝当局下令"迁界""禁海"，形成东南沿海漫长的无人地带。此后又派遣靖南王耿继茂、总督李率泰前往台湾招降。郑经提出的条件十分苛刻，诸如要拥有像琉球、朝鲜那样相对独立的地位，清朝不派军队登陆，不薙发，不易衣冠等，协议无法达成。康熙十三年（1674），三藩之乱爆发，响应吴三桂叛乱的耿精忠割据福建，向郑经求援，答应以漳州、泉州两府为酬。兵败后，郑经退守台湾。康熙二十年（1681），郑经死，郑氏集团内讧。清朝当局抓住时机，出征台湾。康熙二十二年（1683），郑经次子投降。清朝统一台湾后，在那里设立台湾府，下辖台湾、凤山、诸罗三县，配备总兵一员、水师副将一员、陆师参将二员。

二是签订《尼布楚条约》。

康熙二十四年（1685）、二十五年（1686），清朝军队与俄罗斯入侵者在雅克萨激战，迫使俄国同意谈判。皇帝指示首席谈判代表索额图：尼布楚、雅克萨、黑龙江上下，皆我所属之地，不可少弃于俄罗斯；与之划定疆界，准其通使贸易；否则，尔等即还，不便更与彼议和。

中俄双方在尼布楚河与黑龙江汇合处的尼布楚城谈判。康熙二十八年七月二十四日（1689 年 9 月 7 日），双方签订《尼布楚条约》，确定中俄东段边界：西南沿额尔古纳河、石勒喀河、格尔必齐河为界，北面以外兴安岭为界，东面乌第河以南、外兴安岭以北为待议地区。中方在边界线上刻石立碑，每年五六月由齐齐哈尔、墨尔根、瑷珲派出边防军，分三路前往边界巡查。清朝的瑷珲将军、宁古塔将军负责管辖黑龙江两岸的广大地区。

三是平定准噶尔。

清初漠南蒙古、漠北喀尔喀蒙古相继归顺清朝。漠西厄鲁特蒙古分布于阿尔泰山以西、天山以北，直至巴尔喀什湖东岸。准噶尔部统一其他各部，又越过天山，统一了回部。准噶尔汗噶尔丹控制了天山南北之后，又用战争手段占领漠北喀尔喀蒙古，继而进兵漠南蒙古，兵锋抵达乌兰布通（赤峰附近）。

清朝密切关注这一动向，为了维护国家的统一，皇帝亲自率军出征，取得乌兰布通战役、昭莫多战役的大胜。走投无路的噶尔丹在清军围困下，于康熙三十六年（1697）三月服毒自杀。噶尔丹死后，他的侄子策妄阿拉布坦继任准噶尔汗，继续与清朝对抗。

四是加强西藏治理。

康熙五十六年（1717），准噶尔汗策妄阿拉布坦派军队入侵西藏，藏王拉藏汗向清廷告急。康熙五十九年（1720），清军把准噶尔部队赶出西藏，皇帝敕封达赖七世，并护送入藏，任命康济鼐为藏王，共同治理西藏。

康熙的文治比武功更为引人注目。

在他的倡导下，编成了收字四万九千多的《康熙字典》，一百八十卷的《大清会典》，一百零六卷（拾遗一百零六卷）的《佩文韵府》，九百卷的《全唐诗》等鸿篇巨帙，并且企划了一万卷的《古今图书集成》。康熙第五次南巡时，交代曹寅（曹雪芹的祖父）编纂《全唐诗》。曹寅是旗人，在汉人文学圈内崭露头角，而且先后担任江宁织造和两淮巡盐御史，有足够的学识与财力完成这一文化工程。他在不到两年时间里，编成了收罗二千二百多诗人、四万八千九百多首诗作、篇幅达九百卷的《全唐诗》，为康熙的文治增添了浓墨重彩的一笔。

清朝文化的核心部分，是以经学为中心的学术。这一时期经学发展到一个新阶段，超过了两汉的经学（即所谓汉学），以程朱理学为主的宋学成为主流，与皇帝的提倡有很大的关系。孟森说，"圣祖尊宋学"，"欲集宋学之大成"。江南名士徐乾学收集宋朝经学著作，编成《通志堂经解》，就是集宋学大成的尝试。康熙一朝，宋学名臣辈出，诸如陆陇其、汤斌、张伯行、于成龙、陈鹏年、赵申乔，学养与政绩都颇可观。

康熙以充满自信的心态，接纳耶稣会士和他们带来的西学。他重用耶稣会士南怀仁负责天文历法工作，在南怀仁的影响下，梅文鼎撰写了《历算全书》。在新旧历法的争论中，康熙为了判明其中的是非，破天荒地向耶稣会士学习西洋科学。中国第一历史档案馆还保存着康熙皇帝演算数学的草稿纸，以及他使用过的三角尺、圆规、计算器。中国皇帝如此身体力行地向西方学习，誉为空前绝后，毫不为过。

明白了这一点，就不会对康熙任用传教士绘制中国地图——实测的《皇舆全览图》，感到意外了，也不会对康熙委任传教士徐日升、张诚参与《尼布楚条约》的谈判，感到意外了。康熙还大力支持西医传入中国，促成了西学东渐的重心由天文历算转向医学，出现了西医进入中国的高潮。

　　康熙皇帝在位六十一年，奠定了清朝的盛世，无怪乎有的历史学家把他与俄罗斯的彼得大帝相比拟。

康熙帝读书像

雍正的为治之道

【三】

《雍正帝行乐图》之"围炉读书"

清 世宗胤禛在位执政仅十三年，与其父清圣祖玄烨在位六十一年、其子清高宗弘历在位六十年相比，为时短暂，政绩却颇为耀眼。严禁朋党，整顿吏治，重视用人，强调务实，在十三年中多有建树。他以"为政之道在于务实，不尚虚名"相标榜，致力于制度建设，其中，摊丁入地、开豁贱籍、改土归流最为引人注目。

先看摊丁入地。

清初的赋役制度沿袭前朝的一条鞭法，征收地银、丁银两项；丁银的一部分按人丁摊派，弊端不少。顺治以来一些地方广泛采用"丁从地起"的方法，即把人丁的负担转移到田地上，也就是后来所谓"摊丁入地"。雍正元年（1723），直隶巡抚李维钧提出"摊丁入地"的具体方案，把丁银平均摊派到地银之内，地银一两，摊入丁银二钱七厘。此后各省陆续开展"摊丁入地"的改革，从雍正二年到七年（1724—1729），各省大体完成，山西、台湾、贵州迟至乾隆年间才完成。

"摊丁入地"又叫做"地丁合一"或"地丁并征"，是一条鞭法的进一步发展。具体做法因地而异，较普遍的做法是把丁银平均摊入地银中征收，另一些地方把丁银按田地面积平均摊派。总的方针不变，田地多的农家分摊到的丁银相对多一些，田地少的农家分摊到的丁银相对就少一些，无地农家则可以不再有丁银负担，使得赋役征收合理化。毫无疑问，这是一种进步。

再看开豁贱籍。

把人区分为等级的观念与制度，以往一直存在，既有贵族与庶民之分，也有良民与贱民之分。人的良贱之分，似乎是一个底线，难以突破。这种情况在雍正时期发生了变化。

雍正五年（1727），皇帝给内阁发去一道圣旨，大意是：朕常常考虑移风易俗，凡是过去因为风俗习惯相沿，不能振拔的人群，都要给他们自新之路，譬如山西的乐户、浙江的惰民，都应该免除他们的贱民户籍，使他们成为良民，可以起到激励廉耻、倡导风化的作用。近来听说，江南徽州府有"伴当"，宁国府有"世仆"，本地叫做细民，他们的身份几乎与乐户、惰民相同。各地如果有这样的贱民，应该免除他们的贱籍，成为良民，使他们得以奋发向上，免得污贱终身，累及子孙后代。

这里所谓贱民，是特种人身隶属关系的产物，没有完全的人身自由，在法律地位上低于良民一等。"伴当""世仆"是一种奴仆化佃农，与主人有着明显的"主仆名分"，而且世代相承，也就是说，是世袭的贱民。所谓"乐户"，是编入乐籍的贱民，

《清职贡图》。乾隆帝下令绘制的清朝朝贡图，从中可以看出大多数少数民族的风情和民族特色。

身份类似倡优，世代从事歌舞吹打职业，不得穿着良民服饰。所谓"惰民"，又称"堕民"，指浙江绍兴府各县分散居住的一种贱民，男的充当婚丧礼仪中的帮手、牙侩，女的充当发结、喜婆、送娘子，禁止读书、缠足，不许同良民通婚。类似的贱民还有苏州府常熟、昭文两县的丐户，浙江钱塘江上的九姓渔户，广东的蛋户等。

从雍正五年（1727）开始，这些贱民陆续开豁为良，在法律上具有与良民同等的地位，他们三代以后的子孙，可以和良民一样参加科举考试。这场破除旧传统的社会变革，进行得颇为艰巨，一直延续到清末。正因如此，雍正时期作为解放贱民的开端，其意义不容低估。

再看改土归流。

元明两代，西南边疆地区实行土司制度，朝廷授予当地民族首领爵禄名号，加封为世袭官员。土司制度的存在，使得这些地区成为土司的独立王国，中央政府的号令无法通行。雍正四年（1726），皇帝任命鄂尔泰为云南贵州广西三省总督，推行"改土归流"的改革。它的宗旨是雍正五年（1727）的一道圣旨：向来云南、贵州、四川、广西、湖广各省，各有土司僻处边隅，肆意不法，扰害地方，剽掠行旅，而且彼此互相仇杀，争夺不休，对境内人民任意残害，草菅人命，罪恶多端。因此，朕命令各省总督巡抚悉心筹划，可否令其改土归流，各遵王化。

到雍正九年（1731），改土归流大体告一段落，在那些地区设置了与中原地区同样的府州县，由中央政府委派的流官取代世袭的土司，革除许多陋规恶习，改善交通，加强与内地的经济文化交流。改土归流的结果，加强了中央集权，巩固了西南边疆。

雍正皇帝是一个有争议的人物，焦点就是所谓"矫诏篡立"。有人以为可信，有人以为不可信，众说纷纭，莫衷一是。其实，所谓篡立之说是诸皇子夺嫡争储斗争的产物。退一步论，在诸皇子争夺皇位的斗争中，皇四子胤禛捷足先登，是否算作篡立，也是一个问题。历史学家没有必要过分纠缠于此。评价一个皇帝，还是要看他上台以后的政绩如何。

相关阅读书目推荐

孟森：《清史讲义》，中华书局，2006

孟昭信：《康熙评传》，南京大学出版社，1998

冯尔康：《雍正传》，人民出版社，2014

盛世第十五章

面面观

鼎盛时期的
经济

一

历史学家全汉昇说："中国的丝织工业因为具有长期发展的历史背景，技术比较进步，成本比较低廉，产量比较丰富，故各种产品能够远渡太平洋，在西属美洲市场上大量廉价出卖，连原来在那里独霸市场的西班牙丝织品也要大受威胁。……这一事实告诉我们：在西方工业化成功以前，中国工业的发展，就它的产品在国际市场上的竞争能力来说，显然曾经有过一页光辉灿烂的历史。"中国蚕丝生产普遍于各地，而以江苏和浙江之间的太湖流域最重要。海外市场对中国丝与丝绸需求非常大，因而刺激这个地区蚕丝生产事业的发展，使人民就业机会和货币所得大量增加，当然是一个重要因素。江南丝织业兴盛的乾隆、嘉庆时期，丝绸的年产量约为1500万匹，值银1500万两，比明朝增加了三十多倍。

乾隆二十四年（1759），两广总督李侍尧向皇帝报告广州的外贸状况：外洋各国商船来到广州，贩运出口货物，都以丝货（生丝与丝绸）为重点，每年贩运湖丝和绸缎等货物，大约在二十万斤至三十三万斤之间，统计一年之中所买丝货的价值，相当于银子七八十万两，或一百多万两。这些货物都由江浙等省商人贩运来广州，转售给外商，载运回国。

这样的外贸形势刺激了太湖流域蚕桑丝织业的蓬勃发展，进入了外向型经济的轨道，丝货经由商人之手源源不断外销，

清徐扬《姑苏繁华图》

致使国内市场丝货价格日趋昂贵。当时的一名官员说：近年来，南北丝货价格上涨，比往年增加几倍之多。民间商贩为了获取重利，都卖给洋商，外洋商船转运出口，多至成千上万，以致丝价日趋高昂。

从 1679 年到 1833 年的一百五十五年中，每年的出口量，从 8 担上升到 9920 担，价格也随着出口量的增加而上升。根据英国东印度公司的记录，可以看到出口丝货价格上涨的趋势：每担丝货的价格，1699 年是 137 两银子，1720 年涨至 150 两银子，1750 年涨至 175 两银子，1755 年涨至 190 两银子，1759 年涨至 198 两银子，1763 年涨至 250 两银子，1768 年涨至 294 两银子，1784 年涨至 310 两银子。

以松江和苏州为中心的长江三角洲的棉纺织业，进入清代以后，有进一步的发展。松江人钦氏在《松问》中说：松江棉布每天的销售量大约是 15 万匹，销售旺季是秋季，三个月的销售量估计可达 1350 万匹。据吴承明的估计，鸦片战争前国内棉布的商品量是 31517.7 万匹，价值 9455.3 万两银子。这种农村家庭手工生产的棉布也是外贸的重要商品。

当时外商把松江一带生产的棉布，都叫做"南京棉布"。1786—1833 年的四十八年中，英国、法国、荷兰、瑞典、丹麦、西班牙、意大利等国的商船，从广州购买的"南京棉布"共计 4400 万匹。各国商船从广州购买"南京棉布"最多的一年是 1819 年，达 330 万匹，价值 170 万银元。1804—1829 年的二十六年中，美国商船从广州购买的"南京棉布"达 3300 万匹。

中国棉布之所以畅销海外，原因就是价廉物美。18 世纪中叶，英国东印度公司收购中国棉布，每匹不过 0.34 两银子，价格低廉，在当时国际市场无出其右，但质量却极为上乘。1830 年代，西方商人谈起"南京棉布"时说："色泽和质地仍然优于英国制品。"

从总体上看，明代中叶出现的"湖广熟，天下足"的格局，在清代仍在延续，于是湖南的湘潭、湖北的汉口，形成了兴旺的米市，成为商品粮的集散中心。长江中上游的商品粮，沿江东下，折入运河南下，在长江三角洲最理想的集散地当然是全国首屈一指的经济中心苏州，由此再向江浙等地转运。全汉昇说，雍正十二年（1734）一年中，由湖广运往江浙的米粮，大约 1000 万石左右。据经济史专家吴承明估计，鸦片战争前，全国的商品粮达 245 亿斤，按每石 150 斤计，合 16333.3 万石，价值 16333.3 万两银子。这种粮食商品化程度，是历史上前所未见的。

李伯重 2000 年出版的《江南的早期工业化（1550—1850 年）》指出：1850 年以前的三个世纪，江南工业的发展，使得工业在江南经济中所占比重日益提高。到了 19 世纪初，在江南大部分地区，工业的地位已与农业不相上下，在经济最发达的江南东部，甚至可能已经超过农业。在欧洲工业革命之前的几个世纪中，中国在经济发展的许多方面尚不逊于欧洲。

美国学者彭慕兰（Kenneth Pomeranz）的著作《大分流：欧洲、中国及现代世界经济的发展》，表达了相类似的观点：直到工业化得到充分发展之前，欧洲并不比东亚好多少；工业革命前夜，欧洲并没有领先于东亚，但其制度促使工业化必然发生，东亚则不然。工业革命之后，发生了根本变化，欧洲迅猛发展，中国停滞不前，差距愈来愈大，彭慕兰称为"大分流"。

"夕阳无限好，只是近黄昏。"清朝在乾隆时期登上了顶峰，也是由盛转衰的转折点，由此开始走下坡路，自恃国富，铺张浪费，不知节制，逐渐把国库掏空。好大喜功的清高宗弘历，仿效他的祖父六次南巡，劳民伤财，每处接待供

盛世中的衰败迹象

〔二〕

乾隆皇帝在圆明园

奉所耗费的银子，动辄几十万两，比祖父多二三十倍。例如扬州盐商为了接待皇帝南巡，建筑园林馆所，栽种珍稀树木花草，招来梨园戏班，以供皇帝一乐，花费钱财如同流水一般，简直难以估计。扬州盐商虽然富可敌国，也经不起如此一而再再而三的折腾。

弘历是出名的奢侈靡费狂。他大造宫殿园林，是整个清朝兴建园林最大最多的皇帝。圆明园始建于康熙晚年，雍正时建成二十八景，乾隆时扩建成四十景。承德避暑山庄始建于康熙时期，大部分工程完成于乾隆时期，有七十二所建筑，规模是圆明园的两倍，耗费民脂民膏不计其数，连他的亲信大臣也不无嘲讽地说："皇帝之庄真避暑，百姓乃在热河口。"乾隆四十五年（1780），他在避暑山庄庆祝七十岁寿辰，各地官员争相拍马奉承，进献礼品，以致古北口的道路为之堵塞。乾隆五十四年（1789），他的公主出嫁，赏赐的妆奁据说价值几百万两银子。

此公极其好大喜功，在位六十年，穷兵黩武，发动十次战争，还自鸣得意，吹嘘为"十全武功"，自诩为"十全老人"。殊不知这是消耗财政的无底洞，单是大小金川两次战事，就耗费银子七千万两，"十全武功"的代价可以想见。

乾隆时期的吏治远远不如康熙、雍正时期，轰动全国的贪污案件层出不穷。例如，云贵总督恒文、云南巡抚郭一裕、山东巡抚国泰、浙江巡抚王亶望、江西巡抚郝硕、闽浙总督陈辉祖等，都是令人震惊的巨贪，连皇帝自己也哀叹不已：各省总督巡抚当中洁身自爱者，不过十分之二三，而死不改悔者不一而足。他所宠信的大学士和珅担任军机大臣二十四年，擅权跋扈，卖官鬻爵，招权纳贿，上行下效，于是官场上下糜烂不堪。山东巡抚国泰贪污集团案，造成山东一省财政巨额亏空。甘肃侵粮冒赈案，牵连官员七十多人，其中贪污银子二万两以上被处死的就有二十二人。然而这些人与和珅相比不免小巫见大巫。和珅在苏州为自己建造陵墓，有享殿、隧道，可以和皇陵相媲美，号称"和陵"。嘉庆四年（1799），已经当了四年"太上皇"的弘历驾崩，嘉庆皇帝颙琰以迅雷不及掩耳之势，剥夺和珅的官职，定二十四大罪，赐自尽；随即查抄和珅家产，共计109宗，包括赤金580万两，生沙金200万两，元宝银940万两，当铺75家，银号42家，古玩铺13家，田地8000顷。据说和珅家产总计折合白银达2.3亿两，相当于国库几年的总收入，名副其实的富可敌国！

盛世必由富、强两方面构成，财富已经耗尽，强盛便成为无本之木、无源之水，皮之不存，毛将焉附？由盛转衰是必然的。嘉庆皇帝南巡，在杭州阅兵，士兵操练射箭，居然"箭箭虚发"，操练骑术，居然"驰马人坠地"。种种不祥之兆，预示着衰世已经来临。

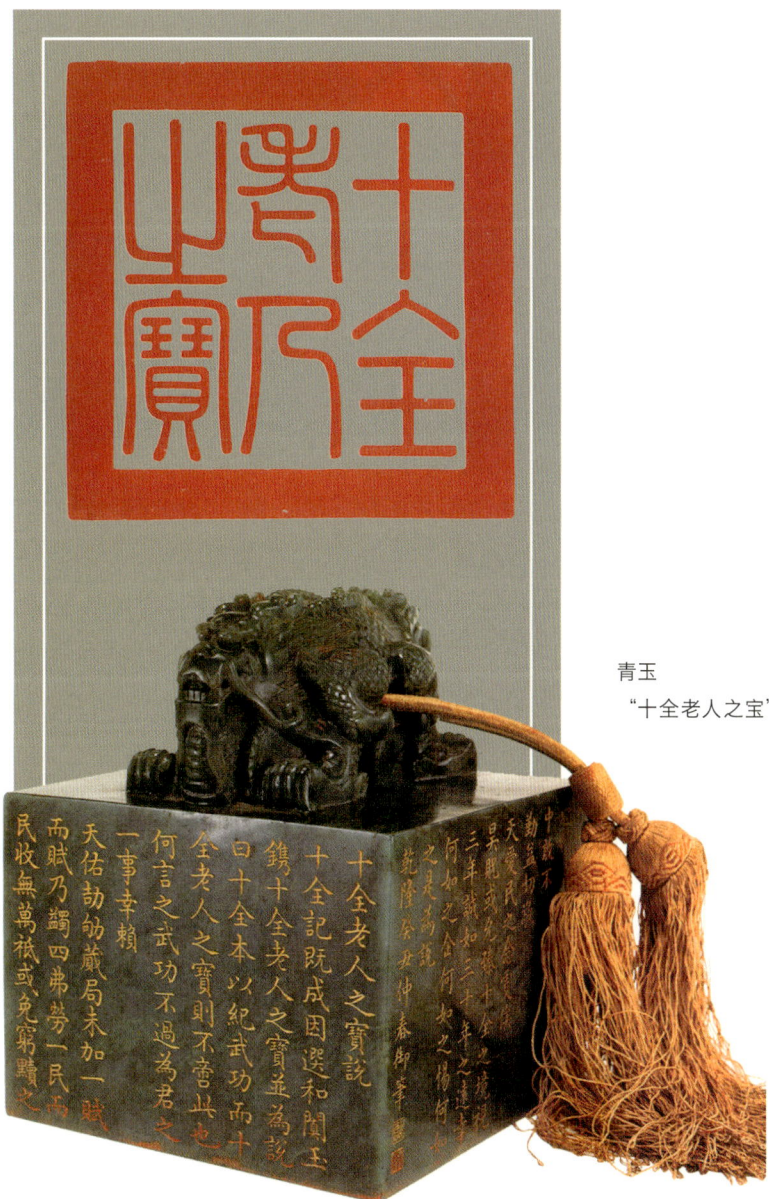

青玉
"十全老人之宝"

色厉内荏的
盛世

〔三〕

文网严密，文字狱接二连三，是清朝政治的一大特色，它是统治者对自己缺乏信心、色厉内荏的一种表现形式。康熙、雍正、乾隆一百多年中，文字狱从未间断，而且愈演愈烈，至乾隆盛世达到高潮。

康熙五十年（1711）的"南山集案"，借口戴名世的《南山集》有"反清"思想，主犯戴名世被斩首，祖孙三代直系旁系亲属，年龄在十六岁以上的都被处死，受株连的有几百人。五十多年后，乾隆皇帝又因"南山集案"大兴冤狱，杀死七十一岁的举人蔡显，株连二十四人。这就是著名的"闲闲录案"。

有人揭发，蔡显刻印自己的著作《闲闲录》，有"怨望谤讪"的文字。所谓"怨望谤讪"文字是什么呢？那是蔡显引用古人《咏紫牡丹》诗，其中有"夺朱非正色，异种尽称王"的句子，原意是说红牡丹是上品，紫牡丹称上品是夺了红牡丹的正色，是"异种称王"。衙门的刀笔吏竟然望文生义，指责蔡显用"夺朱"影射满人夺取朱明王朝天下，诽谤清朝是"异种称王"。蔡显有口难辩，只得被迫自首。两江总督高晋、江苏巡抚明德把此案上报皇帝，建议按照"大逆"罪凌迟处死。没有料到，一向附庸风雅的乾隆皇帝，对文字狱特别顶真，亲自审阅《闲闲录》，发现其中有这样的文字："戴名世以南山集弃市"，显然对"南山集案"发泄不满，比《咏紫牡丹》诗要严重多了，而高晋、明德以及他们的幕僚都没有看出来，显然是"有心隐曜其词，甘与恶逆之人为伍"，对高晋、明德大加申斥，下旨把蔡显由凌迟改为斩首，把"从宽"的一部分罪责转嫁到有关官员身上。

乾隆四十二年（1777）的"字贯案"更为离奇荒唐。江西举人王锡侯编了一本字典——《字贯》，删改了钦定的《康熙字典》。结果，不但王锡侯遭到严惩，书版与书册销毁，而且牵连到江西巡抚海成、两江总督高晋等官僚，以"失察"罪查办。原来皇帝接到江西巡抚海成报告，有人揭发王锡侯擅自删改《康熙字典》，另刻《字贯》，实在狂妄不法，建议革去举人功名。他亲自审阅奏折以及随奏折附上的《字贯》，在《字贯》序文后面的"凡例"中看到，把圣祖（玄烨）、世宗（胤禛）的"庙讳"，以及自己的"御名"（弘历），都开列出来。他认为这是比删改《康熙字典》更为严重的罪行，"深堪发指"，"大逆不法"，应该按照"大逆"罪惩处，但是海成仅仅建议革去举人功名，大错特错。他在给军机大臣的谕旨中狠狠训斥道：海成既然经办此案，竟然没有看过原书，草草凭借庸陋幕僚意见，就上报了。上述那些"大逆不法"的内容就在该书第十页，开卷就可以看见。海成难道双眼无珠茫然不见？还是见了不以为异，视为漠然？人臣尊君敬上之心在哪里？结果，海成被革职查办，送交刑部治罪。

由此人们看到了一向附庸风雅的乾隆皇帝的另一面：阴险、狠毒。他对文字挑剔之苛刻令人防不胜防，那些为文字狱奔走效劳的官僚纷纷中招。

乾隆时代由文字狱进而发展到全面禁书、焚书，开馆编纂《四库全书》的过程，就是一个禁书、焚书的过程。

四库全书馆在编书的同时，承担了皇帝交给的一项重要使命：禁书与焚书。那些官员的首要任务，是从各省呈献上来的书籍中，把有政治问题的"禁书"清查出来，送交军机处，再由翰林院审查，把违禁的所谓"悖谬"文字标出，用黄纸签贴在书眉上；如须销毁，应该把销毁原因写成摘要。这些书籍一并送到皇帝那里，由他裁定后，全部送到武英殿前面的字纸炉，付之一炬。

在编纂《四库全书》的过程中，禁毁的书籍达几千种，其中全毁2453种，抽毁402种，销毁书版50种，销毁石刻24种。尤为可恶的是，即使不属于禁毁的书籍，印出来之前也任意删改——官员们奉命删除书籍中所谓"悖谬"的文字。如今人们见到的《四库全书》中的一些古籍，已经面目全非。

美国汉学家富路特（Luther Carrington Goodrich,）1935 年出版的英文著作《乾隆时期的文字狱》，得到的结论是：乾隆皇帝大兴文字狱完全是一种心理畸形。乾隆总的来说是个应该受到历史谴责的暴君，他干预学者的独立研究，故意篡改历史，残酷迫害文人，接二连三地禁书、毁版。乾隆朝虽然号称盛世，实际上是清朝衰落的开始，而《四库全书》的编纂虽名为保存国粹，实际上是别有用心地为了达到钳制思想的目的。

所谓乾隆盛世，竟然如此色厉内荏，它的由盛转衰也就不足为奇了。

《四库全书》文渊阁残本书影

《钦定四库全书简明目录》书盒

国学大师王国维在《观堂集林》中对清朝的学术作过透辟的分析，概括为一句话："国初之学大，乾嘉之学精，而道咸以降之学新。"这种博大、精深、新颖的现象与特点，与各个时期的社会背景有着密切关系。

王国维所说"国初之学大"，它与乾嘉学派的区别，一言以蔽之，一为经世之学，一为逃世之学，这种差别是时代、社会造成的。康、雍、乾时期的文化专制与文字狱，那些论时事、讲历史的人，一旦被认为有碍统治，不是杀，就是流放，其著述被视为悖逆之论，一律严禁、销毁。这使一般读书人、学者不敢议论时政，或故意远离现实，超脱于时政，埋头于故纸堆，沉潜于为学问而学问。

乾嘉之学精，精就精在"沉潜诸经"这点上。梁启超《清代学术概论》说乾嘉学派的研究范围，以"经学为中心，而衍及小学，音韵，史学，天算，水地，典章制度，金石，校勘，辑逸，等等；而引证取材，多极于两汉"，以"无征不信"为治学的根本准则，强调"通经有家法"，"墨守汉人家法，定从一师而不敢他徙"，甚至不敢以经驳经。

乾嘉学派分为吴派与皖派。

吴派的创始人惠栋（1705—1758），苏州吴县人，字定宇，号松崖，人称小红豆先生。师承祖父惠周惕、父亲惠士奇之学，搜集汉儒经说、各家野史，加以编辑考订，

乾嘉学派

以详博见称于世，是吴派经学奠基人。他与周围的学者研究经学从古文字入手，重视声韵训诂，即从识字审音而通训诂，再由训诂而求义理。他们的另一特点是唯汉是从，其出发点本是针对宋儒对经典的任意穿凿附会，矫枉过正，走向极端，成为"凡古必真，凡汉皆好"的盲目信奉者。惠栋的代表作《九经古义》《古文尚书考》《周易述》《明堂大道录》等，陷于为考证而考证、为经学而经学的怪圈之中，却得到清高宗的青睐，大力提倡，要大臣保荐经术之士，刊印《十三经注疏》，汉学由此而声望大著。

　　吴派学者成就突出的还有沈彤、江声、王鸣盛、钱大昕等。沈彤（1688—1752），苏州吴江人，通经学，尤精三礼，著有《周官禄田考》《仪礼小疏》《春秋左传小疏》等。江声（1721—1799），苏州元和（今吴县）人，宗汉儒经说，精研古训及《说文解字》，著有《尚书集注音疏》《六书浅说》等。王鸣盛（1722—1797），苏州嘉定人，主张"训诂必以汉儒为宗"，"治经断不敢驳经"，"墨守汉人家法"，著有《尚书后案》《十七史商榷》《蛾术编》等。钱大昕（1728—1804），苏州嘉定人，王鸣盛妹婿，精通训诂、词章、金石、天文、历算、历史，曾参与编写《续文献通考》《续通志》等书，著有《廿二史考异》《十驾斋养新录》等。

　　皖派的创始人戴震（1723—1777），徽州休宁人，字东原，青年时求学于江永。乾隆二十年（1755）到北京，结识名士纪昀、朱筠、王鸣盛、钱大昕等，入四库全书馆任纂修，校订《大戴礼记》《水经注》。他强调义理之学，把训诂考证与义理结合起来，因此其考证、注释经典的广度与深度都超过了同时期的学者，汪中说："戴氏出而集其成。"他对经学、训诂、音韵、天文、历算、地理都有精深研究，反对师法汉儒，主张学宗原经，著有《孟子字义疏证》《毛郑诗考证》《声韵考》《方言疏证》等。他的《孟子字义疏证》反映出考证研究对义理思想的冲击，其理论冲击力表现在以《孟子》为批评武器，向当时的正统学说挑战："尊者以理责卑，长者以理责幼，贵者以理责贱，虽失，谓之顺。卑者、幼者、贱者以理争之，虽得，谓之逆。……人死于法，犹有怜之者；死于理，其谁怜之。"因为这种关系，美国学者艾尔曼（B. A. Elman）在《从理学到朴学》中把戴震的社会批判定位为"从考证回归义理"，而感叹于"戴震的社会批判学说的惊人影响为西方汉学界长期忽略"。

　　皖派学者成就最为突出的还有段玉裁、王念孙、王引之等。段玉裁（1735—1815），镇江金坛人，师事戴震，尤精小学、考据、经学、音韵，积数十年之精力，注释《说文解字》，王念孙在为《说文解字注》所写的序言中，称赞段注是"千七百年来无此作"。段玉裁另外还著有《诗经小学》《古文尚书撰异》《六书音韵表》等。

王念孙（1744—1832），扬州高邮人，师从戴震，擅长文字、音韵、考据，著有《广雅疏证》《读书杂志》《古韵谱》等。王引之（1766—1834），扬州高邮人，继承其父念孙，研究音韵训诂学，世称高邮王氏父子之学，著有《经传释词》《经义述闻》《周秦古字解诂》《字典考证》等。章太炎说："高邮王氏，以其绝学，释姬汉古书，冰解壤分，无所凝滞，信哉千五百年未有其人也。"

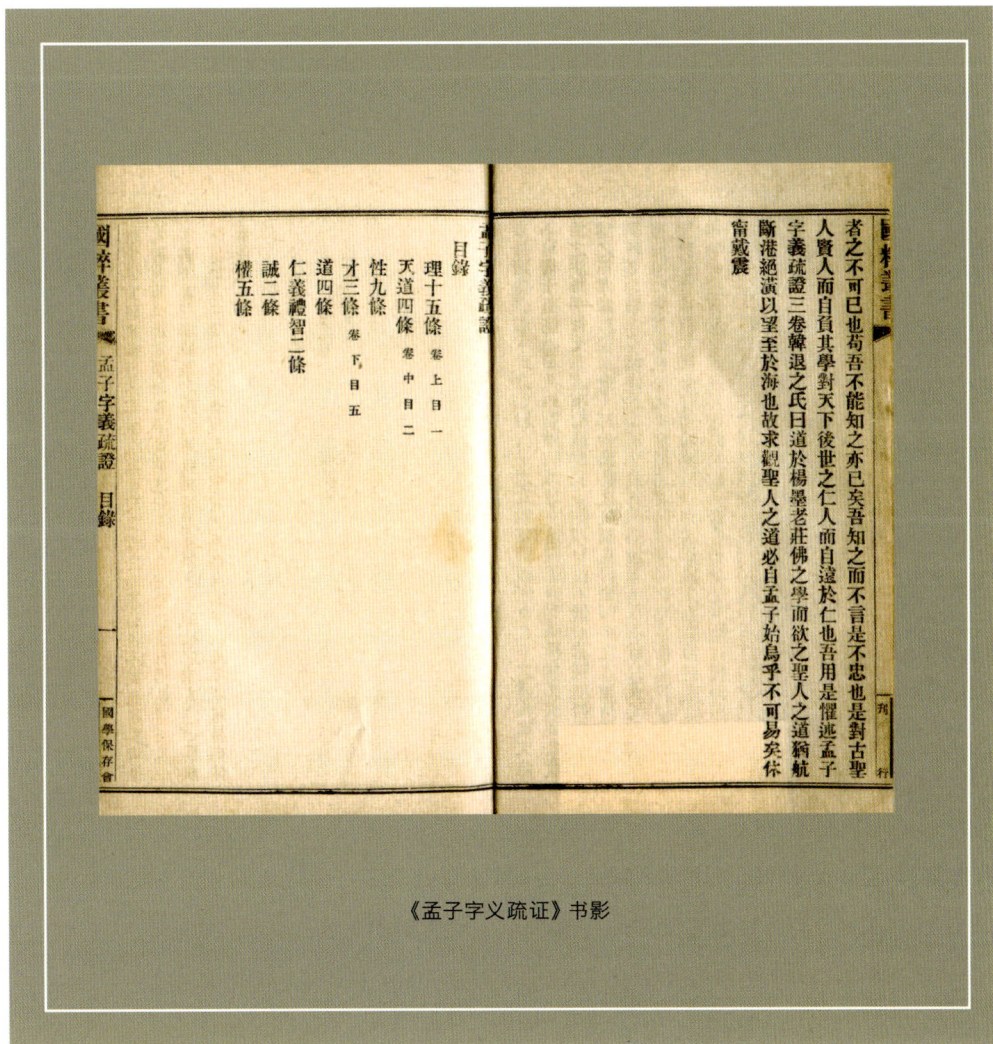

《孟子字义疏证》书影

乾嘉时代知名学者多达六十余人，名家辈出，成绩卓著。除上述各项学术领域之外，校勘与辑佚古籍也引人注目，《盐铁论》《白虎通义》《华阳国志》《水经注》的整理，从《永乐大典》《艺文类聚》《太平御览》《初学记》中辑出《世本》《竹书纪年》《八家后汉书》《十家晋书》等，都是颇显功力之作。

　　乾嘉汉学兴盛，考据风行，不免繁琐细碎，舍本求末，但其"实事求是，无征不信"的学风是值得称道的，晚明以来治学空疏之风一扫而尽，把学者穿凿附会、主观臆断的浮夸学风转变为朴实严谨的学风是乾嘉学派的最大贡献。

相关阅读书目推荐

戴逸:《乾隆帝及其时代》，中国人民大学出版社，2008

李伯重:《江南的早期工业化（1550—1850年）》，社会科学文献出版社，2000年

〔美〕艾尔曼著，赵刚译:《从理学到朴学:中华帝国晚期思想与社会变化面面观》，
　　　　江苏人民出版社，2012

封闭的天朝

第十六章

广州十三行

海外贸易的禁与放
[一]

从顺治元年到康熙二十二年（1644—1683），清朝实行严厉的海禁政策，一再发布禁令，禁止中国商人出海贸易，其目的是企图封锁东南沿海岛屿的反清势力。康熙二十二年，三藩之乱平定，台湾郑氏集团投降，先前面临的"反清复明"威胁已经烟消云散，取消海禁已成当务之急。浙江、福建、广东等沿海省份的官员，从繁荣经济、有利民生着眼，主张取消海禁政策，开放对外贸易。康熙皇帝不顾守旧派官员的反对，宣布从康熙二十三年（1684）开始，取消海禁，开放海外贸易，指定广州、漳州、宁波、南京设置海关，粤海关由内务府派任，闽海关由福州将军兼任，浙海关与江海关由该省巡抚兼任，允许外国商船前来这些港口贸易。这些港口沿线及邻近地区，也都对外开放，不仅吸引外商前来贸易，也刺激中国商船载货到国外进行贸易。大体上，江浙商船多往来于日本长崎与宁波、上海之间，闽粤商船多往来于南洋各地。

当然，这种开放是有限制的。一方面海关规章制度混乱，官吏贪污成风；另一方面对出海船只大小规格有严格规定，理由是防止"转资海盗"，或"盗米出洋"。康熙五十五年（1716），朝廷鉴于沿海人民不顾禁令移民南洋，大批船只出售给外洋各国，宣布：中国商船可以前往东洋贸易，不可前往南洋贸易。兵部制订的"禁止南洋原案"规定：凡客商船只，可以照旧在沿海五省及东洋贸易，南洋菲律宾等处，一概不许商船前去贸易。严令沿海一带水师各营，巡查缉拿，从重治罪。外国商船照旧准其前来贸易，不过要地方文武官员严加防范看守，不许生事。

雍正五年（1727），闽浙总督向朝廷提出：为了广开谋生之路，请求取消南洋贸易的禁令；广东当局也提出"一体开洋"的请求。朝廷批准这些请求，重新开放南洋贸易。但是，朝廷对于前往南洋的商人和移民，采取不信任、不保护的态度，把他们看作"自弃王化"，在国外受到迫害是咎由自取。

种种迹象表明，清朝最高当局，即使像康熙那样的开明君主，对当时的天下大势，对于发展外贸与正在崛起的西方国家展开商业竞争，也缺乏足够的认识，进取不足，保守有余，处处以防范为主，所谓"非我族类，其心必异"，以天朝大国乃世界中心自居，视外国为蛮夷，居高临下地加以提防。这种提防是荒诞离奇的，比如严禁硝磺、火药、铁器外销，比如务必使得外商不能明了中国真相，为此规定：不准外商在广州"住冬"，不准外商购买中国书籍，不准外商学习中国语言文字等。乾隆以后愈演愈烈，逐渐收缩通商口岸，从江浙闽粤四省减少到粤省一处，从大小百十来个口岸减少到广州一口，是有必然性的。

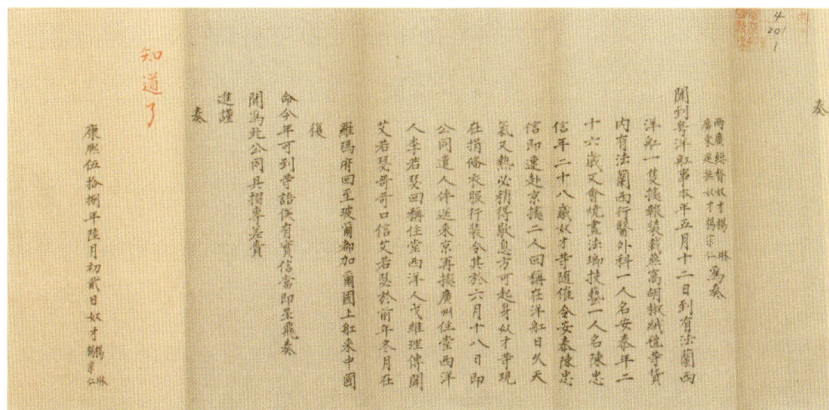

康熙年间关于法兰西商船到广东口岸的朱批奏折

闭关

广州一口通商时期

乾隆二十二年（1757），朝廷下令关闭江海关、浙海关、闽海关，规定外国商船只能在粤海关——广州一口通商，并且对丝绸、茶叶等传统商品的出口量严格限制；对中国商船的出洋贸易也规定了许多禁令。这就是人们通常所说的闭关政策。乾隆二十四年发生英商洪任辉（James Flint）要求自由通商的案件，引起清朝当局更加严厉的防范，即使在唯一开放的粤海关，也有种种防范措施。比如：洋船销货后，应该准时回国，禁止在广州住冬；外洋商船不许与汉奸私自贸易；洋商不许雇用内地仆役。又比如：内地行商不许借洋商资本，洋船停泊处必须有守备官员督率士兵弹压、稽查。

外国商船抵粤后，居住在指定的城外的商馆，必须通过称为十三行的公行进行交易。公行是洋行的共同中介机构，洋行和公行承销一切外国进口货物，并且负责代办外商所需中国出口货物。所谓十三行是一个俗称，实际并非十三家，而是官方特许经营外贸的行会组织的统称。行商作为官府与外商的中介，负有照料和管束外商的责任。外商在黄埔上岸后，只能住在广州城外省河边的商馆，平时不得在商馆区以外地区走动，更不准进城。他们经商和生活所需的买办、通事、仆役，都必须由行商代为雇用。外商有事要向官府递交公文、交涉事务，官府有事要通告外商，都经过行商转达。贸易季节一过，行商有责任催促外商离境，或返回澳门居住，不得在广州过冬。这种做法固然有利于对外商的控制，把对外交往限制在最低限度，但是，显然与正在蓬勃发展的全球化贸易的大趋势格格不入。

外国来到广州的商船与日俱增，乾隆十五年至二十五年（1750—1760）共计207艘，乾隆二十六年至三十五年（1761—1770）共计220艘，乾隆五十二年（1787）一年间，来到广州的洋船竟达73艘，其中英国有62艘，以后大多年份在30—50艘之间。

直到乾隆晚期，中国在对外贸易中仍然一如既往地处于出超状态，大多数年份都有贸易顺差，许多外商都要以银元来支付贸易的逆差。来广州进行贸易的外商中，英国人占了一半以上。尽管经过产业革命，经济蒸蒸日上的英国在与中国贸易中，也长期处在逆差之中。乾隆四十六年至五十五年（1781—1790）的十年间，中国出口英国的商品，仅茶叶一项，即达九千六百万银元，英国出口中国的商品（包括毛织品、棉布、棉纱、金属等），总共将近一千七百万银元。据不完全统计，18世纪整整一百年中，英国因购买中国商品而流入中国的银元达二亿多。

广州十三行图。十三行是清政府对外贸易的牙行，垄断了清政府的对外贸易。

马嘎尔尼
与阿美士德
出使中国

[5]

英国政府为了改变这种状况，消除限制，缔结基于近代条约的国际关系，特派以马嘎尔尼伯爵（George Lord Macartney）为正使的使节团，于乾隆五十八年（1793）秋到达渤海湾的大沽口。英国的目的在于扩大通商与联络邦交，具体而言，有这样几点：第一，英国想在中国沿海获得类似澳门一样的基地；第二，如果中国不愿出租土地，就加开通商口岸，减少广州通商的限制；第三，英国派遣公使常驻北京，欢迎中国公使常驻伦敦。

对于这个使节团，清廷颇为重视，派官员专程迎接，优礼款待，希望把此次英使来访，按照外藩"朝聘"的礼仪来接待，搞成"外夷向化"的盛典。然而，双方一接触，就发生了"觐礼"纠纷——英使以何种礼仪觐见大清皇帝，双方有巨大的分歧。马嘎尔尼在进京途中，对于他的船上挂着"英吉利国贡使"的旗帜，佯装不知，似乎是默认"朝贡"

马嘎尔尼使团觐见乾隆皇帝。"傲慢"与"偏见"的现场版。

使节的身份。但是，他抵达承德避暑山庄的离宫时，拒绝了清朝礼宾官员提出的向皇帝磕头跪拜的要求，希望按照英国臣民觐见君主的礼仪——单膝跪地亲吻君主之手。清朝官员只同意一半，即单膝跪地，不同意亲吻皇帝之手。

觐见仪式完毕以后，乾隆皇帝接过马嘎尔尼呈递的国书，随即把一柄玉如意交给马嘎尔尼，让其转赠英国国王。马嘎尔尼提出一系列要求：英国派员常驻北京照管商务，在北京建造商馆，贮货发卖；允许英商到宁波、舟山、天津等地贸易，割让舟山附近一个小岛供英商居住，在广州附近拨一处地方供英商居住；减免英商在广州、澳门的内河运输税，免除英国人居住税等。

清朝方面对马嘎尔尼一行给予热情的招待，却回避实质性交涉。乾隆皇帝以明白无误的语言拒绝了他的要求："天朝尺土俱归版籍，疆址森然，即岛屿沙洲亦必划界分疆，各有所属。"并且告诫英国商船，不得行驶浙江、天津等地上岸交易。他又以"上谕"形式给英王乔治三世写了回信，特别强调："咨尔国王，远在重洋，倾心向化，特遣使恭赍……具见尔国王恭顺之诚，深为嘉许。……天朝物产丰盈，无所不有，原不借外夷货物以通有无。"这封信被译成英文，在报纸上公布，西方史家在书中引用，中国翻译家再把它转译成中文，便成了这个样子："我已经注意到你谦恭有礼的态度。……我没有忘记你们岛国被茫茫大海与世隔离的孤独偏远之感。……但我们天朝物产丰饶，应有尽有，我们不需要野蛮人的产品。"

马嘎尔尼没有达到预期目的，于次年三月从澳门踏上归途。美国学者何伟亚（James L. Hevia）的《怀柔远人：马嘎尔尼使华的中英礼仪冲突》一书，以一种超脱客观的眼光阐释这一历史事件。他认为，这是两个扩张性帝国之间政治的而非文化的遭遇，英国方面也承认，马嘎尔尼关注的不止是磕头，他们使团的目的，是意识形态和经济利益兼而有之的。

嘉庆二十一年（1816），英国再次派遣使节来中国，团长是阿美士德（William Pitt Lord Amherst）。鉴于上次马嘎尔尼在礼仪上占了便宜，清朝当局对英国人的"桀骜不驯"留下了深刻印象，阿美士德再度前来，当局就不再通融了。使节团一到大沽，清朝官员就同他谈判觐见皇帝的礼仪问题，各不相让，陷入僵局，使节团因此被堵在通州。嘉庆皇帝显然不耐烦了，下令召见英使。接待官员连夜把他们送到北京，抵达圆明园时，英使借口疲惫不堪要求改日觐见，不顾清方官员劝阻，拂袖而去。如此无礼的举动激怒了皇帝，他下令驱逐英使，并且在给英国国王的"敕谕"里宣布：英国遣使前来，"礼仪不能谙习，重劳唇舌，非所乐闻"，"嗣后毋庸遣使远来，徒烦跋涉"。阿美士德准备好的预案，诸如开放宁波、天津、舟山让英商贸易，在北京设立商馆等，因为礼仪争执不决，而根本无从谈起——谈判还未开始已告决裂。

阿美士德使团的成员、东印度公司大班斯当东（G. Staunton）在1816年的日记中，如此描述他亲眼目睹的中国："到处显得平静安宁，我们看到的是满意的神情和幽默的兴致。人口如此庞大的国家，乞丐如此之少，真令人惊讶。对生活必需品的满意和享有，说明政府不可能是糟糕的。较低阶层的中国人看来比同一阶层的欧洲人都整洁……"

此后，清朝的对外贸易政策更加严厉。英国方面为了扭转贸易逆差，对中国进行鸦片走私贸易。据东印度公司报告，嘉庆二十五年（1820）向中国走私鸦片4570箱，道光十年（1830）增加至19956箱，以后又增加至30202箱、40200箱。中国与英国之间矛盾不断加剧，非法的鸦片走私成为矛盾的焦点。

西方已经进入资本主义时代，急于打开中国的大门，与封闭的天朝之间必然要发生激烈的冲突。

鸦片烟馆。晚清的鸦片有多泛滥，看看烟馆就知道了。

霁青釉金彩海晏河清尊。
这件瓷尊寓意，
海晏河清，四海承平。

人口压力
与社会危机
四

人口的迅猛增长毕竟给社会带来了巨大压力，特别是乾隆五十五年（1790）人口达到 3.0148 亿后，这种压力愈来愈明显了。乾隆五十八年（1793），清高宗就感到人口压力之沉重，他说："承平日久，生齿日繁，盖藏自不能如前充裕。……生之者寡，食之者众，朕甚忧之。……然为之计及久远，非野无旷土，家有赢粮，未易享升平之福。"无独有偶，面对同样的社会问题，著名学者洪亮吉也在这一年提出了他的人口论，可以概括为以下三点：（一）耕地的增长不及人口增长的速度；（二）他主张以"天地调剂之法"与"君相调剂之法"来解决过剩人口，即水旱瘟疫等灾害的自然淘汰，政府人为调整与救济，如移民、开荒等；（三）他认为听任人口激增会引起社会动乱。

洪亮吉的人口论比英国经济学家马尔萨斯（T. R. Malthus）1798 年发表《人口论》早了五年。马尔萨斯认为，人口增长快于生活资料的增长，如不遇到阻碍，人口按几何级数增长，而生活资料即使在最有利的生产条件下，也只能按算术级数增长，所以人口增长的速度超过生活资料增长的速度，减少人口使之与生活资料相适应的决定性因素是贫困、饥馑、瘟疫、繁重劳动和战争，主张采取各种措施限制人口的繁殖。洪亮吉的人口论虽然不及马尔萨斯那么系统、严密，但已感到人口问题的严重性，无论如何是难能可贵的。

随着清朝的由盛转衰，经济衰退，政府的财政收入与储备都在减少，人口压力的消极作用就更加突出了。

其一，人均耕地面积日趋减少，从 17 世纪中叶到 19 世纪中叶的二百年中，人均耕地减少了一半。洪亮吉说："每人四亩即可得生计。"我们不妨把人均四亩视作"温饱常数"，低于此数，社会陷于动乱是不可避免的。

其二，由于人均耕地面积下降，每人所得粮食数量也日益减少，导致粮食价格上涨。如果以 17 世纪后半期粮价指数为 100，那么其后的粮价指数：18 世纪前半期为 132.00；18 世纪后半期为 264.82；19 世纪前半期为 532.08；19 世纪后半期为 513.35。19 世纪的粮价比 17 世纪上涨了 5 倍多，粮食匮乏与粮荒日趋严重，一遇自然灾害，就出现大规模饥荒与人口死亡，不可避免地引起各种抗粮、抗租暴动和抢米风潮。不断的灾荒、战乱，使咸丰以后到清末民初，人口不再继续增长，从咸丰初年的 4 亿多下降至同治初年的近 3 亿，再由光绪初年的 3 亿多回升到清末民初的 4 亿多。人口相对过剩已构成社会动乱的一个因素，而社会动乱又反过来制约人口漫无边际的增长，反映了社会危机的恶性循环。

乾隆末、嘉庆初川楚白莲教起义，可以看作人口压力与社会危机的一个标志。

年代	人口（亿）	耕地（亿亩）	人均耕地（亩/人）
1650	1.00~1.50	6.00	6.00~4.00
1750	2.00~2.50	9.00	4.50~3.60
1850	4.10	12.10	2.95

"桂序升平"年画。这是一幅清代的杨柳青年画，内容是中秋节祭兔儿爷。

它的背景可以追溯到明中叶荆襄地区的流民问题。大量流民进入荆襄地区，使这一地区得到开发，农业人口的相对过剩在这里获得暂时的缓解。农业人口从已开发地区向未开发地区或开发中地区流动，是当时的一个普遍现象，将荆襄地区流民问题作为一个典型来剖析是很有意义的。到清中叶，这一地区的人口也达到了它所能容纳的最大限度，乾隆末、嘉庆初的川楚白莲教起义爆发在这里不是偶然的。流民的生活是不稳定的，一旦遇到灾荒，或失去生活来源，就沦为流氓无产者，成为社会的破坏力量，这在荆襄山区尤为显著，官府对此感到十分头痛："既聚之众，不能复散，纷纷多事，防范最难。"这种特殊的社会环境提供了宗教、迷信、神秘主义的土壤，白莲教在流民中的传播是很自然的，他们自发地形成一种松散的互助组织，白莲教传入后，一拍即合，所谓"教匪之煽惑山民，称持咒念经可免劫杀，立登仙佛。愚民无知，共相崇信，故入教者多"。白莲教在组织内部提倡并实行平均主义，他们"戒贪戒淫，可以成佛成仙，所取供给米为数无多，而习教之人，入彼党伙，不携资粮，穿衣吃饭，不分你我"。一遇灾荒，谋生无着，他们就倡导"吃大户"或聚众谋反。当地官吏说："倘遇旱涝之时，粮价昂贵，则佣作无资，一二奸民倡之以'吃大户'为名，而蚁附蜂起，无所畏忌。"

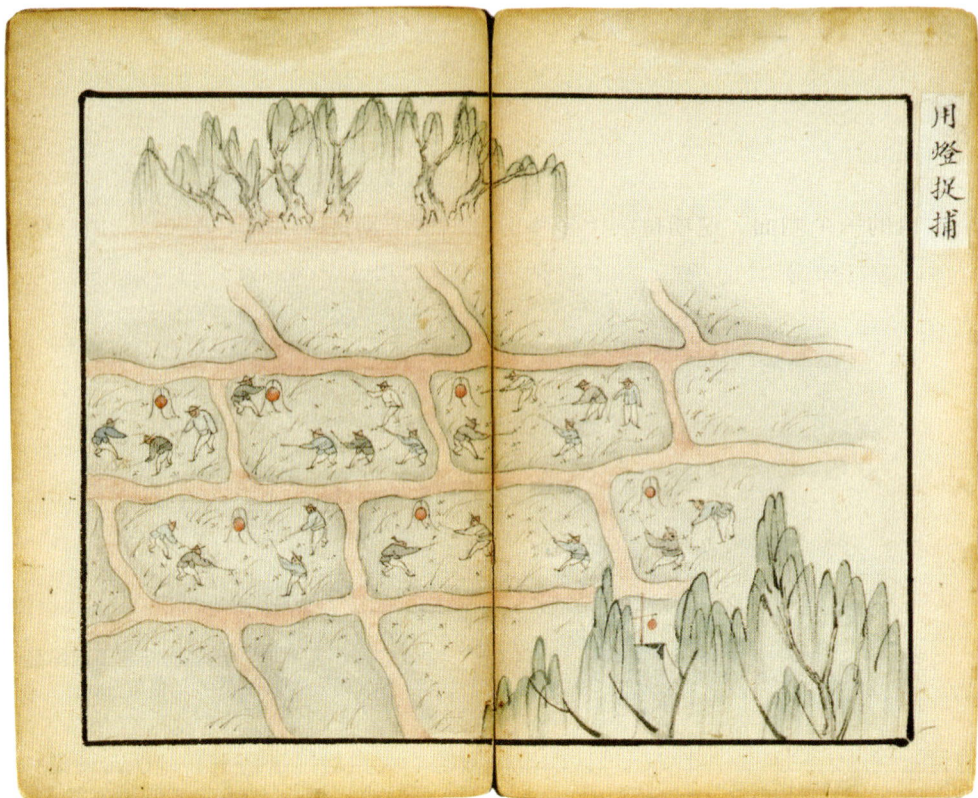

《捕蝗图》之"用灯捉捕"。蝗灾是中国历史上的三大灾害之一，捕蝗灭蝗经验的总结对于普及灭蝗知识很有意义。

　　一旦"蚁附蜂起"后，局势很难控制，"虏胁日众，不整队，不迎战，不走平原，惟数百为群，忽分忽合，忽南忽北"。这种零星的武装斗争终于酿成了乾隆六十年（1795）冬荆州、宜昌地区白莲教组织的大规模武装起义，他们以白布缠头，白旗为号，与襄阳、郧阳一带教徒相联络，分头举事。嘉庆元年（1796）二月，起义军围房县，克保康、竹山。竹溪、郧县、郧西一带流民纷起响应，汇成一场声势浩大的群众性武装反抗运动。这场斗争的爆发，实际上已充分显示出相对的过剩人口对社会的压力了。这场起义前后持续了九年，至嘉庆十年（1806）五月失败，参加人数达几十万，席卷了湖北、四川、陕西、河南、甘肃五省。政府征调了十六个省的军队，消耗军费二亿两银子，才把它平定下去。这一事变使清朝由盛转衰的趋势愈益明朗化，从此盛世不再。

　　从嘉庆元年到道光二十年（1840）的四十五年中，《东华录》记录的武装暴动、民众起义达 93 次；从道光二十一年到二十九年（1841—1849）的九年中，这类暴动、起义竟达 110 次之多，其后更加风起云涌。由于地方官无法收拾，只得隐匿不报，事实上太平天国起义前各地起事者大小约一百四五十股。19 世纪 50—60 年代的太平天国运动虽然并不完全出于人口压力与粮食失调，但多少反映出人口压力下社会危机的一个侧面。这场持续十多年的全国性大动乱，以几千万人死亡而告终。人口压力以这种形式得以缓解，以及随之而来的所谓"同光中兴"，有如昙花一现，并不能改变年复一年的社会动荡状态。

社会日益贫困化，是危机的一种表现。晚清社会喉舌《申报》对此曾作过深刻的评述："乾隆年间，非徒帑库充盈，而且各省盐商与广东洋商富能敌国者不可胜数"；"至嘉庆时，虽不能如乾隆以前之盛，然亦尚未闻患贫之说"；"道光初年，而天下之繁富虽不如昔，亦不似今"；咸丰以后，"民间之贫又见"；到光绪初年，"中国贫多富少，故金银一入富室，更难望有出时，是以共觉天下愈贫也"。这种天下愈贫的趋势，一方面反映按人口平均的社会财富日趋递减，另一方面反映社会财富分配的不均，即"富者愈富，贫者愈贫"，"富者则坐拥数十万者亦有之，而贫者常至家无担石之储"。在这种大背景下，社会的动乱是不可避免的。

相关阅读书目推荐

朱雍：《不愿打开的中国大门：18世纪的外交与中国命运》，江西人民出版社，1989

〔美〕何伟亚著，邓常春译：《怀柔远人：马嘎尔尼使华的中英礼仪冲突》，社会科
　　学文献出版社，2015

葛剑雄主编，曹树基著：《中国人口史》（第五卷），复旦大学出版社，2005

后记

　　拙作《重写晚明史》五卷本，中华书局陆续推出，现已出齐。几年时间内从不间断，每天不是忙于搜集资料，就是在电脑前伏案写作，完成两百多万字的大书，劳累程度可想而知。现在大功告成，照理可以停下来优哉游哉，听听一向喜欢的上海老歌，欣赏萨克斯风演奏的轻音乐，沏一杯碧螺春抑或茉莉花茶，品茗看报，彻底休闲。连续忙了多年，应该休息放松了。

　　出乎朋友们的预料，也突破自己的打算，竟然马不停蹄写了这本小书——《图文中国史》，不是为自己增光添彩，而是为了还愿，回应读者们的愿望。这些年来，在不同场合开讲历史，多次听到中老年读者的呼声：是否可以写一本简单的历史普及读物？他们或许是为小辈请求的，或许是自己的内心愿望，态度诚恳，令我感动。现在拼搏于第一线的学者们，都在忙于重大课题的研究，还有职称晋升的压力，无暇顾及历史普及读物的写作。对于退休多年的我来说，则责无旁贷，是不可推卸的责任。

　　随着读者文化水平不断提高，普及读物也水涨船高，所以我们做的是，提高的普及，普及的提高。

　　坦率地说，这是一项吃力不讨好的工作，中华五千年文明史，光辉灿烂美不胜收，企图用十万字把它写清楚，简直太困难了。很可能流于平庸：只有骨架，没有血肉；只有干枯的枝条，没有绿叶和红花；只有事件的流水账，没有生动的活剧；只有宏观的扫描镜头，没有细微的特写镜头。面对丰富的内容，如何取舍，很伤脑筋，如果追求面面俱到，结果恰恰相反。

目前各位看到的，是反复推敲后确定的框架和结构，要点是兼顾点线面，在朝代系统的架构下，选择若干专题重点书写，尽量用最少的文字表达最多的内容，力求深入浅出。我的目标是简明而不肤浅，专精而不枯燥，写一本社会大众看得懂又喜欢看的历史读物，希望各位可以放在案头床边随时翻阅，爱不释手。

我在大学工作，给本科生讲了几十年中国通史课程，先后写过两本有关的书：一本是教材《国史概要》（复旦大学出版社出版），另一本是讲稿《国史十六讲》（中华书局出版）。也就是说，《图文中国史》的写作是有前期积累的，并非急就章。现在所花的功夫，除了概括和提炼，更重要的是增加新内容，开拓新视角，提供新启示。

巧妙地引用前辈学者的真知灼见，为我的叙述增添思想和文采。

写到传说时代，引用前辈史家张荫麟的美文：楚人的生活充满了优游闲适的空气，和北人的严肃紧张的态度成为对照。这种差异从他们的神话可以看出。楚国全族的始祖不是胼手胝足的农神，而是飞扬缥缈的火神；楚人想象中的河神不是治水平土的工程师，而是含睇宜笑的美女。楚人神话里没有人面虎爪、遍身白毛、手执斧钺的蓐收（上帝的刑神），而是披着荷衣，系着蕙带，张着孔雀盖和翡翠钺的司命（主持命运的神）。适宜于楚国的神，不是牛羊犬豕的膻腥，而是蕙肴兰藉和桂酒椒浆的芳烈；不是苍然皓首的祝史，而是采衣姣服的巫女……才华横溢的张荫麟，写了半部《中国史纲》，英年早逝，才情未尽。

写到西周的礼乐文明时，引用前辈史家杨向奎的妙论：没有周公不会有传世的礼乐文明，没有周公就没有儒家的历史渊源，没有儒家，中国传统的文明可能是另一种精神状态。此所以孔子要梦见周公，称赞说："郁郁乎文哉，吾从周。"这样深邃的历史眼光，令人佩服之至。

写到宋朝的科学技术时，引用李约瑟的高见：中国科学技术发展到宋朝，已呈现巅峰状态，在许多方面已经超过了18世纪中叶工业革命前的英国或欧洲的水平。如此果断而大胆的结论，出于英国科技史权威之口，其可信度不言而喻。

写到宋朝的商业革命时，引用费正清的观点：宋代经济的大发展，特别是商业方面的发展，或许可以恰当地称之为中国的"商业革命"。中国的商业革命早于欧洲，是西方学者共识，由费正清表达出来，更具说服力。

这样的例子不胜枚举。它们点燃了本书的亮点，支撑起本书的高度，我对前辈们表示深深的敬意，并把这种敬意传达给更多的读者。

2006年由中华书局出版的《国史十六讲》，是本人在复旦大学开讲中国通史的讲稿。《国史十六讲》出版以后，受到了意想不到的欢迎。

2006年8月2日，《中华读书报》以将近一个版的篇幅发表书评：《一部高校教材何以成为畅销书》，并且配发我的大幅照片，颇为引人注目。该报编辑部在标题上面加了引语，感叹道："没有出版社的刻意宣传，更没有媒体的炒作，作者也不是央视《百家讲坛》精心打造的'学术明星'，这本普通的高校教材甫一问世，迅即成为了畅销书，在出版后的数月里始终位居学术类图书销售排行榜的前列，这其中的奥秘何在？"

署名方晓的书评指出，一般来说，一部书要能够畅销，既要"好看"——写法吸引人，也要让人感到"值得看"，即有价值和有意义。《国史十六讲》一书就做到了这两点。书评分析了这两点，一是"视野开阔，推陈出新"；二是"学术热点话题引人注目"。结论是：《国史十六讲》既给初学者以知识，也能给治史者以启迪，好看又耐看，是一部雅俗共赏的佳作。这位书评人看得十分仔细，做了这样的统计：书中引用中国内地学者18人23次，海外学者43人74次。

我可以负责任地告诉各位，这篇书评的作者，我和她素不相识；几个月以后才知道她是一位女士，在中国社会科学院近代史研究所工作，方晓是她的笔名。在此再一次向她表示由衷的谢意！

《国史十六讲》的畅销引起了海外出版社的注意，2006年10月，香港三联书店出版了繁体字版；2007年2月，台湾联经出版公司出版了繁体字版，书名改为《历史长河——中国历史十六讲》；2009年10月，韩国出版了此书的韩文版，居然厚达571页。

现在贡献给各位的新书《图文中国史》，延续了《国史概要》和《国史十六讲》的风格，用最精简的篇幅，图文并茂地把五千年中华文明史，讲得清楚明白、通俗易懂。本书把前两书的精华，用新的眼光加以提升。

——关于古人类的起源。目前世界上流行"非洲起源论"和"多区起源论"，"非洲起源论"似有成为定论的趋势。美国《新闻周刊》2007年8月号刊登专题文章——《揭示人类进化的新证据》，向公众普及"非洲起源论"，画出了远古人类"走出非洲"的路线图。看起来很科学，其实想象多于实证。我倾向于中国古人类学家的观点，中国大地上从直立人到早期智人，再到晚期智人（现代人类）的化石表明，他们之间存在着明显的连续进化，东亚的蒙古人种是从当地的古人类发展起来的，并非来自非洲。2002年发现的柳江人化石，距今7—13万年就生活在华南地区，用有力的证据反驳了中国现代人类是距今6万年前由非洲迁移而来的观点。2007年度十大考古新发现，名列榜首的是许昌人头盖骨化石，距今8—10万年的许昌人，再一次反驳了上述观点。2008年1月24日《东方早报》的通栏标题是《"许昌人"早于山顶洞人，破"非洲起源说"》。2019年5月1日《自然》杂志在线刊登，中国科学家在甘肃省甘南藏族自治州夏河县发现古人类下颌骨化石，被证明属于丹尼索瓦人，改变了学术界对古人类起源问题的既有认知。"非洲起源论"与"多区起源论"究竟孰是孰非？似乎将继续争论下去。

——关于农业革命。古人类从食物的采集者，一跃而成为食物的生产者，这一转变，学者们称为农业革命，与后来的商业革命、工业革命相对应。西方学者推测，农业出现的时间距今大约一万年至一万二千年之间，地点在西亚的两河流域，而后传入中国。1960年代末，美国芝加哥大学教授何炳棣的著作《黄土与中国农业的起源》，用大量无可辩驳的历史事实推翻了上述论断，明确指出，中国农业的起源，具有自己的区域性和独立性，并不是从两河流域传入的。他的结论一再被此后许多考古发现所证实。

——关于封建的本意。由于众所周知的原因，"封建"这个词汇已经被说滥了。西周时代的封建，本意是"封邦建国""封建亲戚"。1926年顾颉刚写信给傅斯年，问道："用唯物史观来看孔子的学说，他的思想乃是封建社会的产物。秦汉以下不是封建社会了，何以他的学说竟会支配得这样长久？"傅斯年回答道："西周的封建，是开国殖民，所以封建是一种特殊的社会组织"；"封建之为一种社会组织，是在战国废的，不是在秦废的"。黄仁宇也说："很多现代中国的作者，称之为'封建社会'，并且以此将它与欧洲的 feudal system 相比拟，其结果总是尴尬。"近些年来，侯建新《"封建主义"概念辨析》、冯天瑜《封建考论》先后对长期流行的观点提出质疑。最近，美国哥伦比亚大学教授李峰的专著《西周的灭亡》和《西周的政体》，进一步挑战封建论。他说："如果说西方学术界长期以来所讲的 feudalism 是一个错误的建构（这一点已很清楚），那么由它发展出一种概括社会形态的模式（即所谓'封建社会'），再把这一模式套用在古代中国社会之上，这就成了一个错误的连锁反应。"作为一个学术问题，似乎有进一步探讨的必要。

——关于大航海时代中国在全球化贸易中的地位。15 世纪末、16 世纪初开始的大航海时代，最值得注意的是全球化初露端倪，中国当然不可能置身事外。随着葡萄牙人、西班牙人先后来到中国沿海，中国迅速卷入全球化贸易的浪潮。澳门—马六甲—果阿—里斯本航线，连通中国和欧洲的印度洋—大西洋丝绸之路。另一条是澳门—马尼拉—阿卡普尔科航线，连通中国和美洲的太平洋丝绸之路。无论是葡萄牙、西班牙，还是后来的荷兰、英国，以及邻国日本，和中国的贸易都处在逆差之中。正如弗兰克《白银资本》一书所说："外国人，包括欧洲人，为了与中国人做生意，不得不向中国人支付白银"；"中国贸易造成的经济和金融后果是，中国凭借着在丝绸、瓷器等方面无与匹敌的制造业和出口，与任何国家进行贸易都是顺差"。根据他的研究，16世纪中期至17世纪中期，通过贸易渠道流入中国的白银货币，约占世界白银产量的四分之一至三分之一。有的学者认为，16世纪以来的三个世纪，全世界白银的一半通过贸易渠道流入了中国。前辈历史学家全汉昇说得好："这一事实告诉我们：在近代西方工业化成功以前，中国工业的发展，就它的产品在国际市场上的竞争力来说，显然曾经有过一页光辉灿烂的历史。"

诸如此类的焦点，不可能一一列举，读者诸君不妨静下心来，细细品味，必有会心的启迪。

书名定为《图文中国史》，意图非常明确，图片与文字同等重要，相互映衬，相得益彰。我们希望达到真正图文并茂的水平，在海量出版物中独树一帜，引人注目。至于效果如何，有待读者的评定，我们也将拭目以待，静候佳音。

历史给人洞察一切的眼光，给人超越时空的智慧，去审视过去、现在、将来，而不被眼前的方寸之地所困惑。

莫道昆明池水浅，观鱼胜过富春江。

樊树志
己亥仲夏
于蒲溪